特殊学校教育·康复·职业训练丛书

特殊教育学校特奥运动项目建设

主　　编　黄建行　雷江华
副 主 编　曹　艳　朋文媛
编写人员　李百艺　康小英　郭俊峰　万　勇
　　　　　张天晓　何小玲　陆　瑾　王　兵
　　　　　成　刚　刘　伟　李秀英　黄春梅
　　　　　李潇潇　金连芹　廖露宝　何财先
　　　　　毛小雄　曹思思　朋文媛　熊文娟
　　　　　魏雪寒　杜　林　洪晓彬　陈　影

图书在版编目(CIP)数据

特殊教育学校特奥运动项目建设／黄建行，雷江华主编.—北京：北京大学出版社，2014.8

（特殊学校教育·康复·职业训练丛书）

ISBN 978-7-301-24623-8

Ⅰ.①特…　Ⅱ.①黄…②雷…　Ⅲ.①世界残疾人运动会—奥运会—项目（体育）—基本知识　Ⅳ.①G811.228

中国版本图书馆 CIP 数据核字（2014）第 185348 号

书　　名	特殊教育学校特奥运动项目建设	
	TESHU JIAOYU XUEXIAO TE'AO YUNDONG XIANGMU JIANSHE	
著作责任者	黄建行　雷江华　主编	
丛 书 主 持	李淑方	
责 任 编 辑	泮颖雯	
标 准 书 号	ISBN 978-7-301-24623-8	
出 版 发 行	北京大学出版社	
地　　　址	北京市海淀区成府路 205 号　100871	
网　　　址	http://www.pup.cn　　新浪微博：@北京大学出版社	
电 子 信 箱	zyl@pup.edu.cn	
电　　　话	邮购部 62752015　发行部 62750672　编辑部 62767857	
印 刷 者	北京大学印刷厂	
经 销 者	新华书店	
	730 毫米×980 毫米　16 开本　16.25 印张　260 千字	
	2014 年 8 月第 1 版　2017 年 12 月第 2 次印刷	
定　　　价	49.00 元	

未经许可，不得以任何方式复制或抄袭本书之部分或全部内容。
版权所有，侵权必究
举报电话：010-62752024　电子信箱：fd@pup.pku.edu.cn
图书如有印装质量问题，请与出版部联系，电话：010-62756370

序一

方俊明
华东师范大学终身教授
中国高等教育学会特殊教育研究会理事长
国家重点课题《特殊教育支持保障体系研究》的首席专家

"十二五"期间,是我国特殊教育工作推动力度最大,取得成绩最为显著的五年。通过贯彻《国家中长期教育改革发展规划(2010—2020)》,执行《特殊教育提升计划(2014—2016)》,以及国家特殊教育实验区的建设,我国特殊教育发展进入了历史上最好的发展时期。一是各级政府和全社会都提高了对发展特殊教育重要意义的认识,逐步落实特殊教育发展的重要任务指标,出台优惠政策与增加财政投入,使特殊教育学校的办学条件有了明显的改善,残疾儿童少年接受义务教育的人数的比例大幅度提高。二是通过国家37个特教深化改革实验区的建设,全方位推进区域性特殊教育支持保障体系的构建,初步建立布局合理、学段衔接、普职融通、"医教结合"的特殊教育体系。三是通过研制《全日制特殊教育学校义务教育课程标准》,出台《特殊教育教师专业标准》,促进了特殊教育师资水平和教学质量的提高。

面临我国特殊教育发展的大好形势,我国许多特殊学校和特教单位都在聚焦于内涵发展,通过总结经验,制订未来五年的发展规划,迎接新的挑战,由深圳市元平特殊教育学校黄建行校长与华中师范大学特殊教育系主任雷江华教授主编、北京大学出版社出版的"特殊教育学校教育·康复·职业训练丛书"就是在这样的背景下问世的研究成果。

这套"特殊学校教育·康复·职业训练丛书"系统地总结了我国改革开放的特区深圳市元平特殊教育学校的办学经验和理论思考,结合教育、教学、管理、科研等多方面的实践,深入地探讨了有关特殊儿童,尤其是智力障碍儿童的学校教育、身心康复、职业训练以及终身教育等一系列问题。"特殊学校教育·康复·职业训练丛书"由六本专著构成。

《特殊教育学校办学模式》,用8章27万字的篇幅系统地介绍了深圳元平特殊教育学校办学模式的形成与发展历程,包括学校的办学理念、办学体制、办学人员、办学环境、办学特色与办学模式的革新。该书总结了深圳市这所规模大、设备好,师资力量雄厚的特殊学校,如何在我国特殊教育发展的大好形势下,适应当地经济发展水平和人才需要,不断革新办学范式。

《特殊教育学校校本课程开发》,用6章30万字的篇幅系统地介绍了深圳元平特殊教育学校根据国家提出的建立国家课程、地方课程、学校课程等三级课程体系的构想,结合学生实际和地方特色开发校本课程的理论与实践。该书在系统地梳理我国特殊教育学校校本课程开发国内外背景、发展历程、课程开发的理念、流程和体系的基础上,以案例的形式说明康复类校本课程开发、职业训练类校本课程开发的实施原则与结构体系,深入地讨论了校本课程开发的多种支持策略。

《特殊教育学校学生康复与训练》,用9章45万字的篇幅系统地介绍了深圳元平特殊教育学校,作为一所面对智力障碍、听觉障碍、视觉障碍、自闭谱系障碍、脑瘫等五类特殊儿童的综合性特殊学校,如何通过"医教结合",对发展障碍儿童进行康复与训练的经验。作者强调康复与训练是帮助特殊儿童恢复和补偿功能、提高生存质量与社会适应能力的重要途径,是特殊学校一切工作的重中之重。几十年来,学校在"教育、康复、职业训练一体化"办学思想的指导下,已经从建校初期的只是针对某一类特殊儿童单一的康复模式(如最初的聋童的语言康复、脑瘫儿童的肢体康复),发展到包括教育康复、医疗康复、家庭康复和社区康复等综合康复与全面康复的模式。该书的前四章介绍了特殊教育学校学生康复的理论基础、支持体系,后五章分别探讨了五类特殊儿童的康复与训练的原理、方法与过程。

《智障学生职业教育模式》,用8章25万字的篇幅系统地介绍了深圳元平特殊教育学校智障学生职业教育的理念、发展目标、组织结构、课程设置、教学与实训、质量评估与教师发展等一系列问题的实践经验和理论思考。元平学校深刻地认识到,在康复训练的基础上,对智障儿童进行有效的职业技术教育,帮助学生形成良好的职业素养和职业技能,是解决他们的就业与生存问题的重要举措。从2003年以来,学校遵循"以生为本,育残成才"的办学宗旨,提出了"立交桥"式的职业教育模式,尤其是在生态取向、以生为本、职特融通、就业导向等方面取得了显著的成就,赢得了广泛的社会赞誉。

《信息技术在特殊教育中的应用》,用6章26万字的篇幅系统地介绍了深圳元平特殊教育学校信息化建设与应用的实践与经验。学校很早就认识到21世纪是一个知识化、信息化的时代,把培养学生获得与应用信息的能力,促进沟通与交流放在一个非常重要的位置。从1991年建校开始,学校就不断地将信息技术与管理、教学与服务结合起来,积极创建信息化的校园,为教师与学生的发展提供了一个完善的信息化环境。本书不仅全面地介绍了信息技术在特殊教育中应用的概况,还采用案例形式说明了信息技术在视障、听障、智障、自闭症与脑瘫等五类障碍儿童教学、管理与服务过程中的运用策略与成效。

《特殊教育学校特奥运动项目建设》,用9章26万字的篇幅系统地介绍了深圳元平特殊教育学校作为国家特奥培训基地和深圳市残疾人运动训练基地开展特奥运动项目训练的实践与经验。从1991年以来,深圳元平特殊教育学校经过起步、发展、领跑三个阶段的发展,在特奥基地建设方面已经形成了一定的规模,培育出一批有本校特色并在全国乃至世界上都具有一定竞争力的特奥游泳、特奥保龄球、特奥滚球等优势项目。学生通过参加特奥项目的学习、训练和竞赛,不仅提高了体能与健康水平,还增加了自信和社会适应能力,培养了自强不息、奋力拼搏、超越自我的精神。从结构上看,该书的内容分为三大部分:前3章分别阐述了国内外特殊教育学校特奥运动项目建设的背景、项目的体系与项目开发过程。第4—8章,分别介绍了特奥游泳、特奥保龄球、特奥滚球、特奥滑轮以及其他特奥运动项目的发展、特色与实施过程;最后一章讨论了开展特奥运动项目在促进学生发展、提高学校育人的整体水平、赢得社会的赞誉等方面的多重意义和取得的效益。

截至2015年,我国有特殊教育学校2053所,在特殊学校就读残疾学生共20.25万人,特殊学校教职工共5.95万人,其中专任教师5.03万人。这就意味着全国每个特殊学校平均学生数不到100人,教职工人数不到30人,专任教师人数不到25人。但深圳元平特殊教育学校现有五类特殊学生人数是870人,设79个教学班,教职工和专任教师的人数分别是385人和224人,相当于10个中等特殊教育学校的规模。通过书稿的阅读和实地的参观考察,我深切地感到,这所规模大、设备好、师资力量雄厚的特殊教育学校的办学经验,特别是他们创造的"教育·康复·职业训练一体化"的元平模式,在全国特殊教育学校有很大的借鉴和推广价值。为了适应当代融合教育的发展趋势,学校在普特融合、普职融合、家校结合、社会办学、终身教育等方面也积累了丰富的经验,我深信,在未来的融合教育的背景下,作为"中国教育科学院特殊教育实验基地""广东省特殊教育基地""中国特奥培训基地"的深圳元平特殊教育学校也一定能更好地与时俱进,充分地利用学校专业优势,成为一个有引领和指导能力的特殊教育资源和指导中心。

特别值得指出的是,"特殊学校教育·康复·职业训练丛书"作为深圳元平特殊教育学校与华中师范大学教育学院特殊教育系合作研究的成果,它凝结了两地师生多年实践经验与理论思考的心血,展示了我国特殊教育界基础教育与高等教育的相互支撑、共命运、同呼吸的发展历程,证实了专业性的支持,尤其是青年教师教书育人和科研水平的提高是促进特殊内涵发展的重要因素,为学生和教师的发展创设良好的、宽松的学习、工作与生活环境是每一所学校和教育机构发展的必由之路。作为教育界一位老兵,我衷心地祝愿我们的特殊儿童、我们的青年教师,能伴随着学校的发展,特教事业发展、国家的繁荣昌盛,人类的文明进步而共同成长。

　　本套丛书自 2011 年陆续出版以来,受到业界广大读者的广泛好评,值此丛书修订重印之际,特作序。

2016 年 5 月 13 日于深圳

序二

肖 非

北京师范大学教授

深圳元平特殊教育学校创立时间虽然不到30年,但其影响遍及全国。这所学校给人的第一印象恐怕是"大",巨大的校园,就像一所大学;校园面积5.3万平方米,就像一个社区;870名残疾学生,涉及五类以上的残疾类型,规模全国少有。其实,深圳元平特殊教育学校的"大"不仅仅如此,它还有更丰富的内容。"特殊学校教育·康复·职业训练丛书"系统深入地介绍了该校20多年来在特殊教育领域的探索和创新,比较全面地反映了深圳元平特殊教育学校"大"的内涵。

《特殊教育学校学生康复与训练》一书介绍了特殊教育学校学生康复的理论体系,并结合脑瘫、自闭症、智力障碍、视力障碍和听力障碍等类学生的特点,阐述了有针对性的康复方法。《特殊教育学校校本课程开发》一书系统介绍了学校在教育教学、医疗康复、职业训练方面校本课程开发的背景、管理、体系、过程和策略,尤其是校本课程体系、康复类校本课程开发、职业训练类校本课程开发最具特色。《智障学生职业教育模式》介绍了学校"育残成材"办学理念指导下的"立交桥"式职业教育模式,梳理了职业教育发展的历程,明确了职业教育的理念和发展思路,明晰了立交桥式职业教育模式的特点,并提出了提高智障学生职业教育质量的想法。《信息技术在特殊教育中的应用》一书全面介绍了学校信息技术在学校教学、科研管理、为师生进行信息化服务方面的情况,并在案例分析的基础上进行了理论总结。《特殊教育学校特奥运动项目建设》一书对智障学生特殊奥林匹克运动进行了系统介绍,尤其是详细介绍了游泳、保龄球、滚球、轮滑、篮球、乒乓球等有特色的特奥运动项目,对这些运动的开展与普及具有重要意义。《特殊教育学校办学模式》一书则全面系统地总结了深圳元平特殊教育学校建校20多年来的办学模式、办学理念、办学体制、办学环境、办学经费、办学效能的探索与创新,全景性地展现了学校的办学特色和办学成就。

通读整套丛书,本人有以下几个方面的感触:

1. 深圳元平特殊教育学校的发展模式是与深圳这样一个经济社会高度

发达的城市相适应的。深圳作为国家改革开放的排头兵,改革创新是发展的第一要义,特殊教育当然也需要大胆创新。作为一所历史不长的深圳唯一一所公立的特殊教育学校,如何能够满足广大特殊需要儿童接受优质教育的要求,办出学校自己的特色,是摆在学校面前的无法回避的问题。经过20多年的努力,深圳元平特殊教育学校探索出了"以生为本""服务至上""资源整合""科研兴校"的办学理念和"以生为本,育残成才"的办学宗旨,形成了"教育、康复、职业训练一体化"的元平模式。

2. 办好一所学校,人是关键。特殊教育是一项专业要求很高的工作,教师队伍的专业化程度决定了学校办学质量的高低。作为一所综合性的特殊教育学校,深圳元平特殊教育学校已经形成了一支年龄结构、学历结构、职称结构、专业结构等合理的高水平师资队伍。全校教职工385人,其中专任教师本科以上学历达99%,研究生学历达35%。在教师管理方面,元平特殊教育学校已经形成了自己独特的方式,比如班主任工作常规"九个一",教师教研常规"十个一"等。在教师专业化发展方面,学校始终以提高教师师德修养、业务能力为抓手,给教师提供了广阔的成长平台。专业化的教师造就了专业化的学校,专业化的学校为国家培养了一大批自尊、自信、自强、自立的人才。

3. 专业化的服务是衡量学校办学质量的重要标准。高质量的特殊教育,除了需要有效的课堂教学和丰富多彩的课外实践活动,专业化的相关服务也是必不可少的。相关服务是指交通以及用于帮助残疾儿童获益于特殊教育的发展性、矫正性和其他支持性服务。主要包括:言语病理学、听力学、心理学服务;物理治疗和职业治疗;娱乐活动;早期干预和儿童期残疾的评估;咨询服务;用于诊断和评估目的的医疗服务;学校健康服务、社会工作服务、父母咨询和培训。在这些方面,深圳元平特殊教育学校进行了多方面的探索。其中,他们为脑瘫儿童设立了物理治疗、作业治疗、运动功能训练、心理健康(智障)课程,为自闭症儿童开设了社会交往、感觉运动、听觉统合、音乐治疗等课程,为智力障碍儿童开设了感知训练课程,为视障儿童开设了综合康复课程。这些课程的开设,促进了特殊儿童身心障碍的补偿与矫正,为他们接受高质量的特殊教育提供了前提条件和保障。

感谢以黄建行校长为首的深圳元平特殊教育学校的全体教师,把你们20多年的理论与实践的成果奉献出来,供大家学习借鉴;感谢以雷江华教授为首的华中师范大学的师生们,你们的努力让一线教师的成果得到了理论的升华,更加有血有肉。

2016年5月于北京师范大学英东教育楼407室

前　言

在特殊教育学校中开展特殊奥林匹克运动（以下简称特奥运动）对智障学生的身心康复具有积极的意义，也对特殊学校自身发展和推进我国特奥运动的发展具有重要的作用。深圳元平特殊教育学校作为国家特奥培训基地和深圳市残疾人运动训练基地，自创办以来，一直非常重视学生的体育运动，尤其重视特奥运动项目的开展。经过校领导、老师和学生的共同努力，深圳元平特殊教育学校特奥运动项目建设历经起步阶段（1991—1999年）、发展阶段（2000—2006年）、领跑阶段（2007年至今）三个阶段，目前已经逐步形成体系，并精心培育出了有本校特色并在全国乃至全世界具有竞争力的特奥游泳、特奥保龄球、特奥滚球等优势项目。通过参加特奥运动教学、训练和竞赛，学生的体魄和身体机能得到了进一步提高，自强不息、奋勇拼搏的精神得到了进一步升华，智障学生情感和思维的发展更加丰富，自尊自信进一步彰显，适应和融入主流社会的能力不断提高。

为了较全面地介绍深圳元平特殊教育学校特奥运动的概况，本书共包括九章，前三章从整体上介绍了特殊教育学校特奥运动的概况等。其中，第一章为特殊教育学校特奥运动项目概述，第二章论述了特殊教育学校特奥运动项目体系，第三章介绍了特殊教育学校特奥运动项目的开发。后六章以深圳元平特殊教育学校特奥运动项目开展情况为蓝本，具体介绍了特殊教育学校的各类特奥运动项目，以期对其他学校特奥运动的发展提供借鉴。其中，第四章介绍了特奥游泳项目，第五章介绍了特奥保龄球项目，第六章介绍了特奥滚球项目，第七章介绍了特奥轮滑项目，第八章介绍了其他特奥运动项目，第九章介绍了特奥运动项目成效。

本书是深圳元平特殊教育学校和华中师范大学教育学院特殊教育系两个单位合作研究的成果，由深圳元平特殊教育学校黄建行校长和华中师范大学教育学院特殊教育系系主任雷江华教授组织策划，拟订提纲；参与本书编写的人员包括深圳元平特殊教育学校的曹艳、李百艺、康小英、郭俊峰、万勇、张天晓、何小玲、陆瑾、王兵、成刚、刘伟、李秀英、黄春梅、李潇潇、金连芹、廖露宝、何财先、毛小雄、曹思思等老师和华中师范大学特殊教育系的硕士研究生朋文媛、魏雪寒、熊文娟、杜林、洪晓彬、陈影等人。本书编写工作得到了深圳元平特殊教育学校的大力支持和北京大学出版社的友情协助，在此表示由衷的感谢！

目 录

第1章 特殊教育学校特奥运动项目概述 (1)
  第1节 特殊教育学校特奥运动项目建设的背景 (1)
    一、国际背景 (1)
    二、国内背景 (8)
  第2节 特殊教育学校特奥运动项目建设的历程 (10)
    一、国内特奥运动项目发展历程 (10)
    二、深圳元平特殊教育学校特奥运动项目发展历程 (14)

第2章 特殊教育学校特奥运动项目体系 (18)
  第1节 理论体系 (18)
    一、社会学理论 (18)
    二、心理学理论 (21)
    三、康复学理论 (24)
    四、体育学理论 (26)
  第2节 课程体系 (28)
    一、特奥运动项目内容 (29)
    二、特奥运动课程性质 (30)
    三、特奥运动课程的内容标准 (31)
    四、特奥运动项目教材开发 (33)
    五、课程评价及反馈 (36)
  第3节 支持体系 (40)
    一、人员支持体系 (40)
    二、经费支持体系 (46)
    三、设施设备支持体系 (48)
    四、信息资源支持体系 (51)

第3章 特殊教育学校特奥运动项目的开发 (55)
  第1节 指导思想 (55)
    一、以生为本,促进潜能开发 (55)
    二、功能恢复,实现全面发展 (56)

三、关注差异，实施个别化教学 …………………………………… (57)
　　四、激发兴趣，培养终身体育意识 …………………………………… (57)
　　五、平等参与，融入社会生活 ………………………………………… (58)
第2节　开发流程 …………………………………………………………… (59)
　　一、目标设计 ………………………………………………………… (60)
　　二、计划制订 ………………………………………………………… (61)
　　三、实施过程 ………………………………………………………… (63)
　　四、总结评价 ………………………………………………………… (65)
第3节　开发途径 …………………………………………………………… (67)
　　一、特奥运动进课堂 ………………………………………………… (67)
　　二、开展特奥训练 …………………………………………………… (68)
　　三、组织特奥活动 …………………………………………………… (70)
　　四、参加特奥比赛 …………………………………………………… (71)

第4章　特奥游泳项目 …………………………………………………… (74)
第1节　项目概述 …………………………………………………………… (74)
　　一、项目介绍 ………………………………………………………… (74)
　　二、项目发展 ………………………………………………………… (75)
第2节　项目特色 …………………………………………………………… (83)
　　一、游泳运动的特色 ………………………………………………… (83)
　　二、特奥游泳项目的特殊性 ………………………………………… (85)
第3节　项目实施 …………………………………………………………… (87)
　　一、目标 ……………………………………………………………… (87)
　　二、计划 ……………………………………………………………… (91)
　　三、实施 ……………………………………………………………… (96)
　　四、评价 ……………………………………………………………… (107)

第5章　特奥保龄球项目 ………………………………………………… (112)
第1节　项目概述 …………………………………………………………… (112)
　　一、项目介绍 ………………………………………………………… (112)
　　二、项目发展 ………………………………………………………… (115)
第2节　项目特色 …………………………………………………………… (118)
　　一、保龄球运动的特色 ……………………………………………… (118)
　　二、特奥保龄球项目的特色 ………………………………………… (119)
第3节　项目实施案例 ……………………………………………………… (121)
　　一、目标 ……………………………………………………………… (121)
　　二、计划 ……………………………………………………………… (123)

三、实施 ……………………………………………………（125）
　　四、评价 ……………………………………………………（131）
第6章　特奥滚球项目 ……………………………………………（133）
　第1节　项目概述 ……………………………………………（133）
　　一、项目简介 ………………………………………………（133）
　　二、项目发展 ………………………………………………（134）
　第2节　项目特色 ……………………………………………（135）
　　一、滚球运动的特色 ………………………………………（135）
　　二、特奥滚球项目的特色 …………………………………（135）
　第3节　项目实施 ……………………………………………（138）
　　一、目标 ……………………………………………………（139）
　　二、计划 ……………………………………………………（141）
　　三、实施 ……………………………………………………（143）
　　四、评估 ……………………………………………………（150）
第7章　特奥轮滑项目 ……………………………………………（154）
　第1节　项目概述 ……………………………………………（154）
　　一、项目介绍 ………………………………………………（154）
　　二、项目发展 ………………………………………………（156）
　第2节　项目特色 ……………………………………………（159）
　　一、轮滑运动的特色 ………………………………………（159）
　　二、特奥轮滑项目的特色 …………………………………（161）
　第3节　项目实施 ……………………………………………（164）
　　一、目标 ……………………………………………………（164）
　　二、计划 ……………………………………………………（167）
　　三、实施 ……………………………………………………（168）
　　四、评价 ……………………………………………………（175）
第8章　特奥其他运动项目 ………………………………………（183）
　第1节　特奥篮球 ……………………………………………（183）
　　一、项目概述 ………………………………………………（183）
　　二、项目特色 ………………………………………………（183）
　　三、项目实施 ………………………………………………（184）
　第2节　特奥乒乓球 …………………………………………（187）
　　一、项目概述 ………………………………………………（187）
　　二、项目特色 ………………………………………………（187）
　　三、项目实施 ………………………………………………（188）

第3节　特奥足球 ………………………………………………… (191)
　　　　一、项目概述 …………………………………………………… (191)
　　　　二、项目特色 …………………………………………………… (192)
　　　　三、项目实施 …………………………………………………… (193)
　　　　四、项目成果 …………………………………………………… (195)
　　第4节　特奥高尔夫球 …………………………………………… (195)
　　　　一、项目概述 …………………………………………………… (195)
　　　　二、项目特色 …………………………………………………… (196)
　　　　三、项目实施 …………………………………………………… (197)
　　第5节　特奥羽毛球 ……………………………………………… (200)
　　　　一、项目概述 …………………………………………………… (200)
　　　　二、项目特色 …………………………………………………… (200)
　　　　三、项目实施 …………………………………………………… (201)
　　第6节　其他特奥运动项目 ……………………………………… (205)
　　　　一、特奥田径 …………………………………………………… (205)
　　　　二、特奥自行车 ………………………………………………… (206)
　　　　三、特奥马术 …………………………………………………… (207)
　　　　四、特奥柔道 …………………………………………………… (208)
　　　　五、特奥举重 …………………………………………………… (209)
　　　　六、特奥网球 …………………………………………………… (210)
　　　　七、特奥排球 …………………………………………………… (211)
　　　　八、特奥手球 …………………………………………………… (212)
　　　　九、特奥垒球 …………………………………………………… (213)
　　　　十、特奥帆船 …………………………………………………… (214)
　　　　十一、特奥皮划艇 ……………………………………………… (215)
　　　　十二、特奥雪鞋 ………………………………………………… (215)
　　　　十三、越野滑雪 ………………………………………………… (216)
　　　　十四、花样滑冰 ………………………………………………… (216)
第9章　特奥运动项目成效 ………………………………………… (218)
　　第1节　学生的表现 ……………………………………………… (218)
　　　　一、促进智障学生机体功能康复 ……………………………… (218)
　　　　二、提高智障学生生活自理能力 ……………………………… (218)
　　　　三、提升智障学生心理素质品质 ……………………………… (219)
　　　　四、提高智障学生生活质量水平 ……………………………… (220)
　　　　五、推动智障学生社会适应发展 ……………………………… (220)

  六、促进智障学生职业技能发展 …………………………………… (222)
  七、培养智障学生爱国情操 ………………………………………… (223)
 第2节 学校的表现 ……………………………………………………… (223)
  一、特奥运动的开展有利于学校体育事业的发展 ………………… (223)
  二、促进学校对智障学生以及教练员的人文关怀 ………………… (225)
  三、推进学校健身体育的发展，提高学生生活质量 ……………… (225)
  四、与普校、社会机构合作，促进学生融入社会 …………………… (226)
 第3节 项目效果 ………………………………………………………… (226)
  一、丰富和发展特奥运动会 ………………………………………… (226)
  二、特奥运动更好地诠释特奥精神 ………………………………… (227)
  三、特奥运动促进特奥会制度体系的完善 ………………………… (227)
 第4节 社会的评价 ……………………………………………………… (227)
  一、特奥运动有利于促进社会接纳智障人士 ……………………… (227)
  二、特奥运动有利于我国体育事业的发展 ………………………… (228)
  三、特奥运动有利于完善我国志愿服务体系 ……………………… (230)
  四、促进我国残疾人事业的发展 …………………………………… (231)
  五、特奥运动促进相关产业的发展壮大 …………………………… (232)
  六、特奥运动影响健全人精神生活 ………………………………… (232)
  七、特奥运动促进和谐社会的建设 ………………………………… (233)
  八、宣扬人道主义，提升国家形象 …………………………………… (234)
参考文献 …………………………………………………………………… (236)

第1章　特殊教育学校特奥运动项目概述

智力障碍人士是由于先天或后天的原因,大脑活动发生持续性障碍(即伴随终生,不能治愈),导致他们学习能力低下和智能有限(IQ 值测试低于 70),而且他们的社会适应性行为值也落后于健全人。[①] 特殊奥林匹克运动(简称"特奥运动")是专为智力障碍(以下简称智障)人士设立的体育运动,是我国残疾人体育事业的重要组成部分。智商在 70 以下、年满 8 周岁以上,且每年参加体育活动累计达到 8 周的智力障碍人士都可以参加特奥运动。凡在决赛中取得名次的运动员均给予奖励,前三名分别颁发金、银、铜牌,四到八名颁发绶带,对取消成绩者给予参与者绶带,此外特奥运动比赛还设"体育道德风尚奖"。特殊教育学校特奥运动项目是根据特殊奥林匹克运动会的宗旨、目标、规则,以及国际特奥会和中国特奥会的发展经验为智障学生设立的,旨在通过各种特奥运动项目提高智障学生的身心健康水平,增强他们的自信和挖掘他们的潜能。

第1节　特殊教育学校特奥运动项目建设的背景

一、国际背景

(一)和平稳定的国际环境

虽然国际环境复杂多变,不稳定和不确定因素有很多,甚至会时常发生局部的动荡甚至战争。但是,世界多极化和经济全球化的趋势仍在深入发展,维护和平、制约战争的因素不断增长,国际环境从总体上来说是和平稳定的,和平与发展仍然是当今时代的主题。和平稳定的国际环境是特殊教育学校特奥运动项目建设的前提,只有在和平稳定的国际环境下,人们才有可能投入人力、物力和财力为智障学生建设特奥运动项目。

(二)庞大的智障人士群体

世界上庞大的智障群体为特殊奥林匹克运动的发展提供了空间。据世界

---

① 中国特奥会编.特殊奥林匹克运动知识读本[M].北京:华夏出版社,2006:1.

卫生组织估计,世界各地智障发生率为3%,即全球大约有1.7亿智障人士,但只有少数人因智障而行动受限,大多数智障人士可以加入特奥运动中,成为特奥运动员。即便是那些重度智障人士,特奥会也为他们设立了适合他们的体育活动,如:机能训练计划等。特奥运动是为智障人士专门开展的体育运动,特奥运动员是特奥运动的基本因素,众多的智障人士为特奥运动的开展奠定了基础。[1]

(三)社会对智障人士态度的转变

20世纪50、60年代,智障人士仍受到社会的歧视、忽视、疏远和排挤,并且被例行公事地安置到监护机构。[2] 特殊奥林匹克运动自开展以来一直致力于全球智障人士的社会融合。[3] 经过智障人士、家长和其他支持者的努力,通过特殊奥林匹克运动会,以及运动员领袖计划、家庭支持联络网、执法人员火炬跑等非体育项目的开展和宣传,社会对智障人士的态度发生了明显的转变。人们对智障人士的了解程度加深,越来越接纳智障人士,智障人士的社会融合程度越来越高。社会对智障人士态度的转变促进了特殊教育学校特奥项目的建设。特奥运动的资金主要来自于社会赞助,得到了公司、个人基金会、业余和专业体育组织、各种志愿人员和民间团体的大力支持,一些政要、明星也参与到特奥运动中来,积极宣传特奥运动,扩大特奥运动的影响,他们的无私奉献给特奥运动的开展带来了很多机会。[4]

(四)世界特奥运动的蓬勃发展

特奥运动是尤尼斯·肯尼迪·施莱佛(Eunice Kennedy Shriver)女士发起的。1963年,施莱佛女士组织35名智障人士参加了自家后花园举行的以体育运动为内容,历时3个星期的夏令营活动,使包括其姐姐罗丝玛丽在内的所有智障人士得到从未有过的喜悦。此后,施莱佛女士将这一活动逐年扩大并延续下来。[5]

1968年7月,首届世界特奥运动会在美国芝加哥士兵广场举行。来自美国26个州和加拿大的1000名运动员参加了田径、游泳、曲棍球的比赛。由于施莱佛女士在为智障人士谋求公民权利以及在公众教育等方面的突出成就,她的工作得到了国际上的认可。1971年12月美国奥林匹克委员会正式允许

---

[1] 张繁.对特奥运动发展壮大原因的初探[J].体育文化导刊,2006(1):43-44.
[2] Eunice Kennedy Shriver. 国际特奥会[EB/OL]. http://www.specialolympics.org/Sections/Who_We_Are/Eunice_Kennedy_Shriver.aspx.
[3] 马洪亮.论特奥运动对智力障碍人士社会融合的促进作用[J].中国特殊教育,2010(1):4-8.
[4] 张繁.对特奥运动发展壮大原因的初探[J].体育文化导刊,2006(1):43-44.
[5] 中国特奥会编.特殊奥林匹克运动知识读本[M].北京:华夏出版社,2006:11-12.

特奥作为它所认可的两个组织之一,可以使用奥林匹克的称呼。在夏季特奥会的基础上,该组织于1977年2月5日至11日在美国科罗拉多州举行了首届特奥冬运会,来自美国的35个代表队和加拿大的选手共285人参加了滑雪和花样滑冰比赛。① 随后开始了每两年举办一届的国际特奥运动会,夏运会和冬运会交替举行。到2016年为止,已经举办了14届世界夏季特奥运动会和10届世界冬季特奥运动会。随着特奥会的发展和不断完善,目前世界特奥会比赛常设的运动项目共有28项。其中夏季特奥运动会的比赛项目有:水上运动(游泳、跳水)、田径、羽毛球、篮球、保龄球、足球、轮滑、乒乓球等,冬季特奥运动会有地板曲棍球、高山滑雪、花样滑冰等。世界夏季、冬季特奥运动会简介见表1-1和表1-2。② 随着特奥运动蓬勃发展以及比赛分组、医学分级鉴定、比赛组织工作和比赛规则的日益完善,③1988年2月,国际奥林匹克委员会主席萨马兰奇先生亲自签署了一份具有历史意义的协定,正式同意国际特奥会可以使用"奥林匹克"名称开展体育活动和比赛。④

表1-1 历届世界夏季特奥运动会简介

届数	日期	地点	参赛国家和地区数	运动员数量	中国运动员人数
一	1968.7.19—7.20	美国伊利诺伊州	2	1000	
二	1970.8.13—8.15	美国伊利诺伊州	4	2000	
三	1972.8.13—8.18	美国加利福尼亚州	1	2500	
四	1975.8.7—8.11	美国密歇根州	10	3500	
五	1979.8.8—8.13	美国纽约州	20	3500	
六	1983.7.12—7.18	美国路易斯安那州	1	4000	
七	1987.7.31—8.8	美国印第安纳州	70	4700	23
八	1991.7.19—7.27	美国明尼苏达州	100	6000	15
九	1995.7.1—7.9	美国康涅狄格	143	7100	32
十	1999.6.26—7.4	美国北卡罗来纳州	150	6800	58
十一	2003.6.21—6.29	爱尔兰都柏林	150	7000	34
十二	2007.10.2—10.8	中国上海	165	7400	1274
十三	2011.6.25—7.4	希腊雅典	183	7000	97
十四	2015.7.25—8.2	美国洛杉矶	177	7000	95

---

① 陈仁蒙.参与特奥运动对轻度智力残疾学生行为问题的影响[D].浙江:浙江师范大学硕士论文.2007:3.
② 罗时铭,谭华.奥林匹克学[M].北京:高等教育出版社,2007:180-181.
③ 李文辉,程传银等.国际特奥运动的溯源及新世纪的展望[J].南京体育学院学报,2002(1):1-3.
④ 中国特奥会编.特殊奥林匹克运动知识读本[M].北京:华夏出版社,2006:12.

表 1-2　历届世界特奥冬季运动会简介

届数	日期	地点	参赛国家和地区数	运动员数量	中国运动员人数
一	1977.2.5—2.11	美国科罗拉多州	1	500	
二	1981.3.8—3.13	美国佛蒙特州	1	600	
三	1985.3.24—3.29	美国犹他州	14	2500	
四	1989.4.1—4.8	美国内华达州	18	3500	
五	1993.3.20—3.27	奥地利萨尔斯堡	58	1500	10
六	1997.1.26—2.10	加拿大安大略省	75	2000	20
七	2001.3.4—3.11	美国阿拉斯加	75	2000	27
八	2005.2.26—3.5	日本长野	86	1900	68
九	2009.2.7—2.13	美国爱达荷州	107	2200	62
十	2013.1.29—2.5	韩国平昌	110	2300	76

特奥运动肩负着"为智力障碍人士参与日常奥林匹克体育训练和竞赛创造条件和机会,使他们发挥潜能、勇敢表现,在参与中与其他运动员、家人和社区成员分享快乐、交流技艺并增进友谊"的使命,以"相信智力障碍人士经过正确的指导和鼓励,通过参与体育训练和比赛,可以学习到技能,分享快乐并从中受益"为宗旨,用"技能、勇气、分享以及超越地理、国家、政治、性别、年龄、种族、宗教的界限带来的快乐"的精神和"敢于尝试,争取胜利"的口号鼓励所有智障人士努力实现特奥运动"使智力障碍人士有机会成为对社会有用,被社会认可和尊重的公民"的目标。[1]

正如国际特奥会前主席萨金特·施莱佛先生所说:"我们并不认为体育是特奥运动员奋斗的最终目标,我们也不希望体育在我们的生活中占据主导地位。我们是要通过体育帮助智障人士在其他方面的发展。因此,尽管我们也非常提倡竞争,并要求每个人做到最好,但我们并不非常看重胜利。而是看重如何通过运动提高他们的能力,增强他们的自尊和自信,改善他们的身体、心理和精神状况,以便更好地融入社会,成为对社会有用的人。希望通过特奥运动使人们看到智障人士的能力和内在的美丽,让这个世界同样为他们喝彩和骄傲。"经过多年的发展,到2008年特奥运动已经成为惠及"全球180多个国家和地区的200多万运动员"的国际体育运动。[2]

世界特奥运动的蓬勃发展是特殊教育学校建设特奥运动项目的基础,世

---

[1] 贾勇.特殊奥林匹克项目规则[M].中国特奥委员会,2010:330-331.
[2] 陆颖.特殊奥林匹克运动发展历程的回顾与思考[D].重庆:西南大学硕士论文.2008:2.

界特奥运动项目的使命、宗旨、精神、口号和目标等指引着特殊教育学校建设特奥运动项目的方向,世界特奥运动项目各项工作的完善为特殊教育学校建设特奥项目提供了重要的前提。

(五)特奥非体育项目的影响

特奥运动的非体育项目是指为促进智障人士更好地参与特奥运动和促进社会对智障人士的理解与尊重而设计的用来展示智障人士能力、改善运动员健康状况、促进青少年对智障人士的理解、帮助智障人士家庭、科学研究等一系列活动计划。[①] 具体来说,特奥非体育项目包括运动员领袖计划、家庭支持联络网、幼儿运动员计划、运动员健康计划、学校和青少年计划、大学计划和执法人员火炬跑共七项。

1. 运动员领袖计划

运动员领袖计划(Athlete Leadership Programs)是指特奥运动员以特奥组织董事会董事或地方委员会委员、特奥发言人或形象代表、运动队队长、教练员或者工作人员等身份参与特奥活动或为特奥服务的活动计划。运动员领袖计划以让运动员自己选择如何以及以什么角色参加特奥运动;支持运动员担任有意义及有影响力的领袖职务,并可以参与、协助特奥组织制定政策和设立发展方针和训练现有的领袖以协助他们迎接和鼓励运动员们一起来担任他们的新角色为主要目标。运动员领袖计划以培训特奥运动员作为理事会成员、教练、裁判、志愿者和全球信使为主要内容。[②]

2. 家庭支持联络网

家庭支持联络网(Family Support Network)是一个由特奥组织发起的项目,旨在通过在特奥社区与那些不熟悉特奥运动的家庭间建立互助关系,培训特奥友好使者,使之成为特奥活动中的领导者和发言人,他们相互支持帮助,共同参加培训、竞赛、会议以及其他活动。家庭支持联络网扩展模式是有经验的家长和新家长结成1对1的支持模式。家庭支持联络网于1971年起源于内布拉斯加州,美国已有7500多位家长参与这一项目,为新的智障儿童及其家庭提供感情支持,并已取得很好的效果。[③] 到2015年,我国27个省、自治区、直辖市已建立了家庭支持联络网,这些支持网络接受所在省、自治区、直辖市残疾人联合会的领导和监管。全国共有特奥运动员家长7000余人加入了特奥家庭支持联络网,使各地的特奥活动开展得丰富多彩,积累了大

---

① 贾勇.特殊奥林匹克项目规则[M].中国特奥委员会,2010:338.
② 贾勇.特殊奥林匹克项目规则[M].中国特奥委员会,2010:339-340.
③ 贾勇.特殊奥林匹克项目规则[M].中国特奥委员会,2010:340-342.

量的经验,并组织了跨省、跨地区的交流,一些家庭领袖还参加了在爱尔兰等国家的特奥交流活动,这些活动极大地推动了特奥事业在我国的进一步开展。①

3. 幼儿运动员计划

幼儿运动员计划(Young Athletes)是一项专门为 2~7 岁的智障儿童提供的体育游戏计划,它是国际特奥会特别设计的示范项目,并得到美泰儿童基金会、Lynch 家庭基金会和 Gang 家庭基金会的资助。通过幼儿运动员计划,8 岁以前的智障儿童可以尽早接触特奥运动,也让更多的公众了解智障儿童。幼儿运动员计划内容是根据智障幼儿的发展特点和能力而编排的一系列动作体系,主要包括运动感知觉训练、基本运动能力训练和高级技巧训练。②

4. 运动员健康计划

运动员健康计划(Healthy Athletes)是通过向特奥运动员提供免费体检和在必要时介绍去看专业医生的方式,帮助他们改善健康状况和体能,增强他们参加特奥培训和竞赛的能力。运动员健康计划的主要目标是增加特奥运动员参与特奥的机会,改善特奥运动员的卫生保健方法;在适当情况下将运动员介绍给当地的医生;培训专业医疗人员和专业医疗志愿者,使他们了解特奥运动员的需求和护理知识;收集、分析以及宣传关于特奥运动员健康状况和需求的资料;呼吁为智障人士改进医疗政策和计划。运动员健康计划包括健康微笑(Special Smiles)、明亮眼睛(Opening Eyes)、提升营养(Health Promotion)、趣味健身(FUN Fitness)、灵敏听力(Healthy Hearing)、健美双足(Fit Feet)和健康检查(Med Fest)七项主要内容。③

5. 学校和青少年计划

学校和青少年计划(Schools and Youth Program)是通过在学校里创建特奥项目和活动,例如,"快来参加特奥"以及地方、全国、区域和全球的青少年峰会,增加非智障儿童、青少年参加特奥活动的机会。同时通过特奥学校和青少年计划发展一批新的特奥运动支持者和领导人;在青少年中加深对其他人相似性和差异性的理解和接受;吸收青少年广泛参与多种特奥相关活动,包括参与特奥的比赛活动,使他们在学校和社区中扮演积极角色。④

---

① 中国特奥委员会. 家庭支持联络网[EB/OL] http://www.sochina.org.cn/taxm/ftyxm/201505/t20150520_488859.shtml. 2017-03-10.
② 贾勇. 特殊奥林匹克项目规则[M]. 中国特奥委员会,2010:342-343.
③ 贾勇. 特殊奥林匹克项目规则[M]. 中国特奥委员会,2010:343-346.
④ 贾勇. 特殊奥林匹克项目规则[M]. 中国特奥委员会,2010:346-347.

6. 大学计划

大学计划(University Project)是指在大学中开展的有关特奥运动的研究和活动,它是国际特奥会专项资助的发展项目之一,也是国际特奥会在全球推广的一个项目,目前已有百余所大学参与了该项目。大学计划的主要目标是利用大学的资源,宣传特奥并为特奥运动员的训练与竞赛提供支持与志愿服务;依托大学的人力与物力的资源和优势,促进特奥运动的高水平发展;以了解、融入和发展为基本思路,探索大学教育与特奥活动融合的发展模式以及在大学中培养支援服务人员。[①]

7. 执法人员火炬跑

执法人员火炬跑(Law Enforcement Torch Run)是指特奥执法人员手举"希望之火"在国家和地方特奥会的开幕式以及国际夏季、冬季特奥运动会开幕式上进行火炬传递的形式。执法人员火炬跑活动开始于1981年,当时美国堪萨斯州的警察局局长理查德·拉蒙犹(Richard LaMunyon)发现国际特奥组织急需开展一种活动来吸引各方的捐款并提高公众关注度。火炬传递活动计划很快得到国际警察组织的批准,这个组织现在是特奥火炬传递规定的实施组织,国际警察组织还定期举办火炬传递摄影大赛。[②]

(六)国际特奥会的组织

国际特殊奥林匹克委员会(Special Olympics International),简称国际特奥会,是为全世界智障儿童和成年人提供体育训练和比赛的国际组织,也是国际奥委会认可可以使用"奥林匹克"名义独立开展体育活动和比赛的组织。国际特奥会是全球特奥运动的管理机构,总部设在美国华盛顿特区,负责组织管理和指导全球的特奥活动,监督国际和各国的特奥运动会及教练员的组织工作,为重要的发展计划、国际会议及培训活动提供支持和帮助。同时,国际特奥会还设有区域领导者会议、国际顾问委员会、项目规则委员会等,采纳个人和团体的有益建议,不断建设和完善其章程和竞赛规则。[③] 国际特奥会发展至今已经形成了完备的组织结构,上至各个地区,下至各个国家,均已纳入此结构,具体情况见图1-1[④]。

---

① 贾勇.特殊奥林匹克项目规则[M].中国特奥委员会,2010:348.
② 贾勇.特殊奥林匹克项目规则[M].中国特奥委员会,2010:348-349.
③ 中国特奥会编.特殊奥林匹克运动知识读本[M].北京:华夏出版社,2006:7-8.
④ 中国特奥会编.特殊奥林匹克运动知识读本[M].北京:华夏出版社,2006:8.

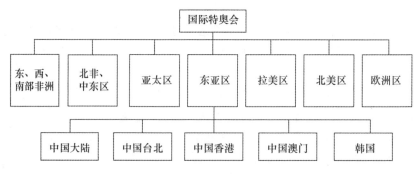

图 1-1　国际特奥会组织结构

二、国内背景

(一) 稳定和谐的国内环境

新中国成立后特别是改革开放以来，国内环境稳定、和谐，经济平稳较快发展，综合国力大幅提升。改革开放取得重大进展，民主法制建设迈出新步伐，社会建设取得新进步，文化建设迈上新台阶，社会主义核心价值体系建设深入开展，文化体制改革全面推进，公共文化服务体系建设取得重大进展，文化产业加速发展，文化创作生产更加繁荣，人民精神文化生活更加丰富多彩。全民健身和竞技体育取得新成绩。特奥运动项目建设有了雄厚的物质基础和精神支持。

(二) 政府对特奥运动的支持

政府的大力支持促进了我国特奥运动的发展以及特奥运动项目的建设。党和国家领导人高度重视特殊奥林匹克事业的发展。1996 年江泽民主席为我国特奥工作者题词："关心弱智人体育事业，开展弱智人体育活动。"2000 年江泽民主席亲切会见国际特奥会代表团和我国特奥运动员代表。2004 年胡锦涛主席亲切接见国际特奥会代表团。他指出，智力残疾人士是一个很大的社会群体，他们比健全人面临更多的困难，理应得到家庭和社会更多的关爱和帮助。他将 2007 年上海世界特奥运动会、2008 年北京奥运会和残疾人奥运会列为中国政府支持的三大赛事，表示中国政府要全力支持上海办好世界特奥运会。[①]

中国残联、国家体育总局十分重视特奥工作，中国残联主席邓朴方同志多次出席特奥活动，并就加强特奥工作作了重要指示。中国残联党组、理事会多次召开专题会，研究部署特奥工作。国家体育总局主要领导要求各级体育部

---

① 中国特奥会编.特殊奥林匹克运动知识读本[M].北京：华夏出版社，2006：17-19.

门,在场地、器材、教练等方面为特奥运动员训练、比赛提供支持和帮助。各省市领导亦多次出席特奥运动会和特奥活动,重视、支持特奥工作。[①]

特奥运动是我国残疾人体育事业的重要组成部分,中央和地方各级政府每年拨出专款举办残疾人体育训练和比赛,支持和促进我国残疾人体育事业的发展,为特奥运动项目的建设出谋划策。

(三)中国特奥会的领导与支持

中国特奥会(2004年前称为"中国弱智人体育协会")成立于1985年,中国特奥会是由各省、自治区、直辖市以及计划单列市特奥组织自愿组成的非营利性群众体育社会团体,接受中国残疾人联合会、国家体育总局、民政部的业务指导和监督管理。其组成成员由会员代表大会选举产生。中国特奥会是中国特奥运动的最高组织机构,办事机构设在中国残疾人奥林匹克管理中心,下设省(自治区、直辖市)级、地方级、区县级特奥会。[②]

中国特奥会负责协同有关部门开展特殊教育学校校园的体育活动;组织、管理、培训特奥运动员和从事特奥运动的体育工作者,举办全国综合性和单项特奥赛事;参加和举办国际特奥比赛,开展国际交流以及总结经验交流,表彰先进等。可见,中国特奥会对特殊教育学校特奥运动项目建设的领导和支持非常重要。

(四)科学技术的进步

科学技术的进步,促进了交通系统的发展、特奥相关设备的更新以及信息技术的提高。交通系统的发展,方便了特奥相关人士的出行,促进了特奥相关人士的合作与交流。特奥相关设备的更新,例如恒温游泳馆,为特奥运动员提供了更好的客观条件。信息技术的提高,尤其是IT技术应用于特奥,推广了特奥运动的宣传、扩大了特奥精神的传播以及在一定程度上保障了特奥运动的顺利进行。例如,2007年在上海举行的世界夏季特奥运动会上就运用了GMS(Game Management System,即赛事管理系统),它用于跟踪所有运动员的比赛情况并且记录所有的比赛结果;HAS(Healthy Athlete System,即运动员健康系统),主要用于分类记录所有运动员在到达上海时的体检结果;MES(Medical Encounter System,即医疗处理系统),如果出现急救事件、受伤事件或者运动员突然生病的情况,该系统可以确保医生快速获得运动员的相关信息并进行治疗。[③]

---

① 郑兆云.中国特奥运动发展研究[J].体育文化导刊,2010(4):127-129.
② 中国特奥会编.特殊奥林匹克运动知识读本[M].北京:华夏出版社,2006:20.
③ 彭敏.特奥会的IT奥秘[J].软件世界,2007(10):70-73.

(五) 相关人士的主观努力

我国特殊教育学校特奥运动项目的建设离不开智障人士及其家人、教师以及社会各界人士的主观努力。智障人士是特奥运动项目的主体,特奥运动项目的建设离不开智障人士的刻苦训练和坚持不懈的努力。

家庭是智障人士生活的第一环境,没有家人的理解、支持和帮助,智障人士就不会加入特奥运动中来,家人帮助我们培养了特奥运动员,家庭是特奥运动和运动员交流、沟通的桥梁。家人也是特奥董事会的成员,他们帮助特奥运动筹款,他们最了解特奥会为智障人士所提供的宝贵服务,他们亲眼看见儿女、兄弟姐妹,甚至是父母亲,在特奥运动中感受到的欢乐、自我价值和人生平等。他们和运动员一起参加特奥运动,骄傲地向外界展示他们是特奥运动员的家庭成员。[①]

特殊教育学校的教师积极为建设本校特奥运动项目而不断努力。学校领导严格挑选特奥运动教练员,特奥运动教练员也积极地为特奥运动员制订个别训练计划以及根据本校特点设立特奥校本课程。此外,学校领导和教师不断地筹集资金以改善学校特奥运动训练的场地,不断改善或更新特奥运动员训练的辅具和设备。校领导通过加强软件和硬件两个方面的努力促进特殊学校特奥运动项目的建设。

特奥运动的资金主要来自于社会各界人士的赞助,成千上万的志愿者加入特奥运动事业中,扩大了特奥运动的宣传,促进了智障人士的社会融合,他们的无私奉献促进了特奥运动的建设。

第2节 特殊教育学校特奥运动项目建设的历程

一、国内特奥运动项目发展历程

多年来,我国特奥运动从无到有、从小到大,走出了一条适合我国国情的发展之路,取得了令人瞩目的成就。特奥运动为我国智障人士及其家庭带来了希望;为他们走出困境、提高认识和生活能力,为他们参与社会、挖掘潜能、展示才华创造了机遇;为弘扬人道主义、推动社会文明发挥了重要作用。

(一) 孕育和启动阶段(1958—1995年)

我国特奥运动起步较晚。1958年在北京西城第二聋哑学校内开设了第一个弱智教育辅读班,其开展的活动是我国智力残疾人体育活动的萌芽。改革

---

① 张繁.对特奥运动发展壮大原因的初探[J].体育文化导刊,2006(1):43-44.

开放之前,我国特奥运动的开展是自发的、零散的、局部的、不系统的,不受社会重视。改革开放以后,我国逐渐探索出具有中国特色的特奥运动项目。

1984年11月,应国际特奥会会长萨金特·施莱佛先生、副会长兼亚太区主席容德根先生邀请,我国派员参加在我国香港举行的第二届亚太区特奥领导人训练研讨会。1985年3月,由民政部、国家体委派员组成观摩团考察在美国犹他州举行的第三届世界冬季特奥运动会。1985年6月17日成立了中国智残人体育协会(后改为"中国弱智人体育协会",对外称"中国特奥会")。1985年7月6日,我国加入国际特奥会组织,成为国际特奥会的成员国。1985年11月国际特奥会主席萨金特·施莱佛先生率团访华并参观了北京西城培智中心学校,由此点燃我国特奥圣火。1985年底,我国选派了首批特奥工作者参加特奥知识和教练员培训。1986年2月,我国派21人赴香港参加亚太区特奥教练员研讨班。1986年4月,中国智残人体育协会第一次全体委员会会议在北京举行。会议由协会主席唐一志主持,会议通过修改后的协会章程,决定1987年举办首届全国特奥运动会,选拔运动员参加1987年第七届世界夏季特奥运动会。① 1987年3月,国际特奥会在我国深圳举行了第一个特奥高级讲师及足球教练员培训班。②

首届全国特奥运动会于1987年3月27至29日在广东省深圳市举行。广东、江苏、湖南、北京、上海、天津、南京、武汉、沈阳、西安、深圳等13个省、市以及应邀参加的香港队共有运动员304人、教练员和工作人员100多人参加了田径、乒乓球、足球三个项目的比赛,未派团参赛的省市派出了60名观察员观摩了运动会。③ 此后北京、广州、上海和天津先后举办了地区性运动会,特奥运动在我国得到了广泛的推广。第二届全国特奥运动会于1991年3月10—12日在福建省福州市举办,来自全国各省、市、自治区和香港地区、澳门地区的19个代表团的300多名运动员参加了比赛,本届运动会设立了田径、乒乓球、足球和游泳4个比赛项目。④

1987年,我国首次组团参加了在美国印第安纳州举行的第七届世界夏季特奥运动会中的田径、游泳、乒乓球和足球比赛,其中参赛运动员23名。1991年,我国有15名运动员参加了在美国明尼苏达州举办的第八届世界夏季特奥

---

① 中国特奥会简介[EB/OL]. http://sports.sohu.com/2004/04/22/52/news219925236.shtml. 2017-03-10.
② 中国特奥会编.特殊奥林匹克运动知识读本[M].北京:华夏出版社,2006:19-20.
③ 中国残疾人体育协会编.中国残疾人体育发展概览(1949—2005)[M].北京:华夏出版社,2006:54.
④ 中国特奥会编.特殊奥林匹克运动知识读本[M].北京:华夏出版社,2006:22.

运动会。1992年9月15日至23日，我国派团参加由国际特奥会、国际智障人士体育联合会和西班牙政府举办的在西班牙马德里举行的首届世界智障人士运动会。① 1993年，我国10名运动员参加了在奥地利萨尔斯堡举行的第五届世界冬季特奥运动会。

（二）快速发展阶段(1995—2005年)

自1995年至2005年，是我国特奥运动项目快速发展的阶段，而快速发展的态势主要反映在两个方面，即我国参加国外特奥运动项目的次数增多，以及我国自主举办全国特奥运动会。以下具体回顾我国参与或者举办的各类特奥运动活动。

1995年，我国有32名运动员参加了在美国康涅狄格州举行的第九届世界夏季特奥运动会。首届亚太区特奥运动会于1996年11月8日至11日在上海举行，来自亚太区的15个国家和地区以及我国30个省、自治区、直辖市共44个代表团参加，共有521名运动员参加了田径、游泳、乒乓球、篮球、足球5个项目的比赛。全国人大常委会副委员长王光英、民政部部长多吉才让、中国残联主席邓朴方、中国特奥会主席阎明复以及上海市有关领导、国际特奥会主席萨金特·施莱佛先生出席运动会开幕式。②

1997年我国有20名运动员参加了在加拿大安大略省举办的第六届世界冬季特奥运动会。1998年，我国特奥工作划归中国残联管理，办事机构中国特奥会秘书处设在中国残疾人联合会宣文部。1999年我国有58名特奥运动员参加了在美国北卡罗来纳州举办的第九届世界夏季特奥运动会。2000年5月，我国北京、深圳、上海举办"中国特奥世纪行"系列活动。江泽民主席会见国际特奥会代表团。2001年我国有27名特奥运动员参加了在美国阿拉斯加州举办的第七届世界冬季特奥运动会。

第三届全国特奥运动会于2002年9月8到13日在陕西省西安市举行。全国31个省、自治区、直辖市和香港、澳门特别行政区以及新加坡等35个代表团、1065名特奥运动员参加了比赛。运动会设立了田径、游泳、乒乓球、举重、篮球、足球6个比赛项目和保龄球表演项目。运动会期间还召开了青少年高峰会议，举办了家长论坛，实施了"明亮眼睛""健美牙齿"等特奥运动员健康项目活动。这是我国特奥运动史上规模最大、规格最高、项目最多的一次盛会，成为我国特殊奥林匹克运动发展史上新的里程碑。③

---

① 王成，田雨普.我国特奥运动发展回顾与展望[C].北京：北京体育大学出版社，2007：100.
② 中国特奥会简介[EB/OL].http://sports.sohu.com/2004/04/22/52/news219925236.shtml.
③ 中国特奥会编.特殊奥林匹克运动知识读本[M].北京：华夏出版社，2006：22-23.

2003年我国34名特奥运动员参加了爱尔兰都柏林市举办的第十一届世界夏季特奥运动会。2005年我国有68名特奥运动员参加了在日本长野举办的第八届世界冬季特奥运动会。为了展示并庆祝特奥成果，2005年11月14日在北京举行了"快来参加特奥"，火炬接力跑大型活动。此次活动有10所培智学校的特奥运动员及社会各界人士1300多人参加。2005年底，中国特奥会召开各省、市、自治区、直辖市特奥工作汇报总结大会，至此，我国已实现特奥运动员人数达50万的承诺。①

（三）领跑阶段（2006年至今）

自2006年以来，我国特奥运动项目的发展取得了举世瞩目的成绩，首先，我国在各类特奥运动比赛中取得可喜的成绩，如2011年6月在希腊雅典举行的第十三届世界夏季特奥运动会中，我国派出137人组成的代表团参加了游泳、田径、乒乓球、举重等11个项目的比赛。我国97名特奥运动员在大家的支持和鼓励下，充分发扬了"敢于尝试，勇敢争取"的精神，共夺得80枚金牌、35枚银牌、22枚铜牌，展示了我国特奥运动员的精神面貌和实力，为我国赢得了荣誉。

其次，我国举办的各类特奥运动会吸引了许多其他国家目光，参与特奥运动比赛的国家更加多样化，特奥运动员的数量也不断增多。下面具体回顾我国举办的特奥运动赛事。

第四届全国特奥运动会于2006年7月29日至8月5日在黑龙江省哈尔滨市举行。届时，来自全国各省、自治区、直辖市、新疆生产建设兵团以及香港、澳门特别行政区，中国台北共36个代表团参加比赛，特奥运动员总数近1500人。运动会设立了田径、游泳、乒乓球、举重、篮球、足球、滚球、轮滑、羽毛球9个比赛项目和网球表演项目。②

2006年10月，"2006特奥运动会上海国际邀请赛"隆重举行，共有来自19个国家和地区的特奥代表团，400多名特奥运动员参加此次邀请赛。

2007年在我国上海举办了第十二届世界夏季特奥运动会，本届特奥运动会有来自世界165个国家和地区的7400名运动员、教练员，2万多名运动员家长、专家和嘉宾，以及各行业的志愿者参加这次特奥盛会。

2007年世界夏季特奥运动会共设田径、水上运动、篮球、足球、羽毛球、滚球、乒乓球、举重等21个正式比赛项目和舞龙舞狮、赛龙舟、板球和机能活动项目这四个表演项目，吸引了来自全球的7500名运动员、40000名志愿者、

---

① 中国特奥会编.特殊奥林匹克运动知识读本[M].北京：华夏出版社，2006：25-26.
② 中国特奥会编.特殊奥林匹克运动知识读本[M].北京：华夏出版社，2006：22-23.

3500名官员和1427名记者。①

最后,我国特奥运动员的数量不断增多。"十一五"期间,我国特奥运动在50万特奥运动员的基础上再次实现跨越式发展,截至2010年底,我国特奥运动员已达到100万人。特奥运动作为残疾人事业的重要组成部分,《残疾人体育工作"十二五"实施方案》中明确提出"参加特奥运动的智力残疾人发展到120万"的工作目标。②

第五届全国特奥运动会于2010年9月19至25日在福建省福州市举行,本届全国特奥会的主题口号为"共享阳光·你我同行"。会徽以福州市市花"茉莉花"与运动员形象为设计元素组合创意而成。吉祥物"福乐娃"以福州地区的传统名果"福橘"为原型,通过卡通化的艺术处理,塑造了一个活泼可爱、动感十足的形象,具有浓郁的地方特色。本届特奥会设田径、游泳、举重、乒乓球、羽毛球、保龄球、轮滑、篮球、足球、滚球、柔道等11个比赛项目;同时开展运动员健康计划、青少年高峰论坛、家庭领袖论坛、大学计划、特奥研究论坛等5项非体育项目。③

2015年5月,第六届全国特殊奥林匹克运动会在四川省成都市举行。全国31个省(区、市)、新疆生产建设兵团和香港特别行政区、澳门特别行政区等35个代表团的近1300名运动员、裁判员、教练员、技术官员、新闻记者、志愿者参与此次大赛。本届特奥会共设轮滑、游泳、田径、举重、乒乓球、羽毛球、滚球、篮球等8个比赛项目。赛事期间还启动了运动员健康计划、家庭论坛、青少年高峰会议3个特奥非体育项目。特奥运动专家、特奥运动员家长和参加特奥会的运动员还对我国特奥运动的现状和未来发展等问题进行了热烈讨论。

二、深圳元平特殊教育学校特奥运动项目发展历程

深圳元平特殊教育学校创办于1991年12月,是一所为智障、听障、视障、自闭症、脑瘫等各类特殊孩子提供从义务教育到高中教育"一条龙"服务的综合性、全寄宿特殊教育学校。学校占地72000平方米,建筑面积52885.90平方米,教职工404人,84个教学班,在校学生928名,其中智障教育部有26个班,332名学生,是学校班级最多、学生人数最多的教育教学部。学校作为全国

---

① 2007年世界夏季特殊奥林匹克运动会[EB/OL]http://www.chinanews.com/special2/2007-09-26/20.shtml. 2017-03-10.
② 黄建行. 全国特殊教育学校特奥运动高级研讨会论文集[D]. 深圳: 海天出版社, 2012: 4.
③ 第五届全国特奥运动会[EB/OL]http://www.fj.xinhuanet.com/news/tah/. 2017-03-10.

特奥培训基地、广东省特殊教育基地、中央教育科学研究所特殊教育实验基地,自创办以来,一直非常重视学生的全面康复、全面发展以及学生的体育运动,尤其重视特奥运动项目的开展。经过20多年的努力,学校开展的特奥运动项目已经形成体系,并精心培育出了有本校特色的优势项目。

(一)学校特奥运动项目的起步阶段(1991—1999年)

在特奥运动项目开展初期,学校就非常重视学生的体育活动,组织专业的体育老师对智障学生进行特奥运动的训练。1996年,在社会福利基金的支持下,学校建成了400米八跑道的标准田径运动场(含足球场)1个。标准运动场的建成,推动了学校田径等特奥运动项目的开展。学校分别于1994年、1997年、1998年和1999年参加了香港第十九届、第二十二届、第二十三届和第二十四届特奥运动会亚太区城市邀请赛,许多特奥运动员在这几次特奥运动会中获得了优异的成绩。1999年,学校还参加了上海第五届特奥会城市邀请赛。参加这些校外比赛提高了智障学生的自信,提高了他们的社交能力,同时为学校赢得了很多荣誉,学校领导从此更加重视学校特奥运动项目的建设。为了让学生更好地参与体育活动,让全校师生拥有一个更好的体育活动场地,在此阶段,校领导和教师开始筹划学校体育馆的建设,同时增加学校专业体育教师的人数。

(二)学校特奥运动项目的发展阶段(2000—2006年)

2000年6月由卓钦锐副市长率教育、民政、残联等部门的负责同志就学校体育馆事宜进行调研,决定由社会福利基金拨款建设学校体育馆。同年12月,我国第一个"中国特奥培训基地"在学校挂牌,进一步推动了特奥运动在学校的开展。

2001年12月在香港第二十六届特奥运动会城市邀请赛,学校9位特奥运动员参加了篮球、乒乓球、足球、田径和保龄球等特奥运动项目的比赛。2002年5月在广东省首届特奥运动会上,20位特奥运动员参加了田径等特奥项目。2002年8月在日本第三届特奥会,8位特奥运动员参加了田径、保龄球等特奥运动项目。2002年9月在中国第三届特奥会,特奥运动员参加了4×100米接力、深蹲等特奥运动项目的比赛。2003年12月在中国2003年特奥篮球比赛中,学校特奥篮球队获得男子团体第二名。2005年7月在全国哈尔滨特奥滚球比赛中,学校7名特奥运动员共获2枚金牌、4枚银牌和4枚铜牌的好成绩。2006年11月在第四届全国特奥会中,学校特奥运动员参加了轮滑和游泳等特奥运动项目的比赛。2006年11月第一届全国保龄球比赛中,学校6名特奥运动员参赛并取得优异成绩。

2006年12月,学校"爱心体育馆"竣工。体育馆包括一楼的8赛道标准恒温游泳馆和二楼的室内篮球馆等场地及配套设施,基本能满足各类特奥项目训练的需要。体育馆的建成为下一阶段特奥运动项目的开展提供了良好的设施设备保证。

(三)学校特奥运动项目的领跑阶段(2007年至今)

学校特奥运动项目经过前面两个阶段的发展,已有一定的基础和成就。本阶段,学校每周开设1节特奥课,每天16:15—17:10安排智障部、康复部、职教部的学生开展特奥体育兴趣小组的活动,周一到周四下午16:15—18:15为特奥运动员的专业训练时间。此外,不断组织学生参与各项比赛,如,2007年10月,学校特奥运动员参加了上海十二届世界夏季特奥会的乒乓球、保龄球和板球的比赛。2008年6月在西安全国特奥轮滑比赛中,学校6名特奥运动员参加了比赛。同年,学校特奥运动员参加了在大连举办的全国特奥保龄球比赛。2009年8月在北京全国特奥游泳比赛中,学校7名特奥运动员参加了比赛并取得优异的成绩。2010年第五届中国特奥运动会中,学校有8名在校运动员和4名已毕业运动员参赛且取得喜人的成绩,为学校和深圳市赢得了荣誉。2011年6月,12名队员参加了雅典第十三届世界特奥会,其中有5名是学校特奥游泳队员,此次比赛中校运动员取得了6金3银1铜的可喜成绩,为我国赢得了荣誉。2015年5月,在四川省成都市举行的第六届全国特殊奥林匹克运动会上,我校10名员运动员在游泳和轮滑比赛中共获14金8银3铜。2015年7月,在美国洛杉矶举行的第十四届世界夏季特殊奥林匹克运动会游泳比赛中,获金牌7枚、铜牌2枚、1个第四名的可喜成绩,为我国赢得了荣誉。

学校一直坚持普及和发展特奥运动,让特奥运动进课堂,开展特奥运动项目的课外训练,组织校内外的特奥活动以及组织学生参加各类特奥比赛活动,不断拓展特奥运动,使智障学生能够真正参与特奥运动。学校还组织教师编写了特奥运动教学指导手册,学校特奥运动项目逐渐形成体系。此外,学校还专门成立了以校长为组长,副校长为副组长,各部门主任或部长为成员的体育工作领导小组。领导小组下设办公室,由教务处主任和组长具体负责活动组织工作。领导小组办公室对学生体育运动训练统筹安排,科学管理,确保各活动的有效有序进行;学校体育教学教研组具体执行学校学生体育运动训练方案,并做好相关资料的汇编和整理工作。领导小组定期召开会议,对学生体育运动和训练进行总结,解决遇到的问题。

学校领导非常重视学校特奥运动项目的开展,在每年学校工作要点和年度工作计划中都会提到发展特奥项目的事项。例如,学校在2009—2010年度工作要点中指出要"进一步强化体育、文艺教育特色,使绝大部分学生掌握一门艺术和体育特长。特奥、残奥比赛要逐渐形成强项。加强特奥、残奥优势项目和特色项目建设,充分利用资源优势,大力发展游泳、保龄球、乒乓球等优势项目"。2010—2011年度工作要点中指出"要充分利用学校的资源优势,不断强化特奥、残奥运动,建立一批优势传统特奥、残奥运动项目,以及开发校本课程"。2011—2012年度工作计划中指出"强化全国特奥培训基地建设,利用学校的资源优势,打造达到代表国家水平参加世界特奥会的优势项目。加大特奥运动的普及力度,让每个残疾学生都能平等参与其相应的体育训练中。充分利用学校的资源优势,建立游泳、滚球、保龄球、足球、高尔夫、轮滑等优势特奥运动项目。充分发挥中国特奥培训基地和深圳市残疾人体育训练基地的作用,为省市、国家输送优秀运动人才"。2012—2013年度第一学期工作重点中指出"要充分利用学校的资源优势,不断强化特奥、残奥运动,建立一批优势传统特奥、残奥运动项目"。由此可见学校领导对学校开展特奥项目非常重视,而且发展方向非常明确。

近年来,学校从华中师范大学、北京师范大学、成都体育学院、广州体育学院等高校引进了多名专业的体育教师。通过引进不同专业的体育教师,学校新增了保龄球、轮滑和游泳等特奥运动项目。专业体育教师的引进以及特奥运动项目的增加,大力促进了学校特奥运动项目的系统开展。

学校作为深圳市残疾人运动训练基地和国家特奥培训基地,大力推动了特奥运动的普及和发展。近年来学校积极组织特奥运动员参加各种体育赛事活动,截至2016年,共有30人参加国际性体育赛事,92人参加全国比赛,165人参加省级比赛。且学校多次承办了全国特奥教练员、东亚区特奥高级教练员、中国特奥运动员领袖等国内外培训活动,并受中国特奥会委托、省残联和深圳市残联的委托,派出特奥资深教师前往海南、上海等地进行特奥教练员的培训,完成了香港、台湾和深圳各社区的特奥交流和比赛活动等任务。同时,学校还承接了深圳市特奥、残奥运动队和国家硬地滚球队、广东省硬地滚球队、香港特奥游泳队、澳门特奥游泳队等各级分类运动队伍的集训达500多人次,充分发挥了特奥基地的辐射和带动作用。

第2章 特殊教育学校特奥运动项目体系

近年来,特奥运动在国内外得到蓬勃发展,在各地特殊教育学校日渐普及。社会学理论、心理学理论、康复学理论、体育学理论等理论体系为学校特奥运动项目的建设提供了理论基础,指导特殊教育学校特奥项目的建设;特奥运动课程体系使特奥运动走向课堂,为特奥运动项目的普及提供支撑,是特殊教育学校特奥项目建设的核心。在特奥运动项目的建设过程中,形成人员、经费、设施设备、信息资源等构成全方位的支持体系,为特奥项目建设提供强有力的保障,努力打造成特奥运动的引领者。

第1节 理论体系

特殊教育学校特奥项目建设有丰富、坚实的理论基础,涉及多学科、多维度,形成了较完整的理论体系,需要从学科整合特殊教育学校特奥理论,如社会学、心理学、康复学等。首先,社会学理论包括人权理论、木桶理论、增能理论等,特奥项目是体育活动,每个人都有参与体育等人类社会活动的权利,通过人类开发潜能,能够创造社会财富,智障学生也不例外,特奥项目的建设为智障学生服务社会提供了途径。其次,心理学理论包括需求层次理论和多元智能理论,智障学生作为一名普通人,也有自我价值实现等高级需求,多元智能理论让人们相信智障学生有能力达到自我实现。再次,学校面临对智障学生教育和康复的双重任务,特奥项目兼具康复学生生理和心理的效应。最后,体育学相关理论为特奥教练提供教学和训练基础知识,为特奥项目建设提供指引。

一、社会学理论

社会学,由孔德在1838年《实证哲学教程》第四卷中提出,是一门利用经验考察与批判分析来研究人类社会结构与活动的学科。社会学家通常将经济学、政治学、人类学等一起并列于社会科学来进行研究。社会学的研究对象范围广泛,小到几个人面对面的日常互动,大到全球化的社会趋势及潮流。社会学理论包括多种,其中人权理论、木桶理论、增能理论对特殊教育学校特奥项目建设具有重要的理论指导作用。

(一)人权理论

人权是指在一定的社会历史条件下每个人按其本质和尊严享有或应该享有的基本权利。"整个人类的历史不过是一部人要成其为人本身的历史。"[①]人权理论认为,人人生而平等,人人都有自己神圣的、不可剥夺的、不被侵犯的权利,如生存权、人身自由权等。

人权理论源于西方,古希腊智者学派最早提出了公平正义的思想。在近代历史上,文艺复兴时期的先驱但丁(Dante Alighieri)指出:"人类的目的是要建立统一的世界帝国来实现普天下的幸福,而'帝国的基石是人权'。"[②]在整个文艺复兴时期"天赋人权""自由、平等、博爱"等思想充斥着传统的欧洲大陆。近现代人权理论则是以"天赋人权""主权在民"等作为其理论基石的。马克思指出:在资本主义条件下劳动人民不可能在真正意义上实现自由、平等和人权,因为人的权利与人的生存和发展始终是不能分离的,马克思主义认为,资产阶级使国家摆脱宗教而获得解放,从社会发展来看,这是一大进步;资产阶级人权学说中的"自由""平等""民主"等思想,相对于封建特权来说也是具有世界历史意义的进步,而资本主义条件下显然不存在适宜真正民主和人权的土壤和根基。

在医学视野中,智障者由于适应行为的障碍而被剥夺了部分的社会活动权利,但社会模式的视角更强调智障者是一个拥有与健全人同等"公民资格"的特殊群体;他们拥有实现自身及其与社会的全面、和谐的发展的权利,而体育活动恰恰是一种不可或缺的载体。适当的体育参与既满足智障者身心健康、运动才能以及社会化的个体性价值追求,又切合社会稳定发展与和谐进步的社会性价值追求。特奥运动为智障者走出家门、融入社会创造了条件,使他们获得了同健全人一样平等参与社会生活的机会和权利,使他们在特奥运动中与其他运动员和家人分享快乐、交流技艺并增进友谊,减轻了智障者及其家庭的负担,使家庭成员变得更加亲密;改善了他们及其家庭和社区人们的生活。[③] 深圳元平特殊教育学校深刻认识到这一点,充分尊重智障学生的权利,在普及基础上提高,不仅让特奥项目进课堂,而且积极与校外组织合作,走进社区,依靠家长,切实尊重学生的权利,保障维护并实现智障学生的权利,努力成为中国人权保障

---

① 齐延平.人权与法治[M].济南:山东人民出版社,2003:2.
② [意]但丁.论世界帝国[M].北京:商务印书馆,1985:76.
③ 王秀红,吴雪萍.论特奥运动可持续发展的教育支持[J].山西师大体育学院学报,2010(12):43.

的窗口学校。

(二) 木桶理论

木桶理论,又称为"水桶效应",基本内涵是:一个由许多块长短不同的木板箍成的木桶,决定其容水量大小的并非是其中最长的那块木板或全部木板长度的平均值,而是取决于其中最短的那块木板。要想提高木桶整体效应,不是增加最长的那块木板的长度,而是要下功夫补齐最短的那块木板的长度。根据这一理论,水流的外溢取决于水桶上最短的一块木板,社会风险最容易在承受力最低的社会群体身上爆发,从而构成危及社会稳定、影响社会发展的一个巨大社会隐患。因此,帮助特殊人群这一社会弱势群体减轻来自经济、社会和心理的巨大压力,不仅是各级政府部门的责任,而且也是全社会的义务,其中社会强者应尽更多的义务。根据这一理论的新发展,一方面,容水量还取决于木桶底板和桶箍,这就说明对特殊人群的特别关爱非常重要(因为特殊人群不仅是社会这个大水桶的最短板,同时也是出于底层的底板),维系健全人和特殊人群之间稳定、和谐、融洽的关系非常重要。另一方面,容水量还取决于木桶的直径、形状和使用状态,进一步说明拓展新时期残疾人事业的发展空间非常重要,建立健全新时期残疾人事业的管理体制和运行机制非常重要。[①]

智障人士是社会群体中的一员,人本价值应该得到尊重,有权利参与社会的发展,也有能力为社会的发展做出自己的贡献。特奥运动是奥林匹克运动的重要组成部分,是世界上规模比较大的赛事,特奥运动的存在完善了世界体育赛事。同时,特奥运动项目是诸多特殊教育学校发展的特色之一,拓展了特殊教育学校的发展空间,缩小了与普通学校发展的差距。特奥项目中包括融合项目,特奥运动比赛中也有融合团队的比赛,大大促进了智障人士与普通人之间的融合,有助于我国和谐社会的建设。在各种残疾类型中,智障人士是比较受歧视的一个类型,特奥的发展,智障人士获得的成绩在一定程度上扭转了这种局面。

(三) 增能理论

"增能"(Empowerment)一词是社会福利界的用语,又可译作"充权"或"赋权",是让人有更大、更多的责任感,有能力去做自己应该做的事。增能是个人在与他人与环境的积极互动过程中,获得更大的对生活空间的掌控能力和自信心,以及促进环境资源和机会的运用,以进一步帮助个人获得更多能力的过程。许多关于残疾人供养及照顾理论只把服务对象看作是脆弱的群体,忽视

---

① 卓彩琴,谢泽宪.残疾人社会工作[M].广州:华南理工大学出版社,2008:31.

了人是有潜能的、是可以改变的这一基本价值观念。增能理论则站在人发展的立场上,认为通过一定的方法,残疾人可以在一定程度上恢复他们失去的机体的、社会的功能,并有助于他们进入一般的、正常的社会生活。增能不但在于增强其原本丧失的机体功能,而且可以增强他们的生活信心,甚至可以减轻他们对社会的"拖累"。增能理论是以人的发展理论为基础的,关注人的基本价值的实现。按照增能理论的理解,增能方式也是多种多样的,比如康复可以使残疾人已丧失的功能得以恢复,教育和培训可以发掘他们的潜能,外界生活、活动条件的改善可以使他们有更多表现自己的机会等。[①]

特奥项目建设的对象为 8 岁以上智商在 70 分以下的智障人士,这充分体现了对智障人士的尊重和关心,也是对智障人士可以发挥价值的充分肯定。特奥运动是真正独特的运动,中国残联主席邓朴方曾指出:"特奥是人道的事业,是爱的事业,是光明的事业。"[②]建设特奥项目充分体现了对智障学生的关注,让学生从特奥运动中更加健康,锻炼意志,团结彼此,收获成功的乐趣,所以说特奥项目在特殊教育学校的建设中起到了康复学生身体、促进心理发展的作用,让社会人士意识到智障人士不是社会的"负担",他们能在自己的领域取得辉煌的成绩。特奥项目作为智障人士独有的运动项目,既引起社会对智障人士的关注,更触动其心灵。

二、心理学理论

心理学是研究人心理现象,揭示心理内在发展规律的科学,研究内容包括认知、情感和意志内在的规律,既是一门基础学科,也是一门应用学科。心理学在长期的研究与发展过程中提出了很多理论,如行为学习理论、认知发展理论、人本理论、需求层次理论和多元智能理论等。其中需求层次理论与多元智能理论对特殊教育学校特奥项目建设具有重要的理论指导价值。

(一)需求层次理论

需求层次理论是由美国著名的心理学家马斯洛(Abraham H. Maslow)提出的。他认为:人有一系列复杂的需要,按其优先次序可以排成梯式的层次。一般来说,只有在较低层次的需求得到满足之后,较高层次的需求才会有足够的活力驱动行为,而且满足较高层次需求的途径多于满足较低层次需求的途径,是行为科学理论之一。

[①] 马洪路.残障社会工作[M].北京:高等教育出版社,2007:92.
[②] 中国特奥会官方网站.中国残联主席邓朴方在"快来参加特奥"活动上的讲话摘要[EB/OL]. http://www.sochina.org.cn/web/NewsContent.aspx? ID=325,2008-11-6.

马斯洛把需求分成生理需求、安全需求、社会需求、尊重需求和自我实现需求这五个从低到高的层次,并分别提出激励措施。生理需求是人们维持自身生存最原始、最基本的需求,如吃饭、穿衣、住宅、医疗等。如果这些需求得不到满足,人类生存就成了问题。安全需求是指保障自身安全、劳动安全、职业安全、生活稳定、免于灾难以及未来有保障等的需求。社会需求即情感上的需求、归属与爱的需求,包括对友谊、爱情及隶属关系的需求。爱的需求是指个体渴望得到家庭、团体、朋友、同事的关怀和理解,是对亲情、友情和爱情的需求。归属的需要是指个体能够产生一种归属于一个群体的感情,希望成为群体中的一员,并相互关心和照顾。尊重需求是指个体希望自己的能力和成就得到社会的承认,能够保有稳定的社会地位。最后是自我实现的需求,这是最高层次的需求,是指实现个人理想、抱负,发挥个人的能力到最大程度,完成与自己能力相称的一切事情的需要,即做着自己喜欢并且能够胜任的工作,使自己感到快乐。相对于生理需求和安全需求的温饱阶段,以及社会需求和尊重需求的小康阶段,自我实现需求的满足则是彻底实现了个体需求的富裕阶段,也是全人类为之奋斗的最高阶段。

智障人士作为人类群体相对弱势的一部分,也具有需求层次理论中提到的五个需求。与大多数人一样,能够达到自我实现需求的人并不多,但他们却比普通人更需要爱和归属、更想达到自我实现。特奥会的任务是为智障人士提供长年的奥林匹克类型的体育训练及运动竞赛,使他们有机会发展体能、表现勇气、体验欢乐,通过参与,与家人、其他特奥运动员和社会分享才能、技巧和友谊。特奥会的终极目标是为智障人士提供平等参与体育训练及竞赛以发展和显示他们的技能和才华的机会,并通过增加公众对他们能力和需要的认识,使他们成为社会中有用的和受尊重的成员。[①] 特奥运动以无数活生生的事例证明,不仅轻度智障者完全可以通过特定的训练自立自强,融入社会;而且中度甚至重度智障者也可以通过参与特奥,达到基本的生活自理,获得生存技能和信心,相对减轻了社会的负担,让整个社会从中受益,实现了人生的价值、体现了他们自身的社会价值。[②] 特殊学校考虑智障学生的这些需求及参与特奥的重要意义,积极建设特奥项目,不断培养特奥运动员,帮助学生满足需求,同时达到自我实现需求的满足,实现自我价值和社会价值的统一。

---

① 李国红.特奥运动中融合运动的发展空间[J].体育文化导刊,2008(1):55.
② 王秀红,吴雪萍.论特奥运动可持续发展的教育支持[J].山西师大体育学院学报,2010(12):43.

(二) 多元智能理论

多元智能理论是由美国哈佛大学教育研究院的心理发展学家加德纳(Howard Gardner)于1983年提出。加德纳从研究脑部受创伤的病人身上发现他们在学习能力上存在差异,从而提出本理论。他认为每个人都具有包括逻辑数学智能、语言智能、音乐智能、空间智能、身体运动智能、人际关系智能、内省智能、自然智能、存在智能等九种智能(表2-1)。加德纳认为,每个人都同时拥有相对独立的九种智能,而这九种智能在每个人身上以不同方式、不同程度的组合使得每个人的智能各具特点。因为每个人的智能都有独特的表现形式,每一种智能都有多种表现形式,在促进学生全面发展的同时,更应该注意到学生的突出智能。

表2-1 加德纳多元智能及其教学应用[①]

智力维度	定义	代表性人物	教学应用举例
逻辑数学智能(Logical-mathematical Intelligence)	运算和推理等科学或数学的一般能力,以及处理较长推理,识别秩序,发现模型和建立因果模型的能力	侦探、律师、工程师、科学家和数学家	帮助学生学会用数字,逻辑以及模型来量化和阐明一个思想观点
语言智能(Linguistic Intelligence)	运用语言达到各种目的的能力以及对声音、韵律、语意、语序和灵活操纵语言的敏感能力,包括听、说、读和写的能力	诗人、记者、编辑、作家、演讲家和政治领袖	让学生流畅地表达出某个思想观点
音乐智能(Musical Intelligence)	感受、辨别、记忆、理解、评价、改变和表达音乐的能力	作曲家、指挥家、歌唱家、演奏家、乐器制造者	帮助学生理解和欣赏环境声音或者将思想观点以音乐旋律的形式表达出来
空间智能(Spatial Intelligence)	准确感受视觉—空间世界的能力。包括感受、辨别、记忆、再造、转换以及修改物体的空间关系,并借此表达思想和情感的能力	画家、雕刻家、建筑师、航海家、博物学家和军事战略家	帮助学生以空间形式将一个思想观点表述出来
身体运动智能(Bodily-kinesthetic Intelligence)	控制自己身体运动和技术性地处理目标的能力	运动员、舞蹈家、外科医生、赛车手和发明家	帮助学生协调整个身体的动作或掌握一些动作技能

---

① 雷江华,方俊明.特殊教育学[M].北京:北京大学出版社,2011:19.

续表

智力维度	定义	代表性人物	教学应用举例
人际关系智能（Interpersonal Intelligence）	与人相处和交往的能力，表现为觉察体验他人情绪、情感、气质、意图和需求的能力并据此做出适当反应的能力	教师、律师、推销员、临床治疗学家、公关人员、谈话节目主持人、管理者	开展一些团体活动来帮助学生掌握人际交往技能
内省智能（Intrapersonal Intelligence）	认识、洞察和反省自身的能力，并在正确的自我意识和自我评价的基础上形成自尊、自律和自制的能力	哲学家、小说家、律师	让学生反思其能力和人格，从而使其更清楚自己是怎样的人并如何完善自己
自然智能（Natural Intelligence）	认识物质世界的相似和相异性及动物、植物和自然环境其他事物的（如云、岩石等）能力	猎人、农民、生物学家、人类学家或者解剖学家	提供一些材料让学生进行分类并且分析自己是如何分类的
存在智能（Existentialist Intelligence）	人们表现出的对生命、死亡和终极现实提出问题，并思考这些问题的倾向性	人文学家、哲学家	让学生思考生活的意义，教育学生热爱生命，珍惜与家人生活的时光

多元智能理论对于特殊教育学校特奥运动项目建设的指导作用主要体现为两点：一是身体运动智能对于特奥的意义；二是身体运动智能对于其他八项智能之间的意义。身体运动智能是学生运动方面的能力，智障学生在逻辑数学智能、语言智能等方面存在不足，但也许在运动智能、空间智能等方面拥有优势，可以在运动方面取得优异成绩。特殊学校不仅开设适应语文、适应数学等课程，也开设特奥课程，建设特奥项目，充分发展智障学生的运动智能。运动智能的发展可以起到取长补短的效果，特奥项目的开展让智障学生有发挥运动智能的空间，以弥补数学智能、语言智能不足带来的不利心理影响。许多智障学生在运动方面存在天赋，最明显的是唐氏综合征学生，如学校学生佟某在乒乓球方面的自由发展，身体运动智能的充分发挥使佟某有更多的自信，更愿意表达和表现自我，带动语言智能和人际关系智能的发展。

三、康复学理论

按照世界卫生组织所下的定义，"健康是指在身体上、精神上、社会生活中处于一种完全良好的状态，而不仅仅是没有患病或衰弱"。新医学模式认为除生物学因素外,心理精神情绪和社会因素都可致病,而这三方面又是互有联系的,即:生物学因素—心理精神情绪因素—社会因素→疾病。因此,在预防疾病和康复时,不能忽视控制社会和心理的因素。新的概念则从重视功能转变及其影响出发,形成以下的关于疾病与功能障碍关系的新模式:疾病(损伤)→功能(结构)缺陷→个体功能活动受限→社会生活参与受限。以健康的新概念和医学的新模式作为理论基础,可以提出指导康复训练的四大原则,即:功能训练、全面康复、融入社会、改善生活质量,反映了在康复和保健上的新理论和新观念。整体保健主义和运动控制模式对特殊教育学校特奥项目建设有重要的理论指导作用。

（一）整体保健主义

整体保健(Holistic Health)是20世纪70年代在欧美兴起的一种新的医疗保健思潮,整体保健的理论和实践模式对康复医学的发展有相当大的影响。整体主义(Holism)是一个哲学概念,认为每一个生活的有机体都是一个完整的实体,它比构成这一实体的各部分的总和更大、更重要。用整体主义指导医学,就产生了整体医学(Holistic Medicine)的理论,认为个人应该而且可能通过自己的努力,取得身、心、精神整体的健康和康复。整体医学的综合康复方法具有以下特点：① 从整体出发,身、心、精神相结合,人、环境、宇宙三者取得平衡和协调。② 强调自我保健的重要性,医者对恢复健康只起到促进的作用。③ 治疗的目标是人,而不是疾病或症状。④ 治疗过程富有同情心和人道主义精神,建立起医者和病者之间融洽的关系。⑤ 吸收各民族文化和医学的传统方法(如中国的针灸、太极拳,印度的瑜伽),强调使用不同于先药物后手术的治疗方式。⑥ 重视调整生活方式,认为合理的生活方式是保持健康的关键问题。[1]

特奥运动对于智障学生而言,不仅意味着身体锻炼、技能练习及奖杯追逐,更重要的是身体功能的恢复、心理健康水平的增强。整体康复学认为应从整体出发,身心相结合,人、环境、宇宙三者取得平衡和协调,强调整体康复和身心健康。特奥兴趣小组和运动队中学生的笑声、教师的欣慰、家长的安心,都是整体康复理论的体现。发展特奥运动、建设特奥项目是从身心多方面促进智障学生康复,先天智力的损伤并不能阻碍后天身体的健康和心理的成长,特奥的乐趣及成功的获得使他人能看到智障学生可以获得属于他们自己的梦想。

（二）运动控制模式

运动控制模式是应用于中枢神经损伤患者的一种理念,该模式基本观点

---

[1] 卓大宏.中国康复医学[M].北京：华夏出版社,2003：30-31.

认为人的感觉、知觉、认识、思想、情绪、行为及社会与文化方面都有一个发育的过程。它们的发生、发展与成熟都有生物学因素和环境因素的影响,有一个质变与量变的方面。作业疗法通过提供改变的条件,影响其变化的质量。在此模式中,通过应用神经生理学机制抑制异常的肌张力及姿势反射,并诱发正常的运动反应。

运动对于肢体方面和运动能力方面存在障碍的学生有着关键的康复效果。智障学生由于智力障碍,接受动作的能力相应受到某些程度的限制。特殊教育学校通过特奥教学和训练帮助学生掌握某些运动技能和动作技巧,从不规则动作到符合规范的动作方式,通过应用神经生理学机制抑制异常的姿势反应,诱发学生正确的运动反应,帮助学生建立适应社会的行为和肢体动作。如特奥游泳通过训练学生的泳姿,帮助学生纠正错误的游泳动作和姿势,建立正确的泳姿和动作方式,迁移到学生的日常生活中,使学生在康复中运动,在运动中达到康复的目的。

四、体育学理论

体育学是研究体育科学体系及其发展方向的一门学科。其内容主要是研究体育科学体系的结构、层次及其演变,包括多种相关理论,其中运动训练理论、"板块"训练理论、竞技体育理论对特殊教育学校特奥项目建设起到关键的理论指导作用。

(一)运动训练理论

运动训练理论体系在我国起步较晚,形成于1983年。经过20余年的发展,理论水平迅速提高。运动训练理论体系从横向和纵向两个维度进行不同构架:从横向来看,理论体系主要包括运动训练的原则、内容、方法、安排、负荷五个方面。从纵向来看,可以解释为包含一般训练学、项群训练学和专项训练学这样三个层次。适用于所有运动项目的运动训练理论,称作"一般训练学";适用于部分运动项目的运动训练理论,称作"项群训练学";而适用一个运动专项的运动训练理论,则被叫作"专项训练学",构建这样一个三层次理论体系的关键在于项群训练学的提出和建立。

训练理论的时空观是从另外一个角度来认识运动训练活动。辩证唯物主义哲学告诉我们,世界是物质的,物质是运动的,物质在时间、空间里运动。运动训练的空间特征包括训练的内容、方法和手段;运动训练的时间特征则包括训练的过程、周期和安排。张英波(1998)"运动员竞技能力状态转移的时空协同理论"研究认为:运动训练的空间特征和时间特征密切地协同和配合,是实现运动员竞技能力状态良性转移的必要条件。其结论之一为:"运动训练的内容与方法是运动训练活动的空间构成因素,运动训练过程是训练活动的时间构成因素,运动训练的计划是时、空因素协同的组织,运动训练计划的实施则是时、空协同的具体操作。"另外一条结论是:"运动员竞技能力状态转移中,时、空因素良性协同的主要表现形式为:获得同样的转移效果只花费最短或者较短的时间,花费同样的时间可获得最大或者较大的转移效果。"

特奥运动的对象是智障学生,在训练中必须注意哪些方面,怎么训练才能保证学生的健康并取得更大效果,应该是特奥教练员或学校体育教师十分关注的问题。运动训练理论为特奥运动项目的训练提供理论指导,有助于教师根据学生的需求及运动的特点提供合适的训练方式方法。运动训练相关理论更适用于参与特奥比赛的智障学生,而对于特奥课、特奥兴趣小组等的指导作用需要教师根据学生的理解水平、身体素质等进行更详细、更具体的分析和应用。

(二)"板块"训练理论

苏联训练学学者维尔霍山斯(Verchoschanskij)在长期大量实验的基础上,提出了"板块"(Block)训练模式,"板块训练"是指在一个相对长的训练期间(约15～27周),根据不同能力之间的相互作用与影响以及机体对不同能力的适应特点,安排不同的重点负荷板块。一个板块由4～6周的重点训练负荷构成,例如技术、力量、耐力等。

"板块"理论没有从"一般与专项训练"和"训练量与强度"的宏观角度概括训练的过程,而是从高水平运动员竞技能力的"可塑空间"逐渐缩小,专项成绩的提高速度日趋缓慢,训练负荷与运动损伤的矛盾日益加剧等特点出发,提出了在不增加整体负荷总量的情况下优先发展某种能力的训练模式。同时,这种优先发展的能力并不是随机或任意选择的,而是根据项目的特点和运动员的具体情况,特别是以人体运动的生物学基础为依据,充分考虑到各种能力之间潜在的相互影响和作用关系,选择某一种素质或能力作为板块训练的目标。①

在选择和应用"板块"训练模式时,必须注意以下问题:从细节入手,深入了解专项特征;准确认识不同能力对专项成绩的作用和影响,科学把握不同能力之间的关系;深入了解不同"负荷"对机体的作用,建立个体化的疲劳适应模型。尤其是特奥运动的训练对象极其特殊,更要根据运动员的体能和实际来开展。

---

① 陈晓英.对训练周期理论与板块训练理论的再审视[J].体育学刊,2008,(11):88-91.

(三) 竞技体育理论

随着人们实践活动的不断丰富,科学研究的不断发展,运动训练理论也在逐渐地向竞技体育理论扩展。竞技体育的主体活动是运动员的培养、训练及参赛的过程,沿着这一轨迹进行思考和设计,竞技体育学包含运动员选材学、运动训练学和运动竞赛学以及贯彻始终的竞技体育管理学,这4个学科可以说是构成竞技体育学理论体系的主体学科群。运动员选材学论述了运动员选材的意义和与其他学科的关系,运动能力的遗传和遗传选材的理论、方法,少年儿童的生长发育规律,以及如何利用这些规律进行运动员选材等;运动训练学包括竞技体育运动训练时应该注意的方面;运动竞赛学涉及运动竞赛的历史、不同项目的组织管理及编排方法等;竞技体育管理学是运用管理学理论和方法,研究体育组织的协调,以达到预定体育目标的学科,研究对象包括管理者和作为被管理者的人和财、物、时间、信息,以及管理形式和方法等。

特奥虽然追求的是"平等、参与、接纳、归属",淡化了竞技体育的概念,但对于智障人士来说,仍是一种神圣的、伟大的竞技体育赛事。在竞赛中,他们感受"拼"的热情、潇洒,体验成功的美妙,安慰父母的心灵,收获他人的认可,赢得社会的尊重。同样,他们也可能会意识到自己的不足,肯定同伴的努力和他人的优秀。在这个更注重"友谊第一"的竞赛中,他们更多的是收获,体验竞赛的乐趣和拼搏的生活精神。所以,竞技体育学理论指导着特奥教练员或学校体育教师以及全体智障学生有秩序、有责任、有热情地参加特奥运动,完善特奥运动项目的建设。

第2节 课程体系

课程是指学校学生所应学习的学科总和及其进程与安排。广义的课程是指学校为实现培养目标而选择的教育内容及其进程的总和,它包括学校老师所教授的各门学科和有目的、有计划的教育活动。而课程体系是指课程与课程的组合,或一个专业所设置的课程相互间的分工和配合。课程体系是实现人才培养方案的核心内容,课程体系是否科学、合理,对学校能否实现高质量的人才培养目标具有决定性意义。①

---

① 黄建行,雷江华.智障学生职业教育模式[M].北京:北京大学出版社,2011:82.

一、特奥运动项目内容

特奥运动项目分为：夏季比赛项目、冬季比赛项目、禁止举办的项目、低能力比赛项目和表演项目。

（一）夏季比赛项目

夏季比赛项目包括田径、水上项目（游泳、跳水）、体操、篮球、举重、保龄球、轮滑、高尔夫球、滚球、自行车、垒球、马术、网球、足球、排球、羽毛球、手球、帆船、皮划艇、柔道、乒乓球等。

（二）冬季比赛项目

冬季比赛项目包括高山滑雪、越野滑雪、地板曲棍球、速度滑冰、花样滑冰、雪鞋走、雪板等。

（三）禁止举办的项目

国际特奥会征询医学咨询委员会的意见后，认为有些运动项目不符合国际特奥会最低的健康或安全标准，且会危害运动员健康和安全，包括：拳击、击剑、射击、空手道等。

（四）低能力比赛项目

特奥会为不同能力运动员提供各种难度和挑战的比赛机会和正式项目。能力最低的选手可以参加如 25 米辅助走、15 米浮板游泳、立定跳远等特设项目。电动轮椅训练比赛计划是为那些需要特别辅助和支持的轮椅运动员而特设的。在集体项目比赛中，能力低的选手如不准备参加集体比赛，可参加个人技术比赛，如：足球，选手可获得带球、射门、传球表演项目的奖牌；能力低的选手也可参加 3 对 3 的篮球、5 人制的足球比赛。多数特奥项目和健全人比赛区别不大，能力强的选手现在可以参加马拉松比赛或和健全人同场竞技。一名运动员不可以同时参加低能力和高能力比赛。

（五）表演项目

以上四类项目是特奥运动的必要和固定项目，而表演项目是特奥运动项目中自由度较大的项目，因此，不同主办方对特奥运动表演项目的安排存在差异，以上海 2007 年世界夏季特殊奥运会为例，表演项目包括以下四项。

1. 机能活动

该项目是为重度智障，且没有能力参加本届运动会比赛项目的年满 8 岁以上的运动员设置的。参加对象为上海的特奥运动员，该项目通过机能活动训练，使得重度智障运动员提高技能，促进健康，从而起到激励作用。

2. 板球

该项目起源于英国，盛行于亚洲。板球项目是锻炼手眼的协调能力，集上肢动作控制能力、技巧与力量为一体的综合性运动,设有团体赛。

3. 舞龙舞狮

该项目是具有中国特色的表演项目。舞龙项目强调集体合作性,强身健体,是一项充满欢乐的运动,设有融合团体赛。

4. 龙舟

该项目起源于中国古代民间活动。龙舟项目是集户外阳光、空气和河泊等大自然环境为一体的体育活动。比赛设有250米、500米竞速融合团体赛。

二、特奥运动课程性质

特奥运动是以普通的体育运动为基础,结合智障人士的实际能力和发展需要,在运动组织形式、方法和规则等方面具有独特的形式。因此,特奥运动的目标是为智障人士提供平等参与运动训练及比赛的机会,从中发展并展示他们的技能,使公众对他们的能力与需求有明确的认识,从而协助他们成为自食其力并为社会所接受和尊重的人。特殊学校特奥运动课程主要为轻度和中度的智障学生设置,从一年级开设特奥运动课程,贯穿九个年级,每个年级特奥运动课时安排均为每周一节,并根据学生身心发展特征,遵循特奥运动的主要特点,将课程内容划分为3个阶段,分别为一至三年级、四至六年级、七至九年级。同时,为重度智障学生开设特奥兴趣小组,每周一至周三下午对特奥运动员训练两个小时。

(一)课程性质

特奥运动课程是一门以国际特奥会正式比赛项目为标准,以身体锻炼为主要手段,以挖掘潜能、增进学生健康发展为主要目的校本体育运动课程,是新时期特殊学校课程体系的重要组成部分,是对智障学生实施素质教育,促进德智体美全面发展不可缺少的重要途径。它是对原有的体育课程进行深化改革,突出增强智障学生特奥运动技能,提高社交能力,从而促进其生理和心理的康复,为他们平等参与社会生活创造条件和机会,促进健康发展的一门课程。

(二)课程价值

特奥运动课程对挖掘潜能,增强体质,康复身心,促进学生全面和谐发展,培养学生融入社会并成为有能力的劳动者,具有极其重要的作用。

1. 促进身体健康

通过本课程学习,学生能够提高对身体和健康的认识,掌握有关身体健康的知识和科学健身的方法,提高自我保健意识;坚持锻炼,增强体能,促进身体健康;养成健康的行为生活方式。

2. 提高心理健康水平

通过本课程学习,学生将在和谐、平等、友爱的运动环境中感受到集体的温暖和情感的愉悦;在经历挫折和克服困难的过程中,提高抗挫折能力和情绪调节能力,培养坚强的意志品质;在不断体验进步或成功的过程中,增强自尊心和自信心;培养创新精神和创新能力,形成积极向上、乐观开朗的生活态度。

3. 增强社会适应能力

通过本课程学习,学生积极参与群体运动,建立起对自我、群体和社会的责任感;形成现代社会所必需的合作与竞争意识,能融入社会,懂得尊重和关心他人;同时培养良好的体育道德和集体主义、社会主义、爱国主义精神。

4. 获得参与特奥运动的知识和技能

通过本课程学习,学生能够掌握特奥运动的基本知识和运动技能,学会学习参与特奥运动的基本方法,形成终身锻炼的意识和习惯;学生可以根据自己的兴趣爱好和不同需求,选择个人喜爱的运动参与特奥活动,挖掘运动潜能,提高运动欣赏能力,形成积极的休闲生活方式;学生可以提高特奥运动中的安全防范能力,获得基本的独立生存技能。

三、特奥运动课程的内容标准

元平特殊教育学校于2007年结合特奥运动项目和实际情况,制定特奥运动课程内容标准,同时根据特奥运动的发展宗旨,结合体育与健康课程学习的内容领域,特奥运动课程内容划分为运动参与、运动技能、身体健康、心理健康和社会适应五个学习领域,对不同程度和年级的学生有不同水平的要求,并根据领域目标构建课程的内容体系。特奥运动课程遵循国家颁布的体育与健康课程标准的目标,在学习领域目标同样是紧紧围绕体育与健康课程的五个领域并与其基本一致。

(一)课程总目标

(1)增强体能,掌握和应用基本的特奥知识和运动技能。
(2)形成参与特奥运动的兴趣和爱好及坚持锻炼的习惯。
(3)具有良好的心理品质,表现出人际交往的能力与合作精神。
(4)增强对社会的适应能力,为融入社会打下基础,形成健康的生活方式。
(5)发扬特奥精神,形成积极进取、乐观开朗的生活态度。

(二)领域水平标准

1. 学习领域一:运动参与水平目标

水平一:对特奥运动课表现出学习兴趣,乐于参加各种特奥活动,能认真上好特奥课。

水平二：主动乐于学习和展示简单的特奥运动技能。

水平三：积极参与特奥运动技能的学习，积极参加各种特奥活动与比赛。

2. 学习领域二：运动技能水平目标

水平一：知道简单的特奥运动动作术语；初步掌握简单的特奥运动技术动作（如拍球、投篮和运球等）。

水平二：知道所练习项目的术语（如投篮等），能观看特奥运动比赛；初步掌握特奥运动的基本技术，初步具有参加特奥队制比赛的能力和自我保护意识。

水平三：了解所学特奥运动项目的简单技战术知识和竞赛规则，并能观赏特奥运动的比赛及关注国内外的重大特奥赛事；具有一两项特奥运动的基本比赛技能；具有参加特奥队比赛的能力和较好的自我保护能力。

3. 学习领域三：身体健康水平目标

水平一：初步形成正确的身体姿势，发展身体机能；初步了解特奥运动对身体的作用。

水平二：基本具有正确的身体姿势，具有学习特奥运动的基本身体素质；初步懂得特奥运动对身体健康发展的好处；特奥运动习惯初步形成。

水平三：能够用正确的身体姿势进行学习、运动和生活，具有学习特奥运动的身体机能；能理解特奥运动对身体发展的基本影响；具有一两个喜爱的特奥运动，并初步形成良好的运动习惯。

4. 学习领域四：心理健康水平目标

水平一：体验特奥活动中的心理感受，如紧张、兴奋等。

水平二：基本能正确地对待特奥运动中的成功与失败，具有一定的意志品质。

水平三：具有自信、自强和自立的精神和较顽强的意志品质。

5. 学习领域五：社会适应水平目标

水平一：能遵守秩序，懂得特奥活动中的基本礼貌。

水平二：特奥活动中能与他人合作，并能做到相互帮助和关心，能通过媒体了解特奥运动。

水平三：在特奥活动中懂得与他人相处，具有良好的体育道德和合作精神；能通过多种途径了解特奥运动并能主动关注各类特奥活动。

（三）特奥运动项目内容

学校结合实际，以特奥运动项目为课程主线，选择以特奥运动中的游泳、轮滑、保龄球、滚球、篮球、足球、羽毛球、乒乓球、高尔夫球等运动项目为载体，根据学生需要开设相关课程,以发展他们的身体运动机能,提高运动技术水平,促进心理健康发展,培养合作精神、树立自尊自信自强的意志品质,弘扬你行我也行、勇敢尝试争取胜利的特奥精神。

(1) 特奥游泳:特奥游泳安全知识教育、蛙泳划手与呼吸练习、自由泳腿部动作。

(2) 特奥轮滑:特奥轮滑起源分类、常用制动技术、起跑技术。

(3) 特奥保龄球:认识特奥保龄球、保龄球运动前的准备、保龄球四步出球法。

(4) 特奥滚球:单人竞赛、双人竞赛、4人队制竞赛、融合双人竞赛、融合队制竞赛。

(5) 特奥篮球:10米运球、对墙定点传球、半场比赛3对3、10米运球、队制竞赛、定点投篮、融合队制3对3竞赛、快速运球、融合个人技能赛、全队篮球技能测试。

(6) 特奥足球:15米带球、6米射门、4点跑动踢球射门、5人制团体赛、7人制团体赛、11人制团体赛、融合5人制团体赛、融合7人制团体赛、融合11人制团体赛。

(7) 特奥羽毛球:目标发球、回球过网、接发球、单打、双打、混双、融合双打、融合混合双打。

(8) 特奥乒乓球:手抛球、执拍拍球、正手击球、反手击球、定点发球、个人技术赛、回球、单打、双打、混双、融合运动双打。

(9) 特奥高尔夫:短推击、长推击、短切球、劈起击球、沙坑击球、交替击球团体赛、融合运动团体赛、个人击球赛(9洞)、个人击球赛(18洞)。

(10) 特奥地板曲棍球:扇形定点射门、运球绕障碍射门、目标传球、6人队制竞赛、融合6人队制竞赛。

四、特奥运动项目教材开发

(一) 特奥运动项目教材体系结构

根据"健康第一"的指导思想和弘扬"勇敢尝试,争取胜利"的特奥精神及特奥课程标准,深圳元平特殊教育学校特奥运动项目教材体系内容分为特奥教学准备和特奥学习领域两大部分(图2-1)。特奥教学准备分为特奥了解、相关经验和一般热身三个部分。"特奥了解"指对特奥运动要求基本的认识,包括运动项目、规则等;"相关经验"指在有利于特奥运动的教学或训练中应注意的常见问题与方法;"一般热身"指特奥运动中常见的准备活动方法。特奥学习领域包括四个领域:特奥参与、特奥运动技能、特奥身心健康、特奥社会适应四个方面内容。这四个学习领域是互相联系的整体,它们互为基础,相辅相成。其中"特奥参与"指学生主动参与特奥运动学习的态度和行为表现;"特奥运动技能"指在特奥运动中有效完成专门动作的能力;"特奥身心健康"指在特奥运动中让学生获得身体和心理对社会良好的适应状态,作为学习领域的特奥身心健康,是如何通过特奥运动提高他们的能力,增强他们的自尊和自信,改善或康复他们的身体、心理和精神状况,以便更好地融入社会,成为对社会有用的人;"特奥社会适应"指特奥参与者为了适应社会生活环境而调整自己的行为习惯或态度的过程,特奥社会适应作为特奥运动领域是希望学生通过自身的努力,具有顽强拼搏、与人为善和诚实守纪的优良品质,同时能够减轻运动功能障碍,适应社会,融入社会。

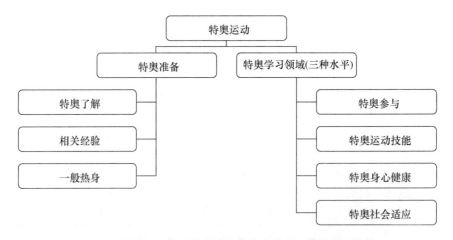

图 2-1　深圳元平特殊教育学校特奥运动项目教材体系结构

根据智障学生身心能力特点和特奥规则,特奥教材体系将学习领域共分为三个水平阶段(每两年一个阶段)。三个水平阶段主要是参阅国际特奥规则规定,并结合智障学生年龄、能力及学校基础教育阶段划分。国际特奥会规定年满8周岁的智障儿童,对所参赛项目必须经历8周以上的系统训练;另外智障学生在运动能力、身心发展等方面同样存在很大的差异,学校根据其能力、身心等特点及目前义务教育年限情况将学习领域分为三个水平阶段,各水平阶段可相对应智障学生四至五年级、六至七年级、八至九年级,这种对应既考虑到学生身心、能力等特征,又考虑各学段学习内容的有机衔接和学习的系统性,便于不同水平的学生选择学习。而一至三年级,有学生没有达到8岁,所以以培养兴趣、了解特奥为主,是特奥最基础的阶段。当然,并没有绝对的划分,如果学生的能力达到符合水平,即可参加学习和特奥训练。三个水平阶段学习的主要目标为：

第一阶段以培养特奥运动兴趣、了解特奥运动、掌握基本技能为重点，属于形成阶段。

第二阶段以发展特奥项目兴趣，提高特奥运动项目技能，为能参与某项特奥运动打基础为重点，属于发展阶段。

第三阶段以提高学生特奥单项运动技能、发展学生个性，具有参与某个单项特奥运动比赛技能为重点，懂得遵守比赛规则、与人合作和交往，属于提高阶段。

（二）具体目录

2013年，学校特奥游泳、特奥轮滑、特奥保龄球和特奥滚球已经完成教学指导手册编写工作，并于2016年12月获得书号且即将出版。具体目录情况如表2-2、表2-3、表2-4和表2-5所示。

表2-2　特奥游泳教学指导手册目录

节 \ 水平	水平一	水平二	水平三
第一节	特奥游泳安全知识教育	蛙泳划手和呼吸练习	自由泳腿部动作
第二节	水中行走	蛙泳划手练习	自由泳腿与呼吸练习
第三节	水中呼吸	蛙泳推拉板练习	自由泳臂部动作与呼吸的配合
第四节	水中漂浮	蛙泳多次腿与划手呼吸的配合练习	自由泳完整配合动作
第五节	水中滑行	蛙泳完整配合动作练习	仰泳腿部动作
第六节	蛙泳腿部动作	转身技术	出发技术

表2-3　特奥轮滑教学指导手册目录

节 \ 水平	水平一	水平二	水平三
第一节	特奥轮滑运动的起源与分类	特奥轮滑的常用制动技术	特奥轮滑的起跑技术
第二节	特奥轮滑的场地和装备	特奥轮滑的常用滑行技术	特奥轮滑起点出发和途中滑行技术
第三节	特奥轮滑的保护性技术	特奥轮滑的常用转向技术	特奥轮滑的直道滑跑姿势
第四节	特奥轮滑的非滑行技术	特奥轮滑的弯道滑行技术	特奥轮滑的冲刺技术
第五节	特奥轮滑的直线滑行技术		特奥速度轮滑竞赛方法

表 2-4　特奥保龄球教学指导手册目录

水平＼节	水平一	水平二	水平三
第一节	认识特奥保龄球运动	特奥保龄球站位—摆臂—投球的调整	特奥保龄球四步助走出球法
第二节	了解保龄球场地及熟悉器材	特奥保龄球一步出球法	特奥保龄球直线球技术
第三节	特奥保龄球运动前的准备活动	特奥保龄球的基本要求和礼节	特奥保龄球直弧线球技术
第四节	特奥保龄球的握球方法和站姿	特奥保龄球基本规则	特奥保龄球个人赛规则和比赛要求
第五节	特奥保龄球的摆臂动作和投球	特奥运动员的运动技能评量	特奥保龄球双打、团体和融合比赛方法

表 2-5　特奥滚球教学指导手册目录

水平＼节	水平一	水平二	水平三
第一节	比赛器材和场地	抛掷滚球——高姿滚靠球	抛掷滚球——抛掷球技术
第二节	抛掷滚球——低姿滚靠球	双打、四人团体比赛规则	特奥滚球比赛基本战术
第三节	单人比赛规则	双打比赛	融合运动滚球双打赛
第四节	单人比赛	四人团体比赛	融合运动滚球团体赛

五、课程评价及反馈

（一）学习评估

特奥运动课程学习成绩评定是对学生的学习表现以及达到学习目标的程度进行判断与等级评定：

1. 学习成绩评定的内容

学习成绩评定的内容包括以下三项：

① 特奥运动的知识与技能——对特奥运动的认识、体育技能战术知识与运用能力、有关特奥运动知识的掌握与运用。

② 学习参与态度——学生对待学习与练习的态度及其行为表现。

③ 情意表现与合作精神——学生在特奥运动学习中的情绪、自信心和意

志表现,对他人的理解与尊重,交往与合作精神。

2. 学习成绩评定的标准

特奥运动课程学习的评定应采用绝对性标准与相对性标准相结合的方法进行,如结合每一位学生的基础及提高的幅度进行评定。运动技能成绩的评定,可采用定量评定与定性评定相结合的方法进行。

3. 学习成绩评定的方法

根据学生程度、年龄、学段、性别和能力特点,特奥运动课程学习成绩评定方法有所差异。建议低年级和中重度年级采用评语制,高年级采用等级评定制,也可以将等级评定与评语式评定结合使用。学生特奥运动学习成绩的评定还可融入运动与保健课的评定之中。

4. 学习成绩评定的形式

学生学习成绩评定不仅需要教师参与,同时也需重视学生的自我评定和相互评定;学生自我评定对于高年级学生可让他们对自己的运动技能、学习态度、情意表现与合作精神等进行综合评定;教师评定依据学生的学习目标达成度、行为表现和进步幅度等进行评定,考虑学生自我评定与组内互相评定的情况,对学生的学习成绩的四个方面进行综合评定。随着学生学段的升高,应更重视学生自我评定和相互评定的作用。

(二) 课程建设评价

1. 评价目的

课程建设评价是依据学校教育的总目标和特奥运动课程的任务,进行周期性评价。评价目的是对特奥运动课程的执行情况进行分析评估,发现课程和课程实施中存在的问题和不足,以及时调整课程内容,改进教学和教学管理,促进课程不断完善。

2. 评价内容

课程建设评价主要对以下方面的情况进行分析评估:① 是否制定了课程规范性文件(包括课程实施计划、课程实施方案、班级教学计划)以及这些规范性文件的完善程度;② 是否建立了课程及教材的审查管理制度和课程评价制度及其实行情况;③ 课程体系、课程结构的完善程度和课程内容的先进性;④ 教材建设评价,包括教材建设的完善程度,教材在使用中表现出的优点和不足,教师、学生对教材设计和编写的反应等;⑤ 课程实施保障状况,包括合格师资配备、师资培训和场地器材的保障状况等;⑥ 课程目标的达成程度。

3. 评价方法与组织

元平特殊教育学校在评价过程中,应充分重视学生的反应,包括学习结果和学生的评价意见,重视社会有关方面特别是家长的评价意见。特奥运动课程评价是由校科研办牵头组织课程实施人员进行评议,提出评价结论和整改建议,以促进课程建设的发展。学校制定特奥运动教材使用反馈表(表2-6),要求教师在每个单元教学内容完成后及时填写,反馈课程使用状况,便于完善教材体系,完善课程内容,提高课程使用效果。另外,在特奥课程标准中,学校为五个领域的每一层次水平制定出来明确的内容及评估建议,仅取水平一作说明(表2-7)。

表2-6 特奥运动教材使用反馈表

科目:特奥运动   教材:_____   班级:_____   授课时间:_____年_____月   教师:_____

项　目	反馈内容(问题及建议)
教学目标	
教学内容	
教学资源及图片	
教学评估及建议	
学生态度	
学生对教材内容的掌握率(%)	完全掌握——(　);基本掌握——(　);部分掌握——(　);在教师协助下完成——(　);完全不能掌握——(　)
教师小结	

注:请上该课程教师如实填写此表,并在每个单元教学内容完后填写,及时反馈课程使用状况。

表2-7 特奥运动水平一(四至五年级)内容与评估

目标领域	第一学年		第二学年	
	具体内容与目标	评估建议	具体内容与目标	评估建议
运动参与	自觉参与体育锻炼,具有积极参与体育活动的态度和行为,应用科学的方法参加体育锻炼	积极参与各种练习活动,示范所学的运动动作	自觉参与体育锻炼,具有积极参与体育活动的态度和行为,应用科学的方法参加体育锻炼	积极参与各种练习活动,示范所学的运动动作

续表

	第一学年		第二学年	
运动技能	足球：初步掌握15米带球、6米射门的动作及比赛规则	在教师指导下进行并完成比赛，了解计分规则	足球：初步掌握6米射门、四点跑动射门的动作及比赛规则	在教师指导下进行并完成比赛，了解计分规则
	滚球：初步了解掌握单人比赛规则及方法	在教师指导下进行并完成比赛，了解计分规则	滚球：初步了解掌握单人比赛规则及方法	在教师指导下进行并完成比赛，了解计分规则
	乒乓球：初步掌握执拍方法及手抛球方法及规则	能按要求完成执拍动作及手抛球动作	乒乓球：初步掌握正反手击球的方法	能按要求完成正反手击球动作
	羽毛球：学习目标发球的方法，掌握目标发球的比赛方法及规则	能够按比赛的要求进行目标发球比赛	羽毛球：学习回球过网的方法，能够掌握回球过网的比赛方法和规则	能够按照比赛的要求进行回球过网比赛
	篮球：学习对墙定点传球、定点投篮的方法，掌握传球、投篮基本技能	能够按要求完成对墙传球、定点投篮技术动作	篮球：学习10米运球和快速运球的方法，能够掌握运球规则和比赛的方法	能按要求完成10米运球和快速运球技术动作
身体健康	发展灵敏、反应和协调能力，形成良好的运动习惯	通过多种练习发展动作灵敏性、反应能力及身体协调能力	发展灵敏、反应和协调能力，形成良好的运动习惯	通过多种练习发展动作灵敏性、反应能力及身体协调能力
心理健康	在体育活动中调节改善心理状态，通过体育活动树立自尊和自信	选择有助于获得愉悦心情、能展示自我能力的体育活动，逐步增强自尊和自信	在体育活动中调节改善心理状态，通过体育活动树立自尊和自信	选择有助于获得愉悦心情、能展示自我能力的体育活动，逐步增强自尊和自信
社会适应	培养良好的团结协作精神，建立和谐的人际关系，具有良好的合作精神和体育道德	正确处理好体育活动中个人与集体的关系，关心、帮助能力较弱的同学	培养良好的团结协作精神，建立和谐的人际关系，具有良好的合作精神和体育道德	正确处理好体育活动中个人与集体的关系，关心、帮助能力较弱的同学

第3节 支持体系

特殊教育学校特奥运动项目建设是一项较为宏大的系统工程,需要多方面的努力、配合和支持。支持体系应该自上而下,层次鲜明,各层次因地位和作用不同而发挥不同的功能,从人力资源、经费、设施设备、信息资源等方面为特殊学校特奥项目开发提供支持。人员支持是首要条件,人员的存在才能谈及其他方面;人力是基础,财力其次,特奥运动项目建设要求有经费做强有力的后盾,支撑着硬件设施和软件人员;物力的存在是特奥运动项目建设的充分条件,是培训特奥人员和建设设施设备的必要支撑;如今社会是一个信息化社会,充分利用信息资源,宣传特奥文化,查找并获得特奥信息,有助于学校特奥运动项目的建设。

一、人员支持体系

特殊教育学校特奥运动项目的建设需要多种人员支持:体育教师是核心力量,学校管理人员是指导者,其他教师是关键人员,辅助选拔有潜能的学生及其训练,学校其他人员包括医务人员为特奥项目建设提供后期保障,学生家庭及家长为学校特奥项目建设提供强有力的后盾支持,社会其他人员如志愿者等为特殊教育学校特奥项目的建设提供外部支持。

(一)体育教师

在特殊教育学校中,一般由经过特奥培训的体育教师承担特奥教学和训练任务,并没有设置特定的特奥教练员,所以体育教师承担着特奥教练员的任务。特奥课程的建设、特奥项目的开发,从设计到实施,最终靠体育教师实践和完善,他们是特奥运动项目开发和资源利用的主力军,是学生利用特奥项目资源的引导者和服务者。特奥训练是培智体育教学体系中的一部分,是在教练员指导下全面发展特奥运动员的身体和提高运动技术水平的过程,特奥训练对象的身心发展既有一定的规律可循,同时又有明显的个别差异,不论是特奥运动教学,还是特奥代表队训练,特奥训练实践都具有很强的学科交互性,教练员除了要有坚实的体育运动训练基础知识外,更需要掌握特殊教育学科知识,并能灵活应对各种实际问题。[①] 下面以深圳元平特殊教育学校为案例介绍人员支持体系。

1. 深圳元平特殊教育学校体育教师概况

深圳元平特殊教育学校以打造特奥教练员队伍为支点,不断提高特奥运

---

① 谈秀箐.中国教师专业化研究对特殊教育师资培养的启示[J].中国特殊教育,2006(6):72-76.

动水平。目前学校体育教师共13人,5女8男,40岁以上6人,40岁以下7人,性别及年龄比例合理,均具备本科(以上)学历和体育教育专业本科学历,7人具有10年以上特殊教育工作经验。中教高级职称1人,中教一级5人,初级5人,其中3人完成了北京师范大学特殊教育专业硕士研究生班的学习。2名是体育教育国家田径一级裁判,2名是运动训练国家田径二级裁判,另外体育教育国家足球一级裁判、体育教育国家足球二级裁判、国家排球二级裁判、体育教育国家田径二级裁判、运动训练国家柔道二级裁判、运动训练国家游泳一级裁判、运动训练国家游泳二级裁判各1名。国际特奥会东亚区高级教练员1名,并多次担任中国特奥教练员的培训讲师,国家级特奥教练员4名,为学校特奥运动项目的开展提供了良好的师资保障。体育教学组是学校优秀团队,热爱学生体育工作,在各自的岗位上都表现突出,2000年被授予"深圳市志愿者助残十佳集体"的光荣称号,2010年6月被深圳市总工会授予"深圳市先进职工小家"荣誉,1名教师被评为广东省南粤优秀教师,3名教师先后被评为深圳市助残先进个人。

2. 体育教师的专业发展

教练员已有知识是有限的,而不断发展变化的客观现实、特奥训练教学的实践是无限的,是需要随事物发展而不断探索、认识和总结的。[1] 在实践中,不同项目、不同对象的特奥训练需要各不相同,情况十分复杂,教练员随时都可能碰到新的问题,如果不具备研究、探索的能力,很难应付自如。特奥教练员需要通过专业发展和教科研提升特奥训练活动的科学性,同时不断地反思、调整自己的知识结构,实现专业的持续发展。教科研可以很好地调动教练员工作中的积极性,提升个体素质;可以帮助特奥教练员成为专家,同时也有利于提高职业形象,得到社会的尊重和认同。[2]

为了促进教师的专业发展,元平特殊教育学校制定"滚动式三年培训计划",有计划地组织教师分期分批参加海外培训、高等院校进修、聘请外来教练进行指导等活动。同时,学校定期召开各学科、各层次的研讨会和经验交流会,并举行公开课和论文撰写工作,进行批评与自我批评活动相结合,共同促进专业发展。受中国特奥会、省残联和深圳市残联的委托,学校派出特奥资深教师前往海南、上海等地进行特奥教练员的培训,完成香港、台湾和深圳市各社区的特奥交流和比赛活动等任务。同时,学校承接深圳市特奥、残奥运动队和国家硬地滚球队、广东省硬地滚球队、香港特奥游泳队、澳门特奥游泳队等各级各类运动队伍集训

---

[1] 朴永馨.与时俱进做创新型特殊教育教师[J].现代特殊教育,2006(3):1.
[2] 黄建行.全国特殊教育学校特奥运动高级研讨会论文集[C].深圳:海天出版社,2012:2-6.

达500多人次。学校教师参加国际特奥东亚区举办之高级教练员培训班、国际特奥东亚区举办之特奥运动员领袖计划运作管理培训班、国际特奥东亚区举办之足球工作坊、国家特奥教练员培训班、深圳市小学体育教师校园高尔夫培训班等并完成学习指定课程。

元平特殊教育学校鼓励教师参与科研,2007年,体育组教师申请校级课题"我校听力障碍和轻度智力障碍中学生体育兴趣的调查研究",并成立课题研究小组,发表研究论文并完成义务教育阶段运动与保健课教学指引的修订稿。2009至2010学年第一学期共有6位教师分别上三次公开课和外校观摩课,2010至2011学年体育组4位教师参与学校公开课展示活动。教师通过上课、听课、评课活动,积极讨论,互相交流,取长补短,有效促进组内教师教学能力和科研能力的共同提高。2011年6月,学校申请中国教育学会特殊教育分会教育科研课题"特殊教育学校特奥运动的实践与研究",体育组教师全部参与其中。2011至2012学年第二学期,学校体育组教师按计划完成特奥运动校本教材编写工程。2012年6月全国特殊教育学校特奥高级研讨会在学校召开,学校体育组教师分别准备了特奥游泳、轮滑、保龄球、滚球的公开课及参会论文,受到同行高度认可,两位老师的论文获得一等奖,五位老师的论文获得二等奖。同时,在此会议中体育组教师得到校外多位专家的精心指导。2015年学校牵头编写制定全国培智学校义务教育《运动与保健》课程标准,学校同各地体育课程专家对该标准进行多次研讨、分析和论证,并于2015年12月获得国家课标委员会评审通过并将在全国推广试用。另外学校组织编写的特奥游泳、特奥轮滑、特奥保龄球及特奥滚球四个项目的《特奥运动指导手册》也于2016年12月获得书刊号,不久后将出版面世。

(二)学校管理人员

学校管理人员是学校中一切从事管理工作人员的总称。深圳元平特殊教育学校管理机构以校长为中心,分设办公室、教务处、学生处、科研处、安全办、总务处等,体育组属于教务处、科研处、学生处三方管理。学校成立体育活动领导小组,领导小组下设办公室,负责体育活动组织工作,学校管理人员在特奥项目建设中起着不容忽视的作用。

1. 导向作用

学校管理人员作为学校全体成员在教育活动和管理活动中的带头人,能全面把握师生的需求和学校的实际,更好地了解教育和特奥的趋势,更有条件引入特奥发展的新思路和新做法。不仅以自己所处地位的权利和权威影响别人,而且通过平时的一言一行影响着学校师生员工,特别是他们的教育思想和管理思想,具有直接左右学校特奥工作方向的作用。

2. 组织作用

学校管理人员是学校工作的组织者,主持绘制学校发展蓝图,掌握着时间、人员及资源安排的权力,安排和协调学校活动,起着设计师和指挥员的作用。体育组负责人每学年都会组织体育组教师根据学校情况和学生需求制订学年和学期计划,组织教师参加体育组和学校研讨会等,开展体育比赛活动,以加强教师之间的合作互动。

3. 带动作用

带动作用有两方面含义:一是带领,带领师生奋发图强,创造性地工作;二是提供动力,鼓励、推动广大教职工达成共识,不懈努力。学校管理人员和其他教职工一样,遵守学校规章制度,并与教职工在同一餐厅排队、用餐,这种朴实的工作作风和态度感染着师生,起到很好的带动作用。

4. 沟通作用

信息畅通,学校工作才有可能正常运转,学校特奥工作才有可能取得辉煌成绩。管理人员是上下信息沟通的中转站,是各方信息的获取、集中、加工处理中心。在一定意义上,学校管理人员的工作就是对信息进行掌握、分析加工和沟通。管理人员一方面必须及时向下传达有关决定和指示,沟通上级指示、意见和对本校的工作意图,做好上令下达工作,如职称评定、海外培训等;另一方面,倾听师生呼声,及时反映师生意见和要求,做好下情上报工作,如特奥经费的投入、设施设备的需求等。此外,还需采取措施获取校外的各种信息,沟通与外界的联系,积极获取社会上的支持。

(三)其他教师

其他教师是指除体育教师、学校管理者以外的班主任、各学科教师、生活教师等。深圳元平特殊教育学校实行跟班制,特别是智障教育教学部,班主任从小学一年级一直带一个班级,对学生各方面能力和需求都比较了解,能够发掘学生潜力,为体育教师提供学生身心情况及潜在运动员。同时,上特奥课时,班主任辅助体育教师上课,有助于特奥项目的顺利开展。班主任还组织班级学生及家长共同为智障学生创设适合其发展的支持性环境,提供充分的资源、同伴支持。各学科教师在平时上课过程中,对学生的关注和了解,也可以为体育教师提供相关资料,有助于体育教师了解学生,更好地进行特奥训练。生活老师照顾学生的饮食起居,了解学生的思想动态和身体状况,既为特奥运动员提供后勤保障,也可以提醒特奥教练员训练注意事项。教师是联系各种服务的关键,可以协助特奥教练员、社区人员、家长及相关专业人员沟通想法,整合各方意见。学校定期举办经验交流会和研讨会,促进教师之间的沟通,和谐建设特奥项目。

(四) 学校其他人员

深圳元平特殊教育学校现有教职工 404 人,既有专门的体育教师、学校管理者等,又有保安、司机、物业人员、校医等。这些人员保障了学校的安定和清洁,为特奥训练提供了良好的安全环境。特别是校医,是学校特奥项目建设工作中最不可或缺的一员,他们能够迅速地观察及评估校园中已经存在的和潜伏的智障学生健康问题;能够用较专业的知识来判断智障学生在运动中的种种表现。

1. 完善智障学生体检工作

医院对智障学生进行诊断和医学鉴定后,确定一部分人可以参加体育活动,而一部分人则不允许参加体育活动。可以参加体育活动的人被编入班级进行体育活动,这时对这部分智障学生进行健康定期检查、健康监督的任务就自然而然地落到学校校医的肩上。

2. 参与特奥人员选拔决策

校医由于具有一定的医学知识,能够发现在运动活动中所出现的一些违反医学、人体生理规律的现象,所以他们可以参与制定防止有关特奥危害的决策。例如,学校为开展特奥游泳项目,首先必须了解智障学生的具体身体状况,以及游泳项目训练时智障学生所必须达到的合理的安全的心率、血压、脉搏指标,所有这些工作都需要校医来参与,他们可以草拟实施游泳项目训练所需注意的计划草案或参与执行工作。

3. 担任特奥项目工作顾问

校医经常被学校及社会人员称为"体育健康专家"。校医如果能够广泛地拥有学校体育健康方面的咨询知识以及可用资源,并提供给学校参考,有助于学校特奥健康环境建设。例如,了解"光线和水温在智障学生游泳训练中会有多大影响"方面的知识,科学地提供给学校,有助于特奥游泳设施设备的改善。

4. 协助学校体育环境管理

在特殊学校体育健康环境中,校医职责在于协助学校体育环境建设与管理等工作,以便发现学校体育环境中存在的足以影响学生安全与健康的问题。例如,智障学生从事特奥运动的场地是否光线充足;运动器材是否保持功能良好;在身体着地处,所有器械是否放置垫子;疲劳时学生是否休息了;身材与能力相当的选手是否一起参与活动或比赛;地面是否有弹性;地面是否有损伤学生的硬物或尖锐边缘,破裂部分是否存在着有毒物质。①

---

① 肖丽琴,谢丽娜,张永娟. 残疾人体育[M]. 北京:人民体育出版社,2008:136.

(五) 学生家庭及家长

家庭是孩子的第一所学校,家长是孩子的第一任教师。对于一个孩子的成长来说,家庭所起的作用是非常重要的。家长的期望、要求、教育方法、教育心态都直接影响着孩子的成长,智障学生更不例外,甚至可以说他们每一个行为都是受家长、家庭影响和作用的,家庭是学校特奥运动项目生存的支柱。

苏霍姆林斯基说过:"没有家庭教育的学校教育和没有学校教育的家庭教育,都不可能完成培养人这一极其细致而复杂的任务。"[1]深圳元平特殊教育学校意识到智障学生家庭及家长在特奥项目建设中的重要作用,采取多种方式积极与家庭配合。制订特奥训练计划时,要求家长参与其中;进行特奥训练时,由于学生智障程度和训练时间存在差异、教练员时间和精力的有限,家长参与有助于特奥训练的顺利进行;放假期间,学校组织假期训练,需要家长提供多方面支持和理解才能得以开展。除了在学校组织的训练,家长也可以通过在家中组织进行相关的运动训练以协助学校监督并巩固身体训练的效果,有利于孩子身体运动能力的持续发展与保持。同时,学校举办各种特奥活动时,也会邀请家长参加,一方面为学生加油助威,另一方面协助学校办好活动,并提供反馈和有关信息资源。学校制定《学校家庭教育联系册》,既作为家校沟通的工具,又为教师和家长了解学生在家、校的情况提供依据。深圳元平特殊教育实行家长学校制,并于 2008 年修订家长学校制度,规定家长学校的职责,为家长有效参与学校工作提供制度保障。定期召开家长会、家长教师交流会,广泛征集家长对学校课程建设的建议,促进家长和学校、家长和教师的联系与沟通,让家长能够更多地了解特奥知识和智障学生的心理特点,从而对特奥训练起到一定的辅助作用。另外,考虑到学生家长背景差异较大,学校为家长参与学校教育提供多种方便可行的途径,例如学校开通了家校热线、家长意见箱、家校网上互动专栏,并通过课堂开放周、教学开放日等活动为家长参与学校工作提供平台。

(六) 社会人员

一切生命都有尊严及价值。智障学生虽然有着先天或后天造成的各种缺陷,但他们同样具有生命的潜力,应该受到尊重,而不是歧视。[2]这就需要社会更多地了解、接纳、包容特殊学生。而特奥运动架起了他们与社会之间的桥梁,智障学生正迫切地需要社会对他们的帮助和支持,特殊学校特奥项目的建设更是离不开社会人员的支持,如志愿人员、学校周围社区人员及学生家庭社

---

[1] 雷江华.学前特殊儿童教育[M].武汉:华中师范大学出版社,2008:302.
[2] 黄建行.全国特殊教育学校特奥运动高级研讨会论文集[C].深圳:海天出版社,2012:127.

区人员等。

　　志愿人员的投入是特奥运动的脊柱。由于成千上万名志愿者的努力,智障者在世界各区域、国家、基层和社区内受到普遍接受和尊重,志愿者在特奥会的各个方面都发挥着重要作用,即使在那些志愿服务尚属新观念的国家里,特奥运动也几乎全靠志愿者帮助得以开展。现在,越来越多的人开始关注特奥运动,并无私地投入到为特奥和特奥运动员的服务工作中。目前全世界有超过75万名的志愿者从事着区域性的特奥活动组织工作,担任着教练、管理者、司机以及其他特奥工作岗位。任何人都可以通过参加特奥会成为教练员、管理者和志愿者,并通过系统的培训学习更好地为特奥服务。[①] 志愿人员在学校开展特奥活动时提供思想和人员支持,为学校特奥项目建设献计献策,并可以为特殊学校特奥项目建设做宣传,扩大学校知名度。学校和学生家庭周围社区人员为学校特奥项目建设和学生运动训练提供良好的环境和人员资源,有助于学校特奥运动项目的顺利开展。

　　深圳元平特殊教育学校在充分利用校内资源的同时,也挖掘社会资源,如义工组织、相关学校及一些具有慈善性质的大型社会企业等。在实施特奥运动项目建设过程中,学校遇到一时难以解决的问题如经费、场地、人力资源等,就可寻求社会资源支持。如学校2009年3月举行第四届体育节及2010年11月校运动会,缺少组织活动的工作人员,联系到义工联和美泰玩具公司,不仅解决了运动会工作人员问题,还得到一定数量的奖品赞助,会后通过媒体给予宣传报道,起到良好的社会反响。学校与他们形成长期固定的特奥发展伙伴关系,每年特奥活动举办时,他们给予学校人力和物力支持;2011年12月1日,学校"美泰杯"第八届学生体育节隆重开幕,"美泰玩具技术咨询(深圳)有限公司"员工、"深圳大学"义工队与我校1000多名师生一起参加了体育节活动。另外,学校体育场地是对外开放的,校外人员可以到学校进行体育锻炼、体育比赛等活动,为学校特奥运动的发展提供氛围支持和技术指导。

二、经费支持体系

　　任何一个项目的发展离不开财力支持,学校特奥项目建设得到政府、社会经费等方面强有力支持。同时,学校合理规划经费,大力进行特奥方面硬件设施设备和软件方面建设,不断加大学生训练、教师培训和科研及训练补助方面的支持。

---

　　① 张繁.对特奥运动发展壮大原因的初探[J].体育文化导刊,2006(1):44.

（一）政府经费支持

学校是非营利机构，学校的发展来自政府强有力的财政支持和保障，特奥项目建设也不例外。深圳元平特殊教育学校办学20多年来，政府不断加大对学校的投入，基础建设投入近亿元，有力支持学校教师发展事业，为教师培训和成长提供财力支持。

在深圳市领导的关怀下，学校先后于1994年和1996年获得社会福利基金1000万元和600万元的支持，建成了山体护坡和400米标准塑胶运动场。1999年6月，深圳市财政局来学校献爱心，捐款10万元。学校荣获深圳市政府颁发1997—1998学年度办学效益奖，奖金50万元。2001年，深圳市教育局在教育附加及财政专项中安排近1000万元，用于学校体育馆建设。2003年5月29日市残联送来"六一儿童节"慰问金1万元；2003年6月2日，市教育局唐海海副局长等来校慰问，送来"残疾日""六一儿童节"慰问金20万元；2007年至2013年，不断加大学校体育设施建设，用于体育康复设施设备的经费支出900多万元；2011年，福彩公益金投入190万元，修建体育运动场、篮球场和网球场；2012年，学校申请残联经费220万元，用于建设特奥运动训练场地。

（二）社会经费支持

深圳元平特殊教育学校建校至今，共有3万多人来校参观、考察、学习，港澳台100多个机构逾万人次，社会各界有识之士先后为学校捐赠了上千万元的资金和物品，为学校发展和特奥运动项目建设提供补充，进一步促进学校特奥运动的发展。

1995年马来西亚成功集团向学校捐赠5万美金；1997年5月，全国"扶贫状元"深圳冠丰华实业有限公司总裁陈毅锋向学校捐赠人民币50万元；2001年，深圳市福利基金会拨出专款1000万元，支持学校建设"爱心体育馆"，该馆的建成是政府和福利基金会的双重努力，标志着深圳市残疾人体育事业又上一个新台阶。2007年深圳平安银行宣布，出资50万元人民币设立"深圳平安银行元平优秀教育奖"，专门用于表彰和奖励未来五年内为特殊教育事业做出卓越贡献的学校优秀教师及学生。5年来，学校共有150名学生和50名教师获得了平安银行的奖励，体育组教师5人获此荣誉。2008—2012年间，美泰玩具公司每年资助10万元，为学校体育节提供资金支持，并用于奖励学生。

（三）学校经费支持

学校积极落实，合理分配办学经费，每年会投入大量经费用于特奥、教师培养工作，1000万元用于办公经费、1000万元为专项经费。包括组织教师参加各种职业资格培训、鼓励教师进修学习、聘请特奥和特殊教育专家开设讲座、建立学校教师和外部的合作关系等。2003年至今，每年30万元用于购买相关康复体育锻炼器材,每年5万元用于教师训练补助;2007年至今,每年2万元用于教师科研经费;2008年学校为运动队及重点队员提供适当伙食补贴,以改善伙食,增加营养,为训练创造更好的条件,如50名运动员,每人每周20元(一周4次,每次5元),一学期为20周,共补助2万元。

三、设施设备支持体系

体育设施设备是加强素质教育,提高特奥教学质量,增进学生健康的物质保证。学校一直将特奥运动项目建设列为重要工作之一,不断加大特奥训练设施设备投入,先后建设标准运动场、高尔夫果岭、健身房、体育馆,包括一层的八赛道标准恒温游泳馆和二层的室内篮球馆等场地及配套器材设施,基本满足目前各类项目训练的需要。2012年,学校投入200万进行了运动场的重建,重建后的运动场为学校特奥运动项目的发展提供了保障。

(一)场地设施

场地设施是特奥运动项目建设的必要条件之一,按照我国《特殊教育学校建设标准》相关规定,体育运动场地面积应占学校用地面积的34%～48%;体育活动及设施应该包括室外田径场、各类球类活动场地、器械活动场地、体育活动室、游泳池等;各种体育活动场地应尽量布置在一个区域内,形成体育运动区;各种球类场地及田径场地的长轴应为南北向。[①] 深圳元平特殊教育学校总用地面积7.2万平方米,体育活动场地面积约2.8万平方米,约占学校总用地面积的39%。

1. 运动场

深圳元平特殊教育学校现有400米八跑道标准塑胶田径运动场,环形跑道和直跑道为特奥田径提供设施基础,是普及特奥、特奥运动项目进课堂的场所。运动场是特奥滚球项目训练的场所,特奥滚球的球场表面要求是石粉、泥土、黏土、草皮或人造表层,平时训练中,标准塑胶操场最接近特奥滚球对场地的要求,是学校特奥滚球训练的主要场地。由运动场中央的天然草坪建成的标准足球场为特奥足球训练提供了良好的场所。校运动场由学校总务处安排专人负责管理,每周至少喷灌草坪一次,每月至少施肥、修剪一次,做到精心养护,科学管理,并随时清扫捡拾场内杂物,做到场内无杂物、无纸屑。运动场周围设有两个沙坑、跳高架、投掷区等设备,设置相应的保护设备,如保护网。运动场的长轴为南北走向,西方向是一个主席台和看台,可容纳1500多人。

---

① 特殊教育学校建设标准[EB/OL]. http://www.doc88.com/p-9304465906371.html. 2017-03-10.

2. 爱心体育馆

元平特殊教育学校体育馆建筑面积 4000 平方米,采用钢筋混凝土预应力结构、框架结构、网架结构进行设计。一层设有八赛道标准恒温游泳馆,二层有可供正式比赛用的篮球、排球、羽毛球等多功能运动馆,活动座位 1200 个,在一层和二层的夹层中设置保龄球馆。游泳馆内有男女更衣室、男女淋浴区、泳衣、泳帽、泳镜、划水板、脚蹼、拉浮标等。泳池深度为 1.4 米至 2 米,长度为 50 米,池壁有上岸阶梯,每条泳道都有起跳台。学校安排固定开放时间,并定期对游泳馆进行消毒。游泳馆主要是用于教学、特奥和残奥运动训练及比赛等活动。羽毛球场按照标准羽毛球场规格建设,方便学生在老师指导下自由练习。

3. 其他场地

元平特殊教育有两个室外标准篮球场、一个网球场,严格按照标准建设。整个篮球场地长 28 米,宽 15 米,篮圈下沿距地面 3.05 米,有中线、罚球线、限制区和罚球区、中圈及 3 分投篮区,用于室外特奥篮球课和特奥篮球训练;室内篮球场馆,有篮球架两个,设在空间比较大的地方,留有足够投篮区,主要用于学生平时训练及兴趣开发和身体康复训练。学校注意发挥现有设施的潜在功能,一物多用,当没有篮球训练时,篮球场就是特奥轮滑的天地,篮球场的地面适合轮滑,不那么光滑,同时也很平整,是特殊教育学校实施特奥轮滑的最佳场所。学校网球场长约 24 米,宽约 9 米,球网将全场横隔为二等区,球网高度为 1 米左右,设置有双打边线、单打边线、中线及发球线等,网球场四周是超过 3 米的保护栏,既可用于特奥网球训练,又可用于学生康复训练。

深圳元平特殊教育学校建设的 400 平方米风雨操场,是自然采光、功能相对简单而个性比较鲜明的中小型体育建筑,主要供教学和训练使用;可容纳 5 个乒乓球台,也可作为硬地滚球等的活动场地。2004 年建成高尔夫果岭,大约 500 平方米,可供 10 多人使用。另外设有 3 间体育器材室、2 间 300 平方米的健身房及一套完整的特奥滚球设备。

以上场地设施一般都可进行多种活动,既是体育课、体育活动、特奥训练的活动用地,也是全校会议、康复训练活动、校际交流的场所,各种体育活动场地布置在一个区域内,形成了一个相对完整的体育运动区。

(二) 器材设备

元平特殊教育学校器材设备分为体育器材设备和健身设备,体育器材设备供学校体育课和特奥训练使用;健身设备主要为学生训练前热身及康复训练使用。体育器材设备(表 2-8)有球类设备,如篮球、足球、排球、网球、垒球、乒乓球等;服装设备如道次号码衣、沙袋衣、篮球服、运动服等;其他设备如跳绳、跳高架、皮尺、拔河绳、标志桶、标枪、自行车等。

表 2-8 体育器材设备表（部分）

球类设备		服装设备	其他设备
篮球	篮球；篮球记分簿；篮网；篮球架	道次号码衣	跳高架
足球	5号足球；4号足球；足球网；足球角旗杆	沙袋衣	秒表
排球	排球；软排球；排球网	篮球服	充气筒
网球	网球；网球拍；网球网	轮滑鞋	皮尺
垒球	大垒球；小垒球	轮滑护肘	发令枪
乒乓球	乒乓球；乒乓球拍；乒乓球记分簿；乒乓球挡板	运动护肘	跳绳

健身设备包括室外健身设备和室内健身设备。室外包括：健身肋木、三联综合训练器、腰背伸展器、扭腰步道、三联单缸、天梯、多功能训练组、175平方米安全地垫，可供学生选择以进行训练；室内包括：商用划水器、美体机、倒蹬斜蹬机、提膝收腹器、综合训练器、游泳专项——数字化等动游泳专项力量训练器械、立式健身车、电动跑步机，满足体育教学、学生身体机能康复、运动训练的需要。

学校制定相关设施设备管理制度，包括田径场管理规定、爱心体育馆管理规定、爱心体育馆管理服务标准、学校器材室保管制度、健身房使用规定、体育安全制度等，既为特奥训练提供了制度保障，同时也有利于设施设备的维护和管理。另外安排专门人员对校内体育设施设备进行定期检查（表2-9）。

表 2-9 设施设备检查表

检查时间	检查内容	检查情况	处理	检查人员
2007-7-13	田径场	跑道有起泡	建议及时修补	
	篮球、网球场	完好		
	健身路径	跷跷板烂	建议更换	
		其他路径有局部生锈现象	建议维护补漆	
	看台	完好		
	足球场	完好		
	健身房	部分器材需维修	建议维修	
	体育馆	球类馆设施完好		
		游泳馆设施完好，地垫少	建议补充地垫	

（三）校外设施设备

学校积极争取与校外的合作，在充分利用校内设施设备的基础上，积极争取校外设施设备资源支持。如保龄球,目前学校还没有保龄球馆,需要利用社区保龄球馆如位于布吉西环路面积2000平方米的乐泰都保龄球馆和深圳市体育馆的保龄球馆等。校外场所为学校学生参加特奥保龄球训练提供场地支持,是重要的校外资源之一。

四、信息资源支持体系

信息资源一般是企业发展需要的一种重要资源,是企业生产及管理过程中所涉及的一切文件、资料、图表和数据等信息的总称,涉及企业生产和经营活动过程中所产生、获取、处理、存储、传输和使用的一切信息资源,贯穿于企业管理的全过程。信息时代的到来,也使学校意识到信息资源的重要性,注意对传统信息资源的开发和网络信息资源的利用,形成了比较完善的信息资源支持体系。

信息资源即"作为资源的信息",可以理解为有价值的信息,与自然资源、人力资源、物质资源相比,有以下特点:能够重复使用,其价值在使用中得到体现;信息资源的利用具有很强的目标导向,如特奥信息对于特殊教育学校和智障人士是有价值的,但对于普通学校价值性相对比较小;具有整合性和流动性,人们对其检索和利用,不受时间、空间、语言、地域的限制,网络信息资源可以面向全国各地特殊教育学校,既可以宣传特奥和智障人士的精神,营造更加有利于智障人士事业发展的社会环境,又可以为特殊教育学校和老师提供有关特奥方面的大量信息资源。特殊教育学校特奥信息资源一般来自三种渠道:一是书籍、报刊、文件、档案等书面材料,也是传统信息资源;二是广播、电视、网络等信息化设备资源;三是专家学者、政府官员的讲座或报告。

(一)传统信息资源

传统信息资源主要是指书籍、报刊等文字书面材料。随着新课改理念的深入,图书馆教育功能和服务功能愈加凸显出来,学校图书馆是学校教育教学和特奥运动项目的重要信息资源。学校图书馆设在行政楼二楼,目前藏书4万多册,其中,体育类书籍500多册,相关期刊7种,涉及游泳、保龄球、轮滑、篮球、乒乓球等多个体育项目和相关体育知识,方便学生学习和教师教学。体育组具有小学体育卫生《教学投影片》两部,方便学生学习和教师教学。

(二)信息化设备资源

1. 网站(包括资源库)

元平特殊教育学校网页包括学校概况、组织管理、校长论坛、教学研究、教育康复、职业康复、德育工作、团队生活、后勤服务、绿色家园、家长学校、教工之家、入学申请、元平之星、教育资源、特教信息、个人主页、党建工作等18项内容;校园网首页包括校园动态、特教动态、元平电视台、学生作品,及时通知师生相关信息和新闻,还有各种相关网站的链接。其中学校概况有学校简介、历年大事记载等,便于他人了解学校情况和特奥大事;教学研究涉及老师优秀论文、学校申请课题等,有助于互相交流和学习;后勤服务包括学校安全管理及职责,规范学校环境管理,为特奥建设提供后勤保障;家长学校有助于家校的沟通,方便学校获得家长的支持,以及家长对学生在校训练情况的了解;教工之家,为老师们提供了沟通交流、娱乐休闲的空间,体育组老师是教工之家的重要成员,组织体育活动,促使教师锻炼身体;元平之星,是学校中比较励志和优秀的师生,较好地激励其他老师;教育资源中包括网上特教培训、法律法规、智障教育资源库、多媒体资源库和信息技术培训,是学校庞大的电子资源,可以查找案例、文献、课件等内容;特教信息包括国内信息、港澳台信息、国外信息,公布最新特教方面的信息,为老师了解特教动态提供途径;个人主页,是学校教师自己的网站、博客等,有助于教师提升自己,并与同行及社会人士进行沟通交流;党建工作包括党建动态、专题报道、理论学习、心得体会等。

学校长期以来不断加强资源库建设,最有代表性的是《全国特殊教育资源库(智障版)》,是"现代信息技术在特殊教育中的应用"课题的主要研究成果,现已通过教育部组织的专家论证、评审,并在全国1600多所特殊教育学校正式推广使用,先后荣获深圳市首届科研成果一等奖和广东省科研成果二等奖。该资源库分为公共资源、案例库、文献库、课件/积件库等四个大部分,包括适应、唱游、实用数学、实用语文、孤独症感觉统合训练、美工、感知、信息技术、脑瘫运动康复训练、体康等12门学科。内容全面,体康学科中有一栏专门是特奥项目,包括教案、视频、图形/图像、动画、网络资源、其他文本等内容;文献库包括特教期刊、论文、政策法规文件等信息,方便老师交流和学习,也便于家长和学生上网学习,同时可以宣传学校文化和特奥精神。

2. 校内资源网

学校资源网信息量非常大,包括学校课程标准、课程评价、教学指导手册、教师教案、教师评价、教师介绍、教师作品展示、《元平风采》杂志、通知等。通过学校资源网,教师之间可以实现连接,沟通和交流极为方便。

3. 电视、广播等媒体

电脑的普及并没有减弱电视和广播在人们生活中的作用,大部分人的信息来源是从电视、广播中取得的,尤其是年龄稍大一些的人群。通过电视、广播等媒体,广大人民可以了解新闻动态、熟悉特奥运动项目,为特奥运动的开展和学校特奥运动项目建设营造良好的社会氛围。另外,电视、广播等媒体对于智障学生来说,也是重要的媒体通道,例如,看到自己或同伴出现在电视上,极大地激发他们训练的斗志。哈尔滨特奥会上,有一名广西女孩不愿意训练,但当她听到自己的父母很想看自己上电视后,便积极配合老师参加训练。

4. 其他可用网站

与特奥相关的网站和博客也是特殊教育学校特奥运动项目建设的信息资源之一,如中国特奥委员会、国际特奥会、国际特奥东亚区、第12届世界夏季特奥运动会、中华人民共和国第五届特奥运动会、北方网——体育节拍等特奥网站、中国残疾人体育网、中国残疾人联合会、中国残疾人奥林匹克运动管理中心、上海市智障人士"阳光之家"指导中心。深圳市残疾人网是学校最关注的网站之一,网站内容广泛,心系残疾人利益,及时传播各种新闻,链接网站涉及国家残疾人组织、广东残疾人组织、深圳市政府网站、深圳新闻媒体、国内公益网站等。除此之外,学校师生博客也是重要的信息资源,如学生佟某博客记录了她参加比赛、学习、生活的事情,激励了其他学生,传播特奥精神。

(三)专家学者、政府官员的讲座或报告

1. 专家学者讲座

专业机构如体育委员会、特奥委员会等为学校提供体育活动或比赛的消息或通知;专家学者具有特殊教育、体育、残疾人体育、特奥等方面的丰富知识,其讲座具有深度和针对性,可以为学校、老师带来系统全面的信息和知识,有助于学校教师了解国际国内特奥的概况和发展、智障学生身心特点、特奥发展趋势等。学校定期组织老师参加外出培训,并邀请专家学者来校做讲座。2005年,学校邀请郭家明、何剑晖等学者做讲座,内容涉及篮球、足球、排球、羽毛球、乒乓球、高尔夫球等。

2. 政府官员报告

政府官员的报告可以促使社会人士关心特奥,同时鼓励特殊教育学校更好地开展工作。2011年7月8日上午,学校隆重举行欢迎仪式,庆祝参加第十三届世界特殊奥林匹克运动会的师生凯旋。深圳市委教育工委书记、市教育局局长郭雨蓉来学校看凯旋的师生,参加欢迎特奥运动员凯旋的祝捷大会,并向学校赠送慰问金。郭雨蓉局长在讲话中对学校重视特殊学生体育工作给予高度评价,为学校不断取得新的成绩感到欣慰;希望残疾学生要以特奥运动员为榜样,自强不息,努力拼搏,通过出色表现赢得全社会的尊重,实现自己的人生价值;要求全校教职工戒骄戒躁,开拓进取,不断提高办学水平,为率先实现深圳教育现代化做出更大的贡献。2015年07月29日在美国洛杉矶举行的2015年洛杉矶世界特殊奥林匹克运动会上,16岁的罗小纯在女子50米蛙泳比赛中率先触壁,为中国体育代表团摘得首枚金牌。深圳市委书记马兴瑞、市长许勤签发贺电,代表市委、市政府表示祝贺。8月5日下午深圳市残联理事长祖玉琴、副理事长黄纯斌,元平特校副校长黄建中及运动员家属们在元平特校欢迎他们的凯旋。元平特奥运动员罗小纯、吴炜彬、林树民、福晓、方星月共夺得7枚金牌、2枚铜牌,金牌总数占广东省代表团的87%。

第3章　特殊教育学校特奥运动项目的开发

特殊教育学校是我国特奥运动的发源地,也是我国特奥运动发展的主要阵地,因此,特殊教育学校特奥运动的普及与发展将直接影响特奥运动的发展水平。同时,特奥运动在特殊教育学校的普及与发展,为智障学生创造了特奥运动训练的条件和竞赛的机会,让更多的智障学生参与并享受特奥运动。[①] 特奥运动可以激发智障学生的潜能,促进他们的身心健康发展,培养他们的能力,提升他们的自信心,这为他们将来适应社会并融入社会提供了重要保证。本章主要以深圳元平特殊教育学校为例介绍特殊教育学校特奥运动项目的开发。

第1节　指导思想

深圳元平特殊教育学校始终坚持以人为本的办学理念,坚持全面发展观的精神内核,坚持"健康第一"的指导思想,以学生发展为中心,关注个体差异,重视学生的主体地位。通过参与日常的特奥运动项目,培养他们的运动兴趣和终身体育的参与意识,帮助他们形成"自尊自强、顽强拼搏、超越自我、立志成才"的品质,全面发展智障学生的身心素质,提高他们的综合能力,努力为他们将来平等、充分地参与社会生活,适应社会需要打好基础。

一、以生为本,促进潜能开发

特奥运动项目的开发首先要秉承"以生为本"的理念,始终把学生的发展放在第一位,承认并尊重学生的主体地位。以生为本是以人为本科学发展观在教育上的体现,坚持以生为本的理念,就是要从学生的本质出发,肯定学生的价值,重视发掘学生的潜能,承认人发展自我的主观能动性。[②]

根据潜能发展观的基本思想,人的能力不是一成不变的,通过后天的努力可以挖掘出自身的潜能。且增能理论认为人不仅可以增强其原本丧失的机体

[①] 黄建行.全国特殊教育学校特奥运动高级研讨会论文集[C].深圳:海天出版社,2012:94.
[②] 黄建行,雷江华.智障学生职业教育模式[M].北京:北京大学出版社,2011:38-39.

功能,而且可以增强他们的生活信心,发挥自身的潜能,实现自身的价值。① 哲学人类学认为,人具有未完成性,人的未完成性"包含着某种不完美性"。这意味着"人永远不会变成一个成人,他的生存是一个无止境的完善过程和学习过程",②而人的障碍缺陷也可以看作这种未完成性或不完美性的特殊表现形式。③ 因此,尽管智障学生存在感知觉速度慢、注意范围狭窄、记忆容量小、识记速度慢等一系列特征,但他们也具有未完成性,他们也是具有潜能的人,只是他们的潜能没有被适时地发掘出来。

根据多元智能理论,每个人的智能都是多种智能的组合,只是在各种智能的拥有上不尽相同。智障学生尽管在智力上存在一定的弱势,但他们并不是在所有的方面都存在不足,他们在任何一种智能方面都有开发的潜能,而特奥运动项目的开发是针对他们的运动潜能,以期通过运动的方式培养他们的技能,提高他们的自信心,促进他们的全面发展。

二、功能恢复,推进全面发展

功能恢复离不开缺陷补偿。缺陷补偿指的是在机体失去某种器官或某种机能受到损害时的一种适应,是一种与正常发展过程不完全相同的有特殊性的发展过程。④ 智障学生的智力存在一定的缺陷,但他们的这些缺陷可以通过特奥运动的方式得到一定的改善,实现功能替代,促进功能恢复。而缺陷补偿除了可以使机体产生一定的功能替代作用,也可以产生一种激励作用,使智障学生体验到成功的快乐,从而增进自信心,有利于他们形成健康的心理。

特殊教育担负着特殊需要学生生理和心理的双重补偿任务:"一方面,特殊教育担负着补偿特殊需要学生的生理机能缺陷的任务,要对他们的全面发展负责;另一方面,特殊教育与其他教育一样,也要向他们提供精心组织的精神陶冶,来弥补他们机体和精神上的双重缺陷。"⑤功能恢复注重的是智障学生生理和心理的发展,涵盖了全面发展的内容。智障学生自身存在着一定的智力缺陷,但并不等同于他们的其他能力也处于弱势。特奥运动项目的开展为智障学生提供了一个潜能开发的平台,他们通过这个平台不仅锻炼了他们的体能,增强了体质,且存在着许多隐性的优点,如调节不良情绪,建立和谐的人

---

① 马洪路.残障社会工作[M].北京:高等教育出版社,2007:93.
② [德]米夏埃尔·兰德曼.哲学人类学[M].张乐天,译.上海:上海译文出版社,1988:202.
③ 盛永进.特殊教育学基础[M].北京:教育科学出版社,2011:90-91.
④ 朴永馨.特殊教育学[M].福州:福建教育出版社,1995:66.
⑤ 葛新斌.人的基本特征与特殊教育的开展——哲学人类学对特殊教育的启示[J].辽宁师范大学学报:社会科学版,1997(6):26-29.

际关系等,也就是说特奥运动项目的开发即有助于智障学生的功能恢复,也有助于他们的全面发展。

三、关注差异,实施个别化教学

根据多元智能理论和潜能发展观,每个人存在的潜能并不完全相同,需要不断探索和尝试以便找到他们自身的潜能。同时,要注重根据学生的个性特点及他们的兴趣爱好来选择适合他们的运动项目,真正落实"以生为本"的理念。此外,尽管每个学生的潜能可能不尽相同,但某个学生可能适合多个类型的运动项目。

除了在项目的选择上要尊重学生的个别差异外,在特奥运动项目的教学过程中也要关注学生的特性,注重运用个别化的教学理念。同为智障学生,尽管他们在智力方面存在着不足,但他们仍是一个个独立的个体,他们在身体条件、兴趣爱好和运动技能等方面也存在着差异。因此在特奥运动项目的开发过程中,要注重探索学生的独特性。在特奥运动的教学过程中坚持个别化的教育理念,满足他们的不同需求,促进学生的差异性发展。此外,为了提高教学效率,教师也要注重分层教学理念的运用。智障学生掌握运动技巧的程度不一致,针对掌握程度相近的学生,教师可以教授同样的内容,而程度不同的学生则采取不同的教学内容,这就体现了分层教学的理念。

四、激发兴趣,培养终身体育意识

主动发展观强调人的发展受到遗传、环境、教育、人的主观能动性等多种因素的影响,在这些因素中,遗传是不可控的内因,环境是不可控的外因,教育是可控的外因,人的主观能动性是可控的内因。人要获得全面的发展,必须抓住可控的内因来促进自身的发展,[1]重点强调学生主观能动性的作用。因此,在特奥运动项目的开发过程中要有效地培养和发掘人的主体性,并在训练中使自己的主体性得到有效的发挥,而这种主体性往往表现为学生的兴趣爱好。学校体育是终身体育的基础,运动兴趣是促进学生自主学习的前提。无论是教学内容的选择还是教学方法的更新,都应关注学生的运动兴趣,只有激发和保持学生的运动兴趣,才能使学生自觉、积极地进行体育运动。因此,在特奥运动的教学中,培养学生的特奥运动兴趣是实现特奥运动课程目标和价值的有效保证,同时也是学校特奥运动项目顺利开展的重要保障。

特奥运动项目开发途径之一是"普及、发展特奥运动,让特奥运动进课

---

[1] 雷江华.学前特殊儿童教育[M].武汉:华中师范大学出版社,2008:26.

堂",首先让智障学生对特奥运动有一定的了解,激发他们对特奥运动的兴趣,然后根据他们的个人能力及兴趣爱好,将他们进行分组训练。同时,在学习的过程中也要注意保持他们对运动的兴趣。教师在教学过程中应有意识地弱化自己的知识、技术权威。学习是智障学生在自己经验基础上自主建构,"灌输""控制"是难以和智障学生产生共鸣的。体育教师要引导、激发残疾人学生的体育兴趣,调动智障学生的学习动机,由"要我学、练"向"我要学、练"转化。如果残疾人体育课堂呈现这种景象的话,体育课堂应该是充满智障学生的气息、智障学生的灵动、智障学生的个性的空间。① 智障学生对运动产生兴趣才能更好地促进他们的发展,且他们对于体育的兴趣是培养终身体育意识的前提。

终身体育是指一个人终身进行身体锻炼和接受体育教育,而学校体育是终身体育的基础。智障学生通过有目的、有计划、有系统的全面身体锻炼,掌握体育知识技能,培养他们坚持锻炼的体育意识。体育意识是终身体育的核心要素,只有树立自我体育意识,才能实现终身体育的目标,并积极参加体育锻炼,而这种意识的培养与学生的兴趣密不可分。因此,培养学生的运动意识,有助于他们形成终身体育意识。

五、平等参与,融入社会生活

发展残疾人事业,实现残疾人的"平等、参与、共享",是人类文明和社会进步的一个重要标志。② 和谐社会的一个重要标志是社会成员和社会各阶层能平等相处,彼此关爱,相互融合。③ 特奥运动项目的开展,其宗旨是为了促进智障学生的全面发展,最终使他们适应社会,融入社会生活。智障人士的社会融合是构建和谐社会的重要组成部分,体现了社会进步和社会的人文关怀。特奥运动从"体育-参与-社会融合"的视角关注智障人士体育参与、生理健康、社会融合和社会支持,切实提升了智障人士的生活质量,促进了智障人士的社会融合。④ 而智障学生参与特奥运动,也是参与社会生活的一种方式。

特奥运动项目的融合体现在两个方面,一方面体现在运动训练过程中,另一方面则通过特奥融合运动项目表现出来。在特奥运动训练过程中,智障学生与非智障学生一样参与到运动中,体验运动带给他们的愉悦感,这是他们平

---

① 于军,程卫波.回归生活——残疾人体育价值引论[M].北京:高等教育出版社,2010:115.
② 马洪路.残障社会工作[M].北京:高等教育出版社,2007:7.
③ 李祖平.和谐社会的构建路径:从社会排斥到社会融合——兼论构建和谐社会的伦理关怀制度[J].学术交流,2006(4):131-134.
④ 马洪亮.论特奥运动对智障人士社会融合的促进作用[J].中国特殊教育,2012(1):7.

等参与社会生活的体现。特奥融合运动项目是国际特殊奥林匹克运动会中一项传统而重要的参与项目,主要是将特奥运动员和非智障人士按照同等年龄及同等能力,组合在一个团队中进行训练和比赛。这种方式是智障人士融入社会的一种实践方式。

此外,必须指出的是,特奥运动是基于奥林匹克精神,专门为年满8岁以上的智障人士开展的国际性的运动训练和比赛,其项目种类丰富,每一个项目均针对不同能力层次的智障人士有不同的活动设计,比赛不按年龄而按能力分组,以激励智障人士发挥潜能、勇敢表现,在参与中与其他选手、家人分享快乐、交流技艺,并增进友谊。这体现的就是特奥运动"重在参与"的理念,而这种理念本身就是"融合"的一种表现。

第2节 开发流程

从目标设计、计划制订到实施过程和总结评价,特奥运动项目的开发是一个长期的过程。开发流程的确定是对现状的一个归纳总结,同时也为将来特奥运动项目的发展提供了一定的借鉴意义。元平特校特奥运动项目的开发由不完善到逐步完善,已经形成了具有自身特色的特奥运动项目开发模式。且特奥运动项目的开发属于学校体育品牌建设中的一部分,在体育品牌建设过程中,深圳元平特殊教育学校特奥运动项目不断形成规范化的开发流程(图3-1)。

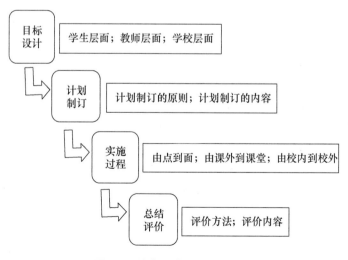

图3-1 特奥运动项目开发流程

一、目标设计

特奥运动项目的建设是特殊教育学校的重点发展项目之一,且特奥运动项目建设是一项长期的工程,需要长远的规划以引领后期的发展。因此,目标的设定是特殊教育学校特奥运动项目开发的重中之重,也是开发的首要环节。特殊教育学校存在着一定的差异,如整体规划不同、智障学生的程度不同等,因此,每所特殊教育学校特奥运动项目的开发有着自身的特色,这也说明特殊教育学校特奥运动项目开发的目标也不一致。学校特奥运动项目开发的目标设计与学校体育品牌建设的总体计划一致,而学校体育品牌建设的总体计划是:"用8~10年时间创品牌,以4~5年打基础,4~5年创品牌的总体计划,结合学校实际开展重点项目和基础项目的教学普及与推广,组建运动队进行长期的训练,并通过教学实践研究、运动训练、课程开发、组织参加各类比赛等体育实践活动,促进学生健康发展、教师健康发展、体育工作发展,最终实现学校体育品牌形成。"而其具体目标是:"力争8~10年内有1~2个运动项目在国内具有一定的知名度和影响力,有3—5名优秀的国家级残特奥运动员,有1—2名体育教师在国内同行具有一定知名度,形成具有学校特色体育校本课程。"

特奥运动项目建设属于体育品牌建设中的一个部分,它的总体目标和具体目标与体育品牌建设的目标一致,通过教学和训练积极开发特奥重点项目和基础项目,在推广特奥运动项目的同时,学生能从中受益,教师也能从中得到一定的发展,尤其强调教学实践能力以及科研能力的提升,而学校也能通过特奥运动项目建设这一举措更上一层楼。具体来说,目标主要体现在学生层面、教师层面和学校层面。

(一)学生层面

智障学生是特奥运动的主体,特奥运动项目建设的成效归根结底要体现在学生的发展方面。特奥运动项目建设的初衷是为了智障学生的发展,因此学生层面的目标设计是特奥运动项目目标设计中最重要的环节。

首先作为一种运动形式,特奥运动最根本的属性是增强智障学生的体质,使他们拥有一个强健的体魄,这也是他们进行其他活动的重要前提条件。其次,特奥运动促进智障学生的心理发展。智障学生在运动的过程中,可以体验到运动带来的快乐,使他们身心愉悦,有利于形成健康的心理。特奥运动还可以培养学生对于运动的兴趣,有利于他们终身体育意识的树立。此外,在习得一定运动技能的基础上,他们的自信心也得到提高。再次,智障学生参与特奥运动在一定程度上有利于他们智力的发展。人的发展是一个动态的过程,尽管智障学生存在着智力缺陷,但他们的智力并不是一个恒定不变的指数,通过一定方式的锻炼会取得一定的进步。总之,以学生健康发展为本,使他们掌握1～2项运动技能,并养成良好的运动习惯,这是学校特奥运动项目开发在学生方面所希望达成的目标。

（二）教师层面

特奥运动项目开发一方面要求教师提高自己的教育教学水平,另一方面,也强调教师提升科研能力。加强教师的教育教学水平,掌握与特奥运动相关的知识、技能,才能更好地指导、教导智障学生,这对智障学生掌握特奥运动项目和自身发展至关重要。除了教育教学外,教师还应对教学中出现的问题进行深入的反思,树立科研意识,不断形成自己的理论体系,以指导教育教学。教学实践需要一定的理论做支撑,教师科研能力的提升对于特奥运动的发展存在着重要意义。学校积极"练好两个内功,实现真品牌",其中的一个内功就是指教学研究能力,体育教师要具有专业见地,最终实现体育教师师资力量的提升。

（三）学校层面

深圳元平特殊教育学校是国内较早开展特奥运动项目的特殊教育学校,在不断的摸索中已经逐渐形成了自身的实践模式。学校领导高度重视体育运动的发展,特奥运动项目的开发要力争在体育品牌中独树一帜,充分发挥自身的优势,且在宣传特奥运动项目的同时,把学校的整体风貌展现出来。

特奥运动项目的开发有利于学校不断完善自身的硬件条件和软件条件,为智障学生的发展创造一个更好的环境。学校借特奥运动项目的开发向人们展示了智障学生的风貌,宣传了学校的体育品牌,也为其他特殊教育学校树立了一个良好的榜样。具体来说,学校在打造体育品牌的同时,要培养具有一定知名度和影响力的运动项目,同时也要培养多名优秀的国家级特奥运动员。此外,学校要形成具有特色的体育校本课程。

学校积极"练好两个内功,实现真品牌",其中一个内功是体育教师的教学研究能力,而另一个内功是指学生体育运动水平的能力,学生在某个运动领域具有较高水平,并能在各类比赛摘金夺银,真正实现老师走出去,学生拿得出,学校叫得响的名师名校。这也是学校一直对体育工作寄予的希望。

二、计划制订

（一）计划制订的原则

1. 实事求是原则

学校特奥运动项目的开发必须遵循实事求是的原则,根据学校现有的条件适时开展适合自己的特色项目。首先,学校要在分析自身硬件和软件的基础上确定开展的特奥运动项目。在项目开发初期,学校条件不够完善,只能开展田径、轮滑和滚球项目,随着条件的改善,游泳、保龄球等特奥运动项目逐一开展。且特奥运动项目的开展必须具备一定的前提条件,如游泳项目是随着游泳馆的落实使用才开始真正大力实行的。同时,学校也根据自身的优势,确定了重点发展项目,如游泳、轮滑、滚球和保龄球。现今学校形成了以游泳为优势发展项目,轮滑、滚球和保龄球为重点的特奥运动项目发展格局,同时也开展田径、乒乓球、篮球等特奥运动项目,这些项目的开展都是在充分分析自身条件的基础上相继确定的。

2. 动态发展原则

事物都是处于不断变化的过程中,特奥运动项目的开发也呈现动态发展的趋势。因此,学校在发展特奥运动项目的同时,要根据变化适时调整特奥运动项目的发展状况。如体育组每年年度计划总结的内容中都会详细呈现每年特奥运动项目的发展情况,并在此基础上提出下一年的计划,这就呈现了一种动态的发展过程,即根据现实情况提出下一阶段的任务。

3. 多方参与原则

学校特奥运动项目的开发是一个长期的过程,需要所有的体育教师、智障部各班的班主任、学生家长、学校管理者等多方人员的参与。体育教师是特奥运动项目开发的主力军,他们要为特奥运动项目的开发贡献自己的心力;班主任肩负着为特奥运动队选拔队员的重任,他们的极力推荐对于学生来说具有重要作用;学生家长的极力配合是特奥运动项目开发必不可少的关键因素;而学校管理者的决策决定对于特奥运动项目开发来说起着重要的导向作用。

4. 系统化原则

特奥运动项目的开发在国内是摸着石头过河,如何在总体上把握项目的发展趋势,这体现的就是系统化原则。在特奥运动项目开发的过程中,既要统筹全局,又要兼顾各种细节。首先要注意整体的项目开发的框架和模式,同时,每部分的内容也要注意把握细节,因为各个环节之间是紧密相连的,只有部分处理妥当,才能在总体上达到最佳效果。

(二) 计划制订的内容

1. 分析现状

特奥运动项目的开发是学校的一项重大举措,必须在权衡学校各方面情况的基础上进行,如设施设备、师资力量等。只有在全面了解自身条件的基础上才能确定适合学校的特奥运动项目。同时,在分析现状的基础上,要不断地改善学校的硬件和软件,为特奥运动项目的开发提供雄厚的后援支持力量。

2. 选择项目

特奥运动包括 21 个夏季比赛项目和 7 个冬季比赛项目，共 28 个项目种类。学校自身条件有限，不可能开设所有的项目，必须在这 28 个项目中选择适合本校特色的项目，如学校有一个标准的操场，可以开设特奥田径项目；篮球场地既可以作为篮球的训练基地，也可以成为轮滑项目开展的场所；综合场馆可以作为羽毛球、排球等的训练场所。

3. 确定目标

目标的确定对于特奥运动项目的开发来说起着重要的导向作用。在确定所要开设的特奥运动项目的基础上，学校要确定总体的特奥运动项目开发目标，同时针对每个项目要有具体的目标。这些目标的确定有利于确保学校特奥运动项目的开发朝着正确、有序的方向发展。具体的目标可以参考本书第四章至第八章的相关内容。

4. 安排人员

人员主要是指体育组的教师。体育组教师是特奥运动项目开发的主力军，他们担负着重大责任。特奥运动项目的开发离不开体育教师的大力配合，不管是教学还是训练，必须明确教师的职责，使他们各尽其职，按照目标完成工作内容。

5. 开发途径

特奥运动项目的开发必须有相应的途径，这样才能形成有序的发展格局。学校特奥运动项目的开发秉承"普及与提高相结合，在普及的基础上提高"的发展思路，打造具有学校特色的特奥运动项目开发途径。

三、实施过程

特殊教育学校特奥运动项目的开发过程都是由不完善到完善，整体的实施过程具有相似性。多年来，深圳元平特殊教育学校特奥运动项目的实施形成了自己的发展态势，主要表现为由点到面、由课外到课内、由校外到校内的发展格局。

（一）由点到面

1. 项目种类

在特奥运动项目开发初期，学校面临着许多的难题，如师资、场地不足等，但学校根据自身的现状，因地制宜地发展富有本校特色的特奥运动项目，如场地资源不足，学校就选择田径和乒乓球这些对场地要求不高的项目。在发展特奥地板曲棍球时没有器材，学校就地取材，找来一些木棍、丝带和棉垫，自己制作球棍和球进行教学与训练。随着设施设备的不断完善，学校陆续开展了一系列特奥运动项目,逐步形成了以游泳为突破口,轮滑、滚球和保龄球为重点,其他特奥运动项目不断发展的模式。

2. 学生数量

随着特奥运动项目种类的增多,参与特奥运动项目的学生数量不断增多。最初学校是以学生的能力和兴趣为依据选择特奥运动队的运动员,而能力不是很突出的学生可以加入特奥兴趣小组,在满足自身兴趣的同时,也可以增进他们多方面的能力。随着学校条件的完善以及特奥运动项目种类的增多,参加特奥运动的智障学生数量不断增多,而特奥运动项目的开发价值也从中体现出来。

(二) 由课外到课堂

1. 课外

特奥运动项目开发初期是处于摸索的状态,没有系统的开发模式作参照,仅在课外进行训练,且只面向能力突出的智障学生。课外特奥运动项目开发的初衷是为了训练一批能力出众的特奥运动员,他们在能力得到提升的同时,也可以代表学校参加一些特奥运动项目比赛。

2. 课堂

为了实现特奥运动项目普及的目标,学校于2007年制订了智障学生课程设置方案,将特奥运动列入教育教学计划,开设了运动与保健课,实现了"特奥运动进课堂"。同时经过两年的时间完成了特奥运动课程标准的编制工作,而特奥运动课于2010年9月份成为学校的常规课程,进一步加大了特奥运动项目的普及程度。

依据"让普及推动提高,让提高带动普及"的发展思路,学校特奥运动项目开发重视课外和课堂两个方面的发展,让所有的智障学生都能参与特奥运动,了解特奥,获得特奥技能,享受特奥运动带来的快乐与成就。

(三) 由校内到校外

1. 校内

特奥运动项目的开发首先需要智障学生参与其中,而智障学生参与特奥运动首先体现在学校的一系列活动中,如特奥运动课、特奥运动队和特奥兴趣小组,这些都为他们提供了良好的平台。总体来说,学校已经形成了一个比较完善的特奥运动项目发展途径。其次要培养一部分优秀的特奥运动员,打造一支具有特色的特奥运动队伍,为参加各种特奥比赛做准备。

2. 校外

特奥运动项目的发展不能闭关自守,要实现"走出去"的目标。学校现今的特奥运动项目达到了一定的高度,形成了自己的发展模式,如何将这种模式真正地推广出去,在提升自身知名度的同时让智障学生获得一定的社会交往能力,这是学校的重要发展方向。参加各种特奥运动比赛对于学生来说是一个难得的锻炼机会,他们可以在比赛的过程中享受快乐,体验成就感,提高自信心,也有利于他们的社会化发展。而参加各种比赛活动也是宣传的一种方式,可以提升学校的知名度。学校通过比赛活动受到更多人的关注,而智障学生也为人们所熟悉,会引起社会对残疾人的关注,进一步提高整个社会对残疾人的关注度。总之,"走出去"的发展方式不仅对于学生有着莫大的好处,对学校和社会来说都具有重要意义。

四、总结评价

(一)评价方法

1. 观察法

观察法可以比较直观地了解特奥运动项目的发展情况,如设施设备的利用情况、学生在上课及训练中的表现情况等。学校的硬件设施设备已经处于基本完善的状态,拥有游泳馆、羽毛球馆和篮球场地等,且将建成一个保龄球馆,供特奥保龄球队进行训练。学校为特奥运动项目的开发正在不断地完善硬件条件,力争为特奥运动项目的发展提供一个良好的环境。此外,学生上课及训练中的表现情况则需要教师细心的观察,教师可以将学生每天的表现记录下来,对每个智障学生的发展情况进行动态性的描述,这为后期的评估提供了翔实的资料。

2. 课程评价

课程评价是指对课程本身的建设情况以及课程的具体实施过程进行评价。前者是对课程本身是否符合学校教育的总目标和特奥运动课程的目标进行的评价,评价的目的是对特奥运动课程的执行情况进行分析,发现课程和课程实施中存在的问题和不足,以及时调整课程内容,改进教学和教学管理,促进课程的不断完善。而后者是根据课程目标来评价学生的发展情况,即智障学生是否达到了具体的课程目标。

3. 期末测试

学校体育组教师每个学期末应对特奥训练队的学生进行一次成绩测试,也就是期末测试。每个特奥项目有相应的考核内容,如游泳主要是测试学生50米、100米、200米和400米的成绩,而轮滑主要是测试学生50米和100米的成绩。期末测试成绩在一定程度上反映了教师的教学效果,教师也可以结合每个智障学生期末测试的成绩调整教学内容,选择合适的教学方式促进学生的发展。

(二) 评价内容

1. 硬件软件情况

特奥运动的开展需要硬件软件的支撑,因此,硬件软件情况是评估特奥运动项目开发成效的重要指标之一。首先,硬件是特奥运动项目开展的前提条件,学校硬件设施的完善程度将极大地影响特奥运动项目的开展状况。

除了硬件环境之外,软件资源也是评价的重要内容,且主要是指师资情况。教师的教学能力是特奥运动项目落到实处的重要前提保证。特奥运动课和特奥运动训练都离不开教师,教师要对特奥运动非常了解,并且掌握相应的技能,才能指导学生的学习。而针对教师的评价可以从侧面反映出学生的学习情况,因为教师的整体教学风貌会影响学生的学习。因此,学校要打造一支高素质的特奥师资队伍,具有先进的体育康复及体育教育知识,如建立体育教师定期和不定期的"充电"制,打造出一支经验丰富、高素质和高水平的体育专业教师队伍。此外,教师要注重增强科研能力,可以为特奥运动项目的开发建言献策。

2. 项目情况

特奥运动项目的开发遵循的是"普及与提高相结合,在普及的基础上提高"的发展思路,普及主要评价内容是特奥运动课方面,而提高则是通过特奥训练队的情况体现出来,项目的评价主要是根据这一思路来进行的,而整体特奥运动项目的建设情况也属于评价的范畴。

特奥运动课的开展有相应的课程目标,主要是对学生参与特奥运动的知识与技能、学习参与态度、情意表现与合作精神这三个方面进行一定的评价。而针对特奥运动队的评价主要体现在学生的技能掌握方面。学校每个学期进行的期末测试就是一种检查学生学习技能的方法,每个学生多次的期末测试可以在一定程度上反映出学生纵向的发展情况。此外,通过参与特奥运动,智障学生往往在其他方面也得到了一定的提升,这也是评价的一个指标。尽管这个指标难以定性,但是教师可以感受到学生在参与特奥运动过程中的情绪状态,这也可以作为项目评价的一个指标。

此外,整个特奥运动项目的建设情况也是评价的重点内容,主要评价内容是特奥运动优势项目的建设和精英队员的培养方面。在优势项目方面,学校不断开展各类特奥运动项目,尽量满足智障学生的需求,且在发展的过程中结合学校的特色,形成以游泳为突破口,轮滑、滚球和保龄球为重点的运动队发展思路。而对优势项目的评价则是针对游泳、轮滑、滚球等项目的建设情况。而在精英队员方面,学校要在智障学生中挑选能力较佳的学生进入特奥运动队，同时在特奥运动队中也存在着能力差异，体育组教师要关注学生的差异，对不同能力的学生制定不同的目标，实行差异性教学，尤其是针对能力较好的学生要给以重点关照与培养。在训练中加强对精英队员的关注度，制定具体可行的目标，定期对精英队员进行测评，进行总结与反思。

第3节　开发途径

通过多年的实践探索，在积极吸取一些经验方法的基础上，深圳元平特殊教育学校结合实际情况探索出了特奥运动项目的开发途径。首先，必须普及特奥运动，让特奥运动进课堂。运动与保健课和特奥运动课的实施为特奥运动项目的普及发挥了重要作用。其次，开展特奥运动的课外训练。特奥运动队伍和特奥夏令营的建设为特奥运动的专业化发展提供了良好的途径。再次，组织校内外的特奥活动。学校的特奥活动主要包括特奥兴趣活动、每年的校运动会、体育节以及对外交流活动等。最后，积极鼓励学生们参与各种特奥比赛活动。

一、特奥运动进课堂

我国"十二五"时期残疾人体育发展任务中明确提出："推动残奥、聋奥、特奥均衡发展，经常参加特奥运动的智力残疾人发展到120万人。"特殊教育学校是智障学生的集中地，成为特奥运动项目发展的主要阵地。因此，普及和发展特奥运动，让更多的智障学生参与特奥运动，学校不仅有任重道远的义务，且有义不容辞的责任。

深圳元平特殊教育学校特奥运动项目开发已经从最初的摸索中逐渐形成了自身的开发途径。学校特奥运动项目开发最初主要是"让特奥运动进课堂"，让学生了解特奥运动，使他们对特奥运动产生一定的兴趣，这为特奥运动项目在学校的开展提供了可能性。此外，特奥运动项目的开发落实到学生身上主要体现在特奥课程的制定及特奥运动的教学当中。

（一）课程

"特奥运动进课堂"的实现首先需要相应的特奥课程体系做支撑。深圳元平特殊教育学校较早将特奥运动作为课程列入智障班的课表之中，并实施特奥教学。而正是课时计划的实现，让特奥运动的普及与发展有了统一的途径和渠道。

特奥运动课程是一门以国际特奥会正式比赛项目为标准，以锻炼为主要手段,以挖掘潜能、增进学生健康发展为主要目的的校本课程,是新时期特殊教育学校课程体系的重要组成部分,是对智障学生实施素质教育,促进德智体美全面发展不可缺少的重要途径。它是对原有的体育课程进行深化改革,突出增强智障学生特奥运动技能,提高社交能力,促进健康发展目标的一门课程。学校在响应新时期课程理念的同时,结合自身特色编制的课程体系,是特奥运动不断发展的有力凭证,为特奥运动项目的开发提供了一定的借鉴意义。

除了特奥运动课程,学校较早就开设了运动与保健课程。运动与保健课程是一门以身体练习为主要手段,以增进智力残疾学生健康、补偿智力残疾学生生理缺陷为主要目的的必修课程。相对于特奥运动课程而言,运动与保健课程内容更加简单,主要是锻炼学生的一些肢体动作,体现的是"普及"的理念。

(二)教学

特奥运动课主要采用分项分流的教学方式,学生根据自己喜爱的特奥运动项目进行选择性学习。一个项目的教学主要由一个教师负责,他根据课程标准的相关要求,制订教学方案,根据学习目标的要求来选择和设计教学内容。特奥运动的教学可根据需要采用全班练习、分组练习等形式。在分组的形式上,可以按相同的水平分组,也可以按不同水平分组。分组可以相对稳定,也可根据教学需要随时调整。采用分组形式进行教学,要根据学生的需要和教学条件而定。此外,教师要随时注意学生的学习情况,根据不同学生的学习进步提出不同的要求,也做出相应的指导。经过长期的教学实践发现,学生不仅技能上获得了明显的提升,兴趣也得到了很好的发展,这也是特奥运动普及与发展的事实依据。

"特奥运动进课堂"这一举措使特奥运动得以全面的普及与发展。首先,学校自主研发的特奥运动课程成为特奥运动训练体系的重要组成部分,为推进特奥运动的普及和发展奠定了基础。而课堂教学着重帮助智障学生认识和了解特奥运动,培养他们参与运动的兴趣和信心,体会参与运动的乐趣。从近两年的教学实践来看,智障学生参与特奥运动的热情不断提高,他们在感受运动快乐的同时,提升了技能,增强了自信。

二、开展特奥训练

深圳元平特殊教育学校始终坚持特奥运动的普及与提高相结合,依据"让普及推动提高,让提高带动普及"的思路,让每一个学生都获得相应的发展。"特奥运动进课堂"的不断实现,特奥运动也实现了一定程度的普及,而如何在普及的基础上得到提高则是学校面临的下一个难题。因此,学校组建了课外特奥常规活动,以期在普及的基础上加强集中化和专业化的指导,充分挖掘智障学生的潜能。学校的课外特奥常规活动分为两部分:一部分是特奥运动队常规训练,由体育组教师负责日常的训练,使他们在特奥技能上获得较高水平的发展;另外一部分是特奥夏令营活动,对学生进行集中的暑期特奥训练,让他们以更好的状态来应对一些比赛项目,这也是一种提高学生自身能力的方式。

(一) 特奥运动队

特奥运动队的学生是在参考他们兴趣的前提下,由家长推荐综合能力较好的学生,并由体育教师进行选拔。同时,有个别学生的家长希望孩子能通过特奥运动项目得到锻炼,习得一技之长,对于这样的学生,学校也会充分考虑。特奥运动队的学生并不是固定不变,而是不断变化的。特奥运动队随时都会有新的成员加入,这也说明教师的教学要体现分层的原则,对不同的学生要采用不同的教学方法。

特奥运动队常规训练时间一般定于每周周一至周四的下午,每周进行3—4次的训练。每次有1至2名教师负责各运动队的训练,指导学生学习相应的运动技能,帮助他们逐渐掌握技能。每个训练队的学生人数一般在10人左右,实行的是一种小规模的专门化的教学方式,教师可以根据学生的进度,采取灵活的教学方式。在学习一项内容时,如有的学生已较好地掌握了动作,可以在教师的指导下练习其他动作,或让其协助教师指导其他的同学,以便调动学生学习的积极性和主动性。而对于表现好、潜力足、成绩突出的队员,要明确发展方向,做好系统训练,为他们的发展创条件打基础。这种方式充分尊重了学生的主体性,是差异性教学的表现。

学校高度重视特奥运动队伍的建设,先后成立了田径、篮球、保龄球、轮滑、游泳、滚球等多个特奥运动队和兴趣活动小组,形成了游泳、滚球等一批具有一定优势的传统项目,智障学生的运动水平有了显著提高。

(二) 特奥夏令营

特奥训练除了常规训练外,深圳元平特殊教育学校会实行假期集训的方式对学生进行集中式的训练。假期集训将根据情况选择一般不少于20天的时间。这种训练方式不仅使学生的技能得到巩固,且对即将参加的比赛来说具有重要意义。例如,2007年暑假期间学校特奥运动员与香港特奥运动员进行了特奥滚球夏令营交流活动。在为期5天的交流过程中,双方教练结合特奥运动员的身体特点,共同制订了科学详细的训练计划,训练内容主要包括灵活性、柔韧性、伸展性、手眼协调性、滚球技巧、基本技术战术和滚球比赛基本知识等多个方面。在活动过程中教练员对特奥运动员进行指导,因人施教,坚持积极鼓励,启发诱导的教学方法,动作讲解与练习相结合,使特奥运动员更准确地了解滚球知识掌握技术要领。两地特奥运动员克服了高温的天气,坚持锻炼,磨砺了意志力,提升了运动技能,增长了知识。虽然时间短暂,但通过几天的交流活动,双方队员建立了深厚的友谊,体会到了特奥运动带来的快乐。此次夏令营活动让特奥运动员们在实践中体验,在活动中成长,在快乐中获得发展,达到了特奥滚球夏令营的预期目的。

三、组织特奥活动

学校的特奥活动主要包括特奥兴趣活动、每年的校运会和体育节,同时还有对外交流活动。尽管这些活动并不仅仅针对智障学生,但这些活动的开展有利于让他们参与到运动当中,体会运动带来的乐趣,让他们得到一定的锻炼机会。

(一)特奥兴趣活动

学校在落实中小学生每天一小时校园体育活动实施方案中提到要做到三落实,即课程落实、活动落实和场地落实。课程落实和场地落实是开展特奥运动开发的重要前提条件。而活动落实具体包括三个方面的体育活动:① 8:50 至 9:20 安排半小时的课间操活动;② 16:20 至 17:10 安排智障部、康复部、职教部的 50 分钟特奥体育兴趣小组的活动;③ 18:00 至 18:30 安排半小时的自由体育活动。这些活动的开展可以确保学生每天校园体育活动时间超过 1 小时,在增强体质的同时,也在间接培养学生对于特奥运动的喜爱之情。其中,每天下午 50 分钟的特奥兴趣小组活动的内容主要是以"模拟游戏为主",通过游戏增加学生对特奥运动的喜爱之情。

(二)校运会

学校每年都举行面向所有学生的学生运动会,每届运动会充分体现人人参与的原则。运动会包括的项目种类多样,且有专门针对智障学生的一些比赛项目。根据智障学生运动能力进行设项与分组,录取名次,并根据表现给予肯定,颁发奖牌和奖品,既有公平竞技,又体现参与的鼓励,为智障学生勇敢参与特奥,培养自信创造条件。学生在运动会中也充分展示了自身的实力。学校每年定期全校性的学生运动会,至今共举办了 20 届学生运动会。如在 2008 年的校第十三届学生运动会上,有 9 人次打破校记录。而在校第十届学生运动会中,参与率达 95%,有 5 人次破校记录,有 44 人分别被评为校优秀运动员和荣获精神文明称号。这些成绩充分展示了体育教学与训练的成果。尽管校运会并不是完全针对智障学生的,但是智障学生在参与的过程中,也体验了体育运动的愉悦感,他们在活动中享受了运动乐趣,有利于培养他们自信自强的精神和终身体育的意识。

（三）体育节

深圳元平特殊教育学校于 2003 年开始设立体育节,至今已举办了 11 届体育节。体育节活动的比赛项目都是教师们根据学生的能力和残障类别精心设置的,深受学生的喜爱。比赛内容丰富有趣,形式多样,既能展现团队合作,也能突出个人的才能;既有趣味,也有竞技。例如第 6 届学生体育节中针对智障部的项目包括掷准比赛、运球接力赛、运水接力、足球射门、套圈接力、集体投篮等。这些比赛充分发掘学生的潜力,发挥他们的个性特长,培养兴趣,磨炼意志,锻炼身心,增进友谊,促进团结,对他们身心健康发展有着极其重要的意义。学生在比赛的过程中充分展现了"我参与、我奉献、我快乐"的体育节活动宗旨。体育节的方式使所有的学生都参与到体育活动中,使他们在竞技比赛的过程中体验到运动的乐趣,激发了他们的运动兴趣,培养了他们对运动的喜爱之情,也可以吸引一部分对运动感兴趣的学生参与到特奥运动队伍中来,这为特奥运动项目的发展也起到了一定的作用。

（四）对外交流活动

深圳元平特殊教育学校通过参加区域间的特奥交流和国内外的比赛活动,促进特奥运动项目的发展。近年来,学校多次同台湾、香港等地的特奥队员进行特奥交流比赛,如 1999 年 12 月参加了香港第二十四届特奥会城市邀请赛,2001 年 12 月参加了香港第二十六届特奥运动会城市邀请赛。为进一步加强特校的交流与联谊,提供特奥运动员交流展示的平台,倡导"你行,我也行"的特奥精神,发展校园特奥运动,2015、2016 年连续参加中山特殊教育学校举办校园特奥田径邀请赛,2016 年 11 月参加香港特殊奥运会 40 周年邀请赛。这些对外交流活动一方面向外界展示了学校的特奥运动水平,另一方面也是与外界交流的一个良好途径。

四、参加特奥比赛

学校特奥运动项目开发伊始,非常注重通过参加各种比赛活动来锻炼学生,让他们真正地享受特奥运动比赛的乐趣,从中得到一定的体会。而参加大赛事的特奥运动员在参赛之前需要参加正规医院的体检,办理意外伤害保险以及签署运动员声明表。至今为止学校参加了各级各类的比赛,既有省级的比赛,也有国家级的比赛。学校培养了一大批优秀的特奥运动员,他们多次在省、全国、亚太区及国际的特奥比赛中摘金夺银。

表 3-1　2006 年全国特殊奥林匹克保龄球比赛运动员声明表

姓名		性别		出生年月日	
学校				监护人姓名	
队名			遇紧急情况联系方式		
参赛项目					
声　明					
运动员签名：　　　　　　　监护人签名： 单位签章： 　　　　　　　　　　　　年　月　日					

深圳元平特殊教育学校特奥运动项目总体呈现以游泳为突破口,轮滑、滚球和保龄球为重点的发展模式,各种项目在各类比赛中都取得了优异的成绩(表 3-2)。如在 2005 年 7 月我国哈尔滨特奥滚球比赛中,特奥运动员们取得了 2 金、4 银、4 铜的良好成绩。2008 年 6 月的西安全国特奥轮滑比赛中,学生们取得了 2 金、7 银、8 铜的可喜成绩。在 2010 年第五届全国特奥会上,2 名特奥保龄球队队员获得了 4 金、3 银和 1 铜的喜人成绩。2011 年的雅典第十三届世界夏季特奥会,学校 5 名特奥游泳队员表现突出,共获得 6 金、3 银、1 铜的可喜成绩。2015 年在四川成都举行的第六届全国特殊奥林匹克运动会上,我校 10 名员运动员在游泳和轮滑比赛中共获 14 金 8 银 3 铜。2015 年 7 月,在美国洛杉矶举办的第十四届世界夏季特殊奥林匹克运动会游泳比赛中,获金牌 7 枚、铜牌 2 枚、1 个第四名的可喜成绩,为我国赢得了荣誉。2015 年 12 月,我校受中山特校邀请,组织 11 名运动员参加中山特校普特融合运动会交流赛。2016 年 11 月 24 日至 29 日,我校 8 名运动员参加香港特殊奥运会 40 周年邀请赛,本次比赛共有 7 支代表队,中国、港、澳、台、韩国等特奥委员会参加,共获得 4 金、4 银、7 铜、3 个第四名、1 个第五名的佳绩。2016 年 11 月,我校受中山特校邀请,12 名运动员参加中山特校普特融合运动会交流赛,共获得 4 金 4 银 7 铜。

表 3-2 特奥比赛概况（部分）

时间	比赛	成果
1994 年 11 月	香港第十九届特奥运动会亚太区城市邀请赛	6 金、2 银、3 铜
1999 年 11 月	上海第五届特奥会城市邀请赛	6 金、10 银、6 铜
2002 年 5 月	广东省首届特奥运动会	32 金、21 银、6 铜
2002 年 8 月	日本第三届特奥运动会	9 金、6 银
2002 年 9 月	中国第三届特奥运动会	3 金、3 银
2005 年 7 月	全国哈尔滨特奥滚球比赛	2 金、4 银、4 铜
2006 年 11 月	哈尔滨第四届全国特奥运动会	6 金、14 银、7 铜
2007 年 10 月	上海十二届世界夏季特奥运动会	6 金、1 银、7 铜
2008 年 5 月	大连全国特奥保龄球赛	2 金、1 银
2008 年 6 月	西安全国特奥轮滑比赛	2 金、7 银、8 铜
2009 年 8 月	北京全国特奥游泳比赛	6 金、6 银、5 铜
2010 年 9 月	福建第五届全国特奥运动会	15 金、8 银、3 铜
2011 年 6 月	雅典第十三届世界夏季特奥运动会	6 金、3 银、1 铜
2015 年 5 月	成都第六届全国特奥运动会	4 金、8 银、3 铜
2015 年 7 月	洛杉矶第十四届世界夏季特奥会	7 金、2 银

深圳元平特殊教育学校特奥运动项目开发已经取得了一系列的成果，而学生的成绩就是最好的证明。作为"中国特奥培训基地"，学校在发展特奥运动方面起着重要的带领和示范作用。学校特奥运动的发展，有利于带动全国特奥运动项目的发展，为促进残疾人事业的发展起到了很好的带动作用。学校教师王兵在《谈特奥运动在特殊教育学校的普及与发展》一文中提出了特奥运动普及与发展的实践策略。

第4章 特奥游泳项目

特奥游泳项目在1968年第一届世界夏季特奥运动会中成为正式比赛项目,经过四十多年发展,已日臻成熟。1991年我国第二届特奥运动会在福建福州举行,增加了游泳项目。深圳元平特殊教育学校大力发展游泳项目,建设标准游泳馆,制定特奥游泳教学指导手册,成立特奥游泳运动队和兴趣小组,通过特奥游泳课和游泳训练,带领学生在历届特奥运动会和各级各类游泳比赛中取得辉煌成绩。

第1节 项目概述

一、项目介绍

游泳是一种凭借自身肢体动作与水相互作用,使身体在水中活动或游进的技能活动。[①] 游泳是一种有意识的活动,与人类的生存、生产、生活紧密联系,是人类在同大自然斗争中为求生存而产生的,随着人类社会的发展而发展,逐渐成为体育运动的一个重要项目。包括竞技游泳、实用游泳和花样游泳,其中竞技游泳分为蛙泳、自由泳、仰泳、蝶泳四种泳姿。游泳对匀称地发展肌肉,增强耐寒能力,锻炼内脏特别是心肺功能,促进新陈代谢以及培养勇敢顽强的意志等方面都有积极作用。

（一）专业术语

每个运动项目都有专用的技术语,游泳常用技术语有以下几种。动作周期:一次完整腿臂配合动作的全过程,一般指划水过程;动作频率:单位时间内划水打腿或蹬腿动作的次数,也称为划频,常以"次/分"表示;动作节奏:游泳时每一动作周期内各技术组成部分的动作速度与时间的比例关系;划水次数:游完一定距离所用的划水动作次数;划水距离:也叫划步、划距、划幅,指在一个完整动作周期里身体前进的距离,是划水技术量化指标的体现,常以

---

① 程锡森,金海波.运动项目概论[M].天津:天津大学出版社,2010:253.

"米/次"表示。①

（二）项目规则

现代游泳运动起源于英国，1896年，雅典第一届现代奥运会已设男子100米、500米、1200米三项自由泳比赛。② 1968年首届世界夏季特奥运动会上，游泳成为正式比赛项目。年龄在8岁以上、智商70以下的人员可以参加，特奥游泳比赛规则是以国际游泳联合会（FINA）的游泳比赛规则为基础，并根据特奥运动员的运动生理特征而制定采用的。特奥游泳比赛按照特奥运动员的性别、年龄进行分组，每组按照特奥运动员的预报成绩或预赛成绩分成若干个不同能力的竞赛组别进行决赛，每组不超过8人（队）。

（三）项目类别

特奥游泳比赛项目分为蝶泳、仰泳、蛙泳和自由泳四种泳姿。项目设立与健全人游泳比赛项目设立基本相同，并增设了融合运动比赛项目以及适合低能力特奥运动员参加的比赛项目。具体包括：自由泳、仰泳、蛙泳、蝶泳、个人混合泳、自由泳接力赛、混合泳接力赛、自由泳融合运动接力、混合泳融合运动接力等。接力赛严格遵照国际业余游泳联合总会和国家水上运动理事会制定的规则，可以全部是女运动员或男运动员，也可以男女混合。每位运动员既可以参加个人赛，也可以参加接力赛。另外，特奥游泳项目为低能力水平运动员提供的比赛：25米自由泳、仰泳、蛙泳、蝶泳、漂浮赛；15米水中行走、漂浮赛、非辅助游；10米辅助游。③ 水中行走比赛是指参赛运动员在不超过1米深的游泳池内行走，以最短的时间完成比赛规定的距离；漂浮赛是指参赛运动员穿着统一的漂浮装备进行比赛，并以时间长短决定其比赛名次；辅助游比赛是指参赛运动员可在教练员的协助下完成规定距离的比赛，比赛时教练员可以接触、引导或指导运动员，但不得支撑或帮助运动员前进。

二、项目发展

据史料考证，远古时代就有游泳活动。居住在江、河、湖、海一带的古代人为了生存，必然在水中捕捉水鸟和鱼类等水生物作为食物，通过观察和模仿鱼类、青蛙等动物在水中游动的动作，逐渐学会了游泳。④ 现代游泳运动起源于英国，18世纪中叶以后，游泳运动在澳大利亚、新西兰、德国、荷兰、奥地利等国

---

① 程锡森,金海波.运动项目概论[M].天津：天津大学出版社,2010：253.
② 程锡森,金海波.运动项目概论[M].天津：天津大学出版社,2010：254.
③ 贾勇.特殊奥林匹克项目规则[M].中国特奥委员会,2010：41-42.
④ 张瑞林.游泳[M].北京：高等教育出版社,2010：52.

家和地区相继开展。① 近代竞技游泳大约开始于19世纪初,首先在欧美工业发达国家发展兴起,1896年第一届希腊雅典奥运会游泳比赛是标志性事件。② 从第一届奥运会到第三十届奥运会,游泳项目从3项发展到男、女28个单项和6项团体接力,金牌总数达34枚,成为仅次于田径的体育大项。

现代游泳竞赛的历史与奥运会的发展紧密相连,特奥游泳的发展也不例外。国外发展始自1968年第一届世界夏季特奥运动会,国内发展始自1991年全国第二届特奥运动会。

(一) 国外

1968年7月19—20日,首届夏季特奥运动会在美国伊利诺伊州芝加哥士兵广场举行。来自美国26个州和加拿大的1000名运动员参加三个项目的比赛,其中包括游泳。前十届夏季特奥运动会是在美国举行,运动员人数从1000人增加到6800人,参赛国家和地区从2个增加到150个,游泳项目是仅次于田径的第二大运动项目。

2003年6月21日至29日第十一届夏季特奥运动会在爱尔兰都柏林市举办,共进行18个比赛项目。2007年10月2日至11日,第十二届夏季特奥运动会在中国上海举办,共设置21个比赛项目,颁发奖牌13500枚,为运动员授予专门绶带8000多条。游泳项目是历时最长的项目之一,奖牌数有1500多枚。③ 2011年6月25日至7月4日,第十三届世界夏季特奥会在希腊雅典举行,来自世界183个国家和地区的7000多名运动员在雅典参加22个项目的比赛。2015年7月在美国洛杉矶举行的第十四届世界夏季特奥会游泳比赛中,我校5名运动员获得7金2铜的优异成绩。

(二) 国内

1991年3月10日至12日,第二届全国特奥运动会在福建省福州市举办,来自全国省、自治区、直辖市和港澳等19个代表团,共300多名运动员参加比赛,特奥游泳项目自此在我国开始发展。1996年11月8日至11日,第一届亚太地区特奥运动会在上海举行,来自亚太地区15个国家和地区以及我国30个省、自治区、直辖市共44个代表团的521名运动员参加了本届运动会,运动会设立田径、游泳、乒乓球、篮球、足球5个比赛项目。④ 1999年10月,上海市

---

① 程锡森,金海波. 运动项目概论[M]. 天津:天津大学出版社,2010:254.
② 张瑞林. 游泳[M]. 北京:高等教育出版社,2010:53.
③ 2007年世界夏季特殊奥林匹克运动会[EB/OL]. http://www.chinanews.com/special2/2007-09-26/20.shtml. 2017-03-10.
④ 中国残疾人体育[EB/OL]. http://www.cpc2008.org.cn/content/2007-02/05/content_30007737.htm.

第五届特奥运动会召开,设置田径、游泳等五个项目,游泳项目包括25米蛙泳和自由泳、50米蛙泳和自由泳、100米自由泳和混合泳、4×50米自由泳。

2002年5月,广州首届特奥运动会举行,游泳项目共设置5个年龄组别(儿童组、少年组、青年组、成年组、中年组)。分为自由泳、蛙泳、仰泳、蝶泳、接力赛自由泳和混合泳、4×50米自由泳和混合泳。2002年9月8日,陕西省西安市举办第三届全国特奥运动会,共安排5天9场游泳比赛,游泳项目成为田径项目后第二大特奥运动项目。2006年7月30日至8月4日,第四届全国特奥会在黑龙江省哈尔滨市举行,设置男女自由泳、仰泳、蛙泳、蝶泳等24项个人项目和男子4×50米自由泳接力、混合泳接力等4项团体项目。安排4天预赛,预赛场次达到26场,有94人参与游泳项目的比赛,占总参赛人数的6.5%。

2007年10月7日,中国选手张妤雅在2007年上海世界夏季特奥运动会女子400米自由泳第六组决赛中,以9分54秒75的成绩夺得金牌。2009年8月27日,2009年全国特奥游泳、举重比赛在中国残疾人体育运动管理中心圆满落下帷幕,来自北京、河南、新疆等20个省、自治区、直辖市的234名运动员,本着勇敢尝试、争取胜利的特奥运动会宗旨,经过为期四天的比赛,分享了游泳和举重两个大项的624枚奖牌和101条绶带,其中游泳比赛金牌113枚[①],游泳项目28项,个人赛24项、团体赛2项。2010年9月19日至25日,第五届全国特奥会在福建福州举行,共3520枚奖牌,游泳项目分为26项。2015年5月10日至17日,第六届全国特奥会在四川成都举行,本届运动会时历史上第一次将残运会和特奥会合并举办,本次特奥会游泳比赛有来自全国22个省、市、自治区和香港、澳门特别行政区共23支运动队,108名运动员参加。我校5名运动员在游泳比赛中获得10金10银1铜的优异成绩。2016年11月在香港特殊奥运会40周年邀请赛游泳比赛中,我校8名游泳运动员获得4金4银7铜的优异成绩。

(三)深圳元平特殊教育学校

1. 参赛历程

深圳元平特殊教育学校自2006年开始发展特奥游泳项目以来,取得突出成绩。2006年7月28日至8月5日,在哈尔滨隆重举行第四届全国特奥运动会,学校1名特奥游泳队员随广东省特奥运动代表团参加了本次比赛,获得1金1铜。

2007年10月在上海十二届世界夏季特奥运动会比赛中,学校特奥运动员

---

① 2009年全国特奥游泳举重锦标赛[EB/OL]http://news.xinhuanet.com/sports/2009-08/27/content_11955335.htm. 2017-03-10.

获金牌2枚。

2009年8月23日至28日,学校7名运动员代表广东队参加在北京举行的全国特奥游泳锦标赛,获得6金6银5铜的优异成绩。学校运动员所代表的广东队获得团队道德风尚奖。两位学生获得个人道德风尚奖。

2010年9月9日至15日在福州举行的第五届全国特奥会,深圳市6名保龄球、6名游泳特奥队员和1名足球队员随广东代表团参加比赛,其中8人是学校在校学生,4人是学校已毕业学生。经过5天比赛,学校特奥游泳队6名队员获得11金5银2铜的喜人成绩。

2011年7月在雅典第十三届世界夏季特奥会上,学校教师李潇潇作为中国特奥游泳队教练,带领国家游泳队12名队员取得11金8银3铜的优异成绩,其中学校5名特奥游泳队员表现突出,获得6金3银1铜。

2015年5月在四川省成都市举行的第六届全国特奥会中,我校5名运动员在游泳比赛中获得10金10银1铜的优异成绩。

2015年7月在美国洛杉矶举行的第十四届世界夏季特奥会游泳比赛中,我校5名运动员获得7金2铜的优异成绩。

2016年11月在香港特殊奥运会40周年邀请赛游泳比赛中,我校8名游泳运动员获得4金4银7铜的优异成绩。

2. 学期发展

2008—2009学年第一学期,学校参与训练的学生为15人,其中智障学生7人,占46.67%;第二学期9人参加游泳训练,智障学生4名,占44.44%。2009到2010学年第一学期,参与训练学生达到21人,智障学生10人,占47.62%,智障学生所占游泳训练队员的比重越来越大。另外,这一学期,学校结合实际,进行运动队调整,突出重点队伍的建设和重点队员的培养,形成残奥和特奥两大运动队伍,初步形成以游泳、轮滑、保龄球、羽毛球和田径为重点,乒乓球、高尔夫等为辅的特奥运动训练队。各运动队由指定教师负责,明确训练目标,认真制订训练计划,坚持每天训练,做到重点项目重点突破和潜力队员重点培养。2009—2010学年第二学期,学生达到28人,智障学生11人。

2010—2011学年第一学期,参加游泳训练学生28人,智障学生12人。第二学期,学校逐步完善特奥运动队,基本形成以游泳为学校重点突破项目,以轮滑、保龄球、滚球和田径为基础的发展方向。

2011—2012学年,参加游泳训练学生32人,智障学生13人。第一学期,将游泳、羽毛球、篮球、保龄球、滚球等残、特奥运动项目同校本课程相结合,为学校体育特色快速发展和形成迈出了一大步;通过摸底测试,学校游泳运动队大部分队员运动技术和能力都有不同程度的进步和提高。第二学期,体育组教师出色完成由学校承办的全国特殊教育学校特奥高级研讨会的任务,其中游泳公开课获得好评,教师论文《浅析智障初学者自由泳常见错误动作及纠正方法》获得研讨论文一等奖。

2012—2013学年,参加游泳训练学生30人,智障学生10人。本学年度学校游泳训练在学校体育健康课程的指导下组织和开展,根据学生不同年龄特征、残疾类型、训练年限与水平等特点进行科学训练,运动员在体能和技术上都有一定程度的进步,运动成绩有所提高。

2013—2014学年,参加游泳训练学生30人,智障学生10人,本学年度学校游泳训练处于稳定发展阶段,以提高学生的身体素质为基础,开展综合力量训练和专项力量训练。

2014—2015学年,参加游泳训练学生26人,其中智障学生12人,这一时期学校着重加强特奥游泳运动员的发展,通过训练学生运动成绩有了大幅度提高,在比赛中也取得了优异成绩。

2015—2016学年,参加游泳训练学生25人,智障学生12人。学生通过加强练习,各部分身体机能都处于良好状态,运动员基本掌握了四种泳姿,并且经过长期训练,专项成绩已经达到一定水平,大部分学生在国际级、国家级、省级比赛中获奖。

浅析智障初学者自由泳常见错误动作及纠正方法(部分)[①]

深圳元平特殊教育学校　何财先

一、智障初学者自由泳常见错误动作及纠正方法

(一)智障初学者自由泳腿部动作常见错误及纠正方法

在自由泳教学中,腿部动作是教学的第一环节。腿部动作除了起着推进身体前进的作用外,它是使身体在水中形成平卧姿势的关键,打腿过浅、过深,发力部位不正确都会直接影响游进的速度。初学者在学习时容易犯以下错误,两腿过于紧张,屈膝过大,腿打得过高,整个脚和部分小腿打出水面,腿部上打动作过大、臀部下沉等错误动作,见表4-1。

表4-1　智障初学者自由泳腿部常见错误动作及纠正方法

易犯错误	纠错方法
两腿过于紧张,屈膝过大,小腿打水	浮板打水、坐姿打水、浮板仰面打水
踝关节灵活性差,勾脚尖打水(锄头脚)	踮脚尖走、双手扶杆压脚背上提练习
打腿没有水花,下半身下沉	手扶池壁、同伴托腹部练习

---

① 黄建行.全国特殊教育学校特奥运动高级研讨会论文集[C].深圳:海天出版社,2012:15-17.

  针对这些错误动作,教练员首先向初学者讲解示范正确动作,帮助学生加深对动作的理解,明确动作概念和要领,使初学者采用手抓浮板进行打腿的练习:练习时两臂伸直,放松扶板,肩浸水中,手不要用力压板。

  其次,让智障初学者做陆地上的坐姿打水练习:坐在池边或地上,两手后撑,两腿伸直,腿内旋使脚尖相对,脚跟分开成八字,两腿放松,以髋为轴,大腿带动小腿,上下交替打腿,此练习为了帮助智障初学者练习大腿带小腿动作技术外,还可帮助智障初学者看到自己两腿打水是否平衡。浮板仰面打水练习:身体平躺水中,两手浮板紧夹伸直,在有教练员或同伴的帮助下体会腿部在水中直腿打水,此练习有利于调整智障初学者两腿紧张与屈膝过大等现象。

  此外,由于智障学生踝关节的灵活性差,在游泳教学过程中,教练员要求学生多做压踝关节的活动。对于"锄头脚"的纠正方法,教练员可让智障初学者多进行身体素质的练习,如加强踝关节柔韧性的练习:陆地蹋脚尖走、双手扶杆压脚背上提练习等,以此帮助学生绷直脚尖,克服"锄头脚"的现象。

  打腿几乎没有水花,整个下半身都浸没水面下。身体成斜线,体位太沉。这种错误动作会造成游进时阻力过大,应该尽量让身体浮在水面,保持水平状态,这样才能获得最佳的打腿推进力。针对这种错误动作,教练员可让智障初学者多做俯卧打水练习:手握池槽或由同伴托其腹部,成水平姿势,两腿伸直,做直腿或屈腿打水。以此来体会身体浮在水面上的感觉,克服下半身打水下沉的错误动作。

  (二)智障初学者自由泳臂部动作常见错误及纠正方法(表4-2)

  1. 手掌摸水

  由于智障初学者概念不清会导致动作错误,出现这种现象时就应在讲解时给予直观的动作示范,发现错误动作时应及时纠正,防止智障初学者产生错误动作动力定型的现象。教练员也可要求初学者俯卧在水中,单臂练习,划臂到肩下时肘和手要向外上方推水出水面,直至肘部露出水面,掌心朝后上方,不等手臂完全伸直,屈臂出水。此外,还可以采用水中站立阻碍练习方法:在水中放浮体物让智力障碍初学者抓住做划水动作。此练习有利于对摸水的智障初学者加强手腕和手臂力量,从而达到正确而有效地抱水至推水效果。

  2. 手臂半腰出水

  由于智障初学者手臂出水动作概念不清晰,划水结束时没有伸腕推水动作,容易造成手臂划到半腰就出水的错误动作,此时教练员要求初学者在练习时采用"推手"等辅助性练习方法帮助智障初学者改正半腰出水的错误动作,具体练习方法如下:初学者两人一组,在陆地上智障初学者A模仿划臂练习,初学者B站在A体后,两手置于A臀部两侧,要求A向后划右臂到B右手的位置,用力推开B的右手,交替练习左手"推手",反复练习体会推水的动作感觉。练习一段时间后两人互换,继续练习。利用此练习方法让智障初学者掌握推水动作。

3. 出水困难

智障初学者学习自由泳常见的错误动作,划水结束时掌心应该向后上方,肘出水面,划水的方向应向后和向外上方推水,不是这样的话就容易造成划水结束时身体下沉而出水困难的错误动作。针对这一现象教练员在平时的练习中要向智障初学者强调手划至大腿旁,向后推水,推水结束掌心应对后上方,然后利用惯性提肘带动手臂出水前移,犹如摸到开水壶一样烫手,快速抽离的感觉。

4. 入水点不在户的延长线上

在自由泳移臂动作教学时我们会发现一些智障初学者在做高肘曲臂移臂技术时经常出现划到后面直臂一甩就到前面去了。结果会造成入水点不在肩的延长线上,而是在头、耳的附近,造成入水点过近,使得划水的路线短,有的动作不连贯、前交叉等,造成智障初学者自由泳技术错误的动力定型,非常难纠正。为防止移臂错误动作,此时教练员可以要求初学者划水入水时,入水点尽可能靠近中线,做"s"形划水。并且向前充分伸臂后再抓水、划水、推水,结束时手要触及大腿。具体可通过水中站立摸池壁练习法进行练习,即智障初学者站在离水池壁约一臂的距离,做划臂练习。当一手臂划臂入水中,要求手臂尽量向前伸直摸到池壁,一侧手臂完成练习后再进行另一手臂的练习,交替循环进行练习。此练习不但可以使智障初学者划水路线长,更能让学生体会入水点在肩的延长线上。

表4-2 智障初学者自由泳臂部动作常见错误及纠正方法

易犯错误	原因	纠错方法
手掌摸水	手臂力量差	屈臂高肘划水,小臂与水面垂直,掌心向后对着脚尖;水中站立阻碍练习
手臂半腰出水	没有推水动作	加强推水动作练习,如"推手"练习
划水结束时,身体下沉,出水困难	掌心向上,没有推水	划水后程碰大腿时,掌心向后推水,利用惯性提肘带动手臂出水前移(像是摸到开水壶一样烫手,快速抽离)
入水点不在肩的延长线上	划水后段直臂向上划水	水中站立摸池壁练习

(三)智障初学者自由泳配合动作常见错误及纠正方法(表4-3)

智障自由泳配合动作的教学常见错误动作主要有以下的表现。

1. 两臂配合不连贯

在智障初学者游泳教学过程中,两臂配合的错误动作主要体现在动作不连贯,臂前伸动作过久,尽管手臂前交叉有利于身体向划水臂一侧转动,在上划时划水臂前伸和身体保持流线型姿势,减小后臂上划时前臂下划挡水产生的阻力,但在短距离比赛时伸臂持续时间不宜过长。当一臂结束划水后,另一臂应立即完成抓水动作并开始获得推力,加快划频及游进速度。这主要是因为动作概念不清,推水或入水后手臂停留时间过长等原因造成的。

教练员在教学过程中首先要讲解、示范,明确连贯配合方法,多做连贯配合动作模仿,强调推水或提肘出水动作一气呵成,少做"前交叉"配合,多做"后交叉"配合的练习。具体要求初学者首先在陆地上进行"S"形划臂练习,随后入水进行练习。此时要求智障初学者划臂速度快而有节奏,入水采用偏前交叉、早发力、不推足的快划方法。要求交叉稍偏前,手臂在头前下方呈较大的加速划水,呈现圆滑的向外滑动。

2. 划臂时抬头吸气

智障初学者在自由泳的初学阶段,往往出现在吸气的一侧臂刚开始划臂时,便急于转体吸气并且吸气的时间较长,形成整个划水动作是在转体过程中进行的。同时,过早转体形成一侧肩下沉,身体在水中起伏较大,形成抬头吸气的动作,破坏了"S"形划水路线,降低了划水效果,影响了前进的速度。这是因为智障初学者还没有熟练掌握动作过程,且害怕呛水,注意力不能较长时间地集中在动作学习上,因此,在教练员教学自由泳换气技术时,讲解过于复杂、分解的话,智障初学者只能片面地理解掌握部分技术,使换气技术变形,破坏了"S"形划水路线,并且身体成蛇型左右摆动前进。此时教练员在教学过程中,要正确讲解示范,明确呼吸动作要领,加强呼吸练习,消除不良心理,强调推水结束后转头吸气动作,帮助智障学生克服抬头吸气的错误动作,使智障初学者建立条件反射,形成正确的动力定型,掌握正确的换气技术要领,最终克服以上错误动作,具体可通过以下方法进行练习。

单侧手浮板打腿练习可提高智障初学者在水中的控制能力,使智障初学者的身体在水中保持平衡,练习时教练员应强调让智障初学者头部始终要贴住前置手。因为经常进行单侧手浮板打腿呼吸动作的练习,可以帮助智障初学者头部随着身体的转动而向侧做呼吸动作,不易出现转体过大的问题,也避免了抬头吸气错误动作的产生。单侧手扶板打腿呼吸的练习逐步稳定后再进行下一个动作的教学,然后再过渡到配合练习时,智障初学者已经能够熟练地掌握呼吸技巧。但是对于智障初学者来说,进行的练习距离最好不要过长,以免造成动作变形,刚开始练习的时候游10~15米为宜,等动作逐步稳定可拉长至20~25米。通过分步骤练习,发现智障初学者在水中的身体控制能力有很大的提高,动作也更加放松和协调。

3. 划臂时腿不动

划臂时腿不动这种现象主要产生的原因是腿部力量太差,再加上学习臂部动作后,智障初学者的注意力就转变到手和呼吸的配合上。自然而然就忽略了打腿。此时,教练可以让学生加强腿部练习。在腿和臂的动作配合前,教练必须先让智障初学者体会打腿和呼吸的配合,等这些练习巩固后再练习臂和腿的配合。反复交替练习后再进行短距离憋气配合游,逐渐会发现动作更加协调有力。对智障初学者腿部力量、游进速度以及臂与腿的配合有明显的提高。

表4-3 自由泳智障初学者常见错误动作及纠正方法

常见错误	产生原因	纠正方法
两臂配合不连贯	动作概念不清晰,推水或入水后手臂停留时间过长	讲解并示范,明确连贯配合方法;多做连贯配合动作模仿,强调推水或提肘出水动作一气呵成,少做"前交叉"配合,多做"后交叉"配合
划臂时抬头吸气	动作概念不清晰,害怕呛水,吸气过早	讲解并示范,明确呼吸动作要领;加强呼吸练习,消除不良心理;强调推水结束后转头吸气;单手扶板侧吸气练习
划臂时腿不动	腿部力量差,注意力放在臂部动作和呼吸上	加强腿部练习;多练短距离憋气配合冲刺

第2节 项目特色

游泳是在水环境中进行的运动项目,可以说是水浴、空气浴、阳光浴三者结合,对人体十分有益,是生活、生产、竞赛和军事活动中十分有价值的一种技能。[①] 学会游泳并经常进行训练,有益身心健康。特奥游泳是专为智商70以下的智障者开设,为适应智障者的生理和心理特点,在游泳规则、设施设备及场地等方面有特殊的要求。

一、游泳运动的特色

(一)运动环境的改变

体育运动项目中,游泳项目是在水中进行,游泳最大特点是运动环境的不同。游泳时,需要利用水的浮力,减少阻力,增大推进力。水中环境与陆地环

---

① 程锡森,金海波.运动项目概论[M].天津:天津大学出版社,2010:254.

境截然不同，熟悉水及其环境是学习游泳的前提。

（二）运动姿势的变换

游泳时，人是在平卧（俯卧或仰卧）姿势下进行的，与人在正常空间定向的感觉不同，这种姿势和水的特性影响人前庭器官工作的一贯性，造成人体经常处于一种不平衡的状态中。游泳就是在人体不断掌握平衡中向前游进的，人体的姿势因调整而引起的肌肉紧张的条件比在陆地上运动要复杂得多。而且，由于上述情况的改变，使得平时在日常生活中所形成的走、跑、跳等技能，不能在水中适用，几乎所有游泳动作都要从头学起。

（三）呼吸方式的不同

游泳时的呼吸方法复杂特殊，既要求在水中呼气、水上吸气，又要求与一定的动作准确及时配合。各种泳姿的呼吸都有短暂的闭气，吸气之后的闭气能够提高机体对氧的利用率。所以，游泳时的呼吸与陆上其他运动项目相比显得极其复杂。初学者一般采用每一划臂周期呼吸一次，即两臂各划水一次，呼一次气。另外，自由泳应向左、向右两侧轮流吸气，这种方式不仅可以使两侧肩带肌发展均衡，而且在游进时还可以观察两边的情况。

（四）生命安全的保障

地球上布满江河湖海，人类在生活中不可避免地要与水打交道。不论是主动地下水游泳、玩耍或进行水上生产作业，还是被动地失足落水，假如不会游泳，生命安全就会受到威胁。如果会游泳，自身生存和他人生命就多了一份保障。因此，游泳成为保障生命安全的重要手段之一，是一种基本生存技能。[①]

（五）系统机能的增强

游泳运动量比较大，水温一般低于体温。参与游泳运动时新陈代谢比较旺盛，需要大量的氧气和养分分解提供身体活动所需要的能量，同时将产生的代谢物排出体外。旺盛的新陈代谢活动对机体各器官系统机能要求较高，需要各系统协调配合，有助于提高各器官系统与神经系统的协调配合能力。游泳时，人体几乎所有肌肉群参与活动，需要血液循环不断地将氧气和营养物质输送到肌肉群，有效提高心血管系统机能。游泳时，人的胸腔和腹部都受到水的压力，呼吸节奏与陆上运动不同，势必加大呼吸深度才能满足人体对氧气的需求，长期游泳可以改善人体呼吸系统功能。游泳很多动作是在失重的情况下完成的，而且躯干在游泳运动中需要不断地参与其中，水体对内脏器官尤其是肠胃起到按摩作用，从而改善人体的消化功能。游泳还可以增强运动肌的

---

① 程锡森，金海波.运动项目概论[M].天津：天津大学出版社，2010(7)：254.

力量,使肌纤维明显增粗,肌耐力增强,改善人体运动系统机能。①

（六）人体抵抗力的提高

游泳时,由于冷水刺激,长期锻炼能增强机体适应外界环境变化的能力,据国外研究发现,游泳能直接促使皮肤各皮下层组织的新陈代谢,使人体体温调节系统功能进一步得到改善,从而增强人体耐寒能力。② 当人体进入比体温和气温低的水中活动,要求机体一方面加强产热过程,另一方面减少散热过程,以维持体温相对平衡,提高神经系统对温度的感知和调节能力,不易感冒,预防疾病,增强人体抵抗力。

另外,由于水的浮力作用,身体平卧水面,脊柱充分伸展,对预防和治疗脊柱侧弯颇有益处;水流和波浪对全身体表面产生特殊按摩功效,所以游泳能有效促进功能恢复,利于脑瘫学生康复。据报道,经常游泳对身体瘦弱者和许多慢性病患者(如慢性肠胃炎、神经衰弱、习惯性便秘、慢性支气管炎、哮喘等患者)有明显疗效。③

（七）心理健康的发展

水流对身体的摩擦和冲击,形成一种特殊的按摩方式,不仅使肌肉得到放松,还会使紧张神经顿时松弛下来,把那些消极的、对身体产生副作用的心理因素排泄散发出去,恢复积极健康的心理状态。④ 游泳者需要克服紧张、恐惧等心理,长期游泳可锻炼意志,智障学生意志力较差,游泳训练恰好可以培养他们勇敢顽强的品质。另外,游泳就像鸟在空中飞翔,是智障学生展示自我的另一片天空,在游泳学习和锻炼中获得愉快和成功的情感体验,促进心理健康。

二、特奥游泳项目的特殊性

（一）项目设置的特殊要求

(1) 特奥游泳比赛项目分为蝶泳、仰泳、蛙泳和自由泳四种泳姿。项目设立与健全人游泳比赛项目大致相同,但增设了适合低能力特奥运动员参加的比赛项目以及融合运动比赛项目。融合运动比赛项目每支接力队包含两名特奥运动员和两名伙伴(普通人),也可男女混合接力,运动员可按任何次序进行比赛。

(2) 水中行走和漂浮项目。比赛过程中至少每两名选手须配备一名观察员;起点线与终点线之间设有一段适当的距离;在所有项目中建议配备持证工

---

① 张瑞林.游泳[M].北京:高等教育出版社,2010:25.
② 张瑞林.游泳[M].北京:高等教育出版社,2010:26.
③ 程锡森,金海波.运动项目概论[M].天津:天津大学出版社,2010:254.
④ 温仲华,杨玉强,李文静.游泳[M].北京:北京体育大学出版社,1998:46.

作人员(包括裁判长、计时员和裁判员);除规定的漂浮比赛外,其他项目均不得使用漂浮装备。

(3)辅助游项目。每名运动员负责配备自己的教练/协助者。协助者可以接触、引领或指导运动员,但不得支撑或帮助运动员做前进动作。运动员可使用漂浮装备,协助者可站于泳池内或池边。①

(4)被诊断患有寰枢椎不稳定的唐氏综合征的特奥运动员不得参加蝶泳比赛,比赛开始时不得以前跃式入水(即头部不得先入水)。

(二)比赛规则的特殊要求

(1)大会裁判与技术代表有权出于对运动员的安全和健康考虑,逐条调整规则。裁判可在比赛任何阶段对比赛进行干预,以确保规定得到遵循,并有权判决比赛过程中所有和比赛相关的争议。

(2)大会裁判应具备正确的判断力,能够在自然能力所不及的情况下对当前的技术规则给予一定修改和解释。应在运动员参加决赛前提出并裁定相关解释,不应给予另外运动员有利条件。划水姿势解释应与肢体动作相关。技术检查员应关注选手手臂或腿部构成的动作。

(3)总裁判具备对所有官员绝对的控制力和权威性,有权批准任务,并对所有特奥运动比赛相关的特性和规则给予指示。裁判应执行正式特奥运动规则书和国际游泳联合会(FINA)规则的所有规定和决策,并对所有大会实际执行情况的问题做出决定,对规定中未涉及情况执行最终裁决。

(4)在自由泳项目和混合泳项目的自由泳部分,若运动员在池底站立不会被取消比赛资格,但选手不得行走或跨越。

(5)比赛中只有在以休息为目的的前提下方可在池底站立。行走或从池底跳起将被取消比赛资格。

(6)助手可帮助运动员在出发台上保持他们的身体姿势。

(7)特奥游泳运动员可以选择两种方式出发:一是常见的发令后鱼跃入水,另一种是先行从扶梯走入水中,然后从水下直接出发。而2007年上海世界夏季特奥运动会为了帮一些特别胆小的运动员减轻入水刹那的恐惧感,还特意增加了第三种入水方式:坐在一台自动升降机上入水。如果还有运动员临时怯场的话,允许教练员入水担任运动员的领航人。

(8)比赛过程(除漂浮赛外)中运动员不得使用或佩戴任何用来增加速度、浮力或耐力的设备,例如手蹼、脚蹼等。

(9)必要时运动员可在水中接受协助。

---

① 贾勇.特殊奥林匹克项目规则[M].中国特奥委员会,2010:44.

（10）分组。在性别、年龄分组的基础上，按运动员能力分成若干小组，每小组能力最强者与最弱者的成绩原则上相差不得超过10%。按预报成绩分组进行预赛，再按预赛成绩分组进行决赛。如运动员决赛成绩与本人预赛成绩相差超过15%，则取消该运动员比赛名次。决赛每组3至8人。[①]

（三）场地设备的特殊要求

（1）特奥游泳比赛场地与健全人游泳比赛场地大致相同，采用50米标准泳池。2007年上海世界夏季特奥运动会，为适应特奥选手的特点，浦东游泳馆里标准的50米池中央架起了一座浮桥，将泳池拦腰截断为25米长。

（2）出发设备包括：口哨、号角、发令枪。有听力障碍的运动员可以看发令员或指定官员的手势为准。推荐使用FINA规则规定的闪光灯。

（3）漂浮赛项目中，每名运动员须对各自的漂浮装备负责。漂浮装备必须能包裹住身体，从而在运动员无法抓握装备时，仍能将运动员的脸浮出水面之上。[②] 不得使用脚蹼、游泳圈或裹住双臂的漂浮装备。

（4）15米水中行走比赛项目的泳池深度不应超过1米，使特奥运动员始终保持至少一只脚接触池底。

第3节　项目实施

特奥游泳教学是普及特奥游泳的基本途径，游泳训练是培养智障运动员后备人才储备基地，游泳教学和训练是学校特奥游泳项目可持续发展的根本保证。学校游泳教学和训练是在学校特奥课程标准和游泳指导手册的指导下组织和开展，依据年龄特征、障碍程度进行科学训练，确定项目目标、制订计划、实施计划并进行评价和反馈，促进智障学生的发育和身心健康发展，增强体质，提高运动成绩。

一、目标

（一）总目标

游泳项目的主要目的是传授游泳的基本知识、基本技术和技能，使学生熟悉游泳、了解游泳、学会游泳、喜欢游泳、参与特奥。深圳元平特殊教育学校特奥游泳项目主要是以特奥游泳教学和特奥游泳训练的形式实施，不同实施形式有不同的目标，教学目标一般是针对所有智障学生；训练目标则主要针对的是参与特

[①] 贾勇.特殊奥林匹克项目规则[M].中国特奥委员会，2010：42.
[②] 贾勇.特殊奥林匹克项目规则[M].中国特奥委员会，2010：43.

奥游泳训练的智障学生。在制订教学和训练计划时,首先要考虑的是目标,即通过一个阶段的教学和训练达到什么样的目的,解决什么问题。设定一个现实而有挑战性的目标对于激发学生在学习和训练中的积极性相当重要。

(二)具体目标

1. 特奥游泳教学目标

特奥游泳教学目标体现在游泳教学指导手册和教师教案中,游泳教学指导手册包括三大水平教学内容,第一水平:特奥游泳安全知识、水中行走、水中呼吸、水中漂浮、水中滑行、蛙泳腿部动作;第二水平:蛙泳划手与呼吸练习、蛙泳划手练习、蛙泳推拉板练习、蛙泳多次腿与划手呼吸的配合练习、蛙泳完整配合动作练习、转身技术;第三水平:自由泳腿部动作、自由泳腿与呼吸练习、自由泳臂部动作与呼吸的配合、自由泳完整动作配合、仰泳腿部动作、出发技术等,三大水平教学内容都有相应教学目标(表4-4)。

表4-4 特奥游泳教学内容及教学目标

水平	内容	基础目标	提高目标
水平一(四至五年级)	特奥游泳安全知识教育	1. 了解游泳安全的知识 2. 基本了解泳池及周边环境 3. 培养学生游泳前、后的注意事项	1. 认识游泳的安全性 2. 树立安全的重要性 3. 培养学生危急之中自我保护意识
	水中行走	1. 了解水中行走的作用 2. 了解身体在水中的压力、浮力和阻力 3. 体验水中的平衡	1. 掌握水中行走的技能 2. 体会水的浮力和阻力 3. 克服怕水心理
	水中呼吸	1. 了解嘴吸鼻呼的呼吸方法 2. 了解水中呼吸与陆地上呼吸的差异 3. 认识水中呼吸方法	1. 学习嘴吸鼻呼的呼吸方法 2. 掌握水中呼吸与陆地上呼吸差异 3. 体验水中的呼吸
	水中漂浮	1. 了解水中的漂浮 2. 了解水中身体平衡感 3. 克服怕水心理	1. 认识水中漂浮动作 2. 掌握水中控制身体、保持平衡 3. 增强学会游泳的信心
	水中滑行	1. 了解滑行的动作要领 2. 认识水中滑行平浮 3. 掌握正确的身体滑行姿势	1. 掌握滑行的动作要领 2. 基本掌握水中平浮 3. 提高滑行时身体的协调性
	蛙泳腿部动作	1. 了解蛙泳腿部动作要领 2. 认识蛙泳收腿、翻脚动作	1. 掌握蛙泳腿部动作要领 2. 掌握蛙泳收腿、翻脚动作

续表

水平	内容	基础目标	提高目标
水平二（六至七年级）	蛙泳划手与呼吸练习	1. 了解蛙泳划手动作要领 2. 基本掌握蛙泳划手动作与呼吸动作的方法	1. 掌握蛙泳划手动作要领 2. 提高蛙泳划手动作与呼吸动作的配合
	蛙泳划手练习	1. 认识蛙泳划手动作要领 2. 基本掌握蛙泳划手练习方法 3. 巩固蛙泳划手动作	1. 了解蛙泳划手动作要领 2. 掌握蛙泳划手练习方法 3. 改善蛙泳划手动作
	蛙泳推拉板练习	1. 认识蛙泳腿与呼吸的配合动作要领 2. 基本掌握蛙泳腿与呼吸的方法 3. 巩固蛙泳腿与呼吸配合的动作	1. 了解蛙泳腿与呼吸的配合动作要领 2. 掌握蛙泳腿与呼吸的方法 3. 提高蛙泳腿与呼吸配合的能力
	蛙泳多次腿与划手呼吸的配合练习	1. 认识多次蹬蛙泳腿与划手动作要领 2. 基本掌握多次蹬蛙泳腿与划手方法 3. 巩固蛙泳腿与划手的配合	1. 了解多次蹬蛙泳腿与划手动作要领 2. 掌握多次蹬蛙泳腿与划手方法 3. 提高蛙泳腿与划手的配合
	蛙泳完整配合动作练习	1. 认识蛙泳完整配合动作要领 2. 基本掌握蛙泳1∶1∶1完整配合方法	1. 了解蛙泳完整配合动作要领 2. 掌握蛙泳1∶1∶1完整配合方法
	转身技术	1. 认识蛙泳转身的动作要领 2. 基本掌握蛙泳转身的方法	1. 了解蛙泳转身的动作要领 2. 掌握流畅的转身的动作
水平三（八至九年级）	自由泳腿部动作	1. 认识自由泳腿部动作要领 2. 基本掌握自由泳打腿的方法	1. 了解自由泳腿部动作要领 2. 提高自由泳打腿并前行10—15米
	自由泳腿与呼吸练习	1. 认识自由泳腿与呼吸的动作要领 2. 基本掌握自由泳无支撑打腿的方法	1. 了解自由泳腿与呼吸的动作要领 2. 提高自由泳打腿与呼吸配合前行10—15米
	自由泳臂部动作与呼吸的配合	1. 认识自由泳臂部动作要领 2. 基本掌握自由泳臂部动作模仿方法 3. 改善自由泳臂部动作	1. 了解自由泳臂部动作要领 2. 掌握自由泳臂部动作模仿练习 3. 改善自由泳臂部动作并前行10—15米

续表

水平	内容	基础目标	提高目标
	自由泳完整配合动作	1. 认识自由泳臂部动作与呼吸动作要领 2. 基本掌握自由泳臂部动作与呼吸方法	1. 了解自由泳臂部动作与呼吸动作要领 2. 改善自由泳臂部动作与呼吸并前行 10—15 米
	仰泳腿部动作	1. 了解仰泳呼吸动作要领 2. 基本掌握仰泳腿部动作	1. 认识仰泳呼吸动作要领 2. 掌握仰泳腿动作并前行 10—15 米
	出发技术	1. 了解鱼跃式的出发动作要领 2. 基本掌握出发动作方法 3. 提高出发动作	1. 认识鱼跃式的出发动作要领 2. 掌握出发动作方法 3. 完善出发动作

2. 特奥游泳训练目标

(1) 一般目标

① 学习、巩固、完善蛙泳、自由泳及仰泳动作完整配合的方法,并因个人情况学习蝶泳的动作。熟悉四大泳姿,并根据学生特点和兴趣使学生至少对其中一种泳姿达到炉火纯青的程度。

② 加强游泳陆上身体素质训练、综合力量训练、专项力量训练,熟练掌握游泳出发及转身技术动作。

③ 增强学生模拟比赛训练意识,充分培养自信心和勇于实践、战胜困难的品质。

(2) 分类目标

根据不同训练年限与水平可将学生分为 A、B、C 三类,每一类学生的基础水平不同,训练目标亦有所差异。

A 类学生:系统训练年限为 3~4 年,基本掌握四种泳姿,并且经过长期训练,专项成绩已经达到一定水平,在国际级、国家级、省级比赛中获奖,已趋于半专业化水平。此类学生训练目标是增加长距离有氧耐力训练,提高蛙泳、自由泳、仰泳技术的同时,加强和改进蝶泳动作及各种出发和转身技术。

B 类学生:系统训练年限为 1~2 年,掌握蛙泳、自由泳,各身体机能都处于良好状态,可提高空间较大,可以进行长期系统训练。此类学生训练目标是巩固完善蛙泳、自由泳及仰泳的完整技术动作。

C 类学生:训练年限为半年,并未经过长期水上训练,只掌握陆上动作模仿,本学期才陆续进行水中训练。此类学生训练目标是熟悉水性,学习蛙泳分解及完整配合动作。

对于初学者,训练目标是掌握游泳的呼吸方法,逐步熟悉蛙泳的动作技巧,并能够掌握蛙泳的基本动作方法。同时帮助他们克服对水的心理障碍,培养学生勇敢顽强、吃苦耐劳和勇于挑战自我的勇气及信心。

二、计划

学校特奥游泳项目计划分为教学计划和训练计划。特奥游泳课教学计划是教师根据课程标准和特奥游泳指导手册制定的每学期教学进度表和教案。训练计划是对未来的训练过程预先做出的理论设计,是在状态诊断的基础上,为实现目标状态而选择的状态转移通路。[①]

（一）特奥游泳教学计划

由于气候和智障学生的身心特点,游泳课分为陆地锻炼和水中练习。针对特奥游泳课,通常在学期伊始按照特奥课程标准的三个水平制定教学进度表,即每周上课的主要内容,表4-5是学校轻度智障四年级学生2012—2013学年度特奥游泳教学进度表。内容确定后,教师再拟定课堂教学计划,包括教学目标、教学重难点、教学组织形式等,以轻度智障四年级学生的《水中行走》教案为例(表4-6)。

表4-5　R4-1班2012—2013学年度特奥游泳教学进度表

授课教师:何财先

周次	教学内容		备注
	第一学期	第二学期	
1	游泳安全知识教育		教学内容的安排和具体实施可能会因为天气或一些活动(如校运动会或其他学校活动等)做出相应调整
2	水中行走		
3	水中呼吸		
4	水中漂浮		
5	水中滑行		
14		游泳安全知识教育	
15		水中行走	
16		水中呼吸	
17		水中漂浮	
18		水中滑行	
19	复习		
20			

---

① 温仲华,杨玉强,李文静.游泳[M].北京:北京体育大学出版社,1998:259.

表 4-6　特奥游泳教案《水中行走》

班级：R4-1　　学生人数：8人　　授课教师：何财先　　授课时间：2012.9

教学目标	认知	通过熟悉水性的教学达到适应水环境					
	情感	消除怕水心理					
	技能	培养学生顽强拼搏,团结协作精神,感受水中乐趣					
重点	适应水中环境		难点	控制平衡	场地器材	游泳馆、浮板、水球、救生圈、救生衣	
流程	课堂常规→准备活动→双手扶池边和水槽向两侧行走→集体拉手在水中行走→放松活动						

过程	教学内容	达成目标	学生活动	教师活动	组织要求	时间
导入与热身	1. 课堂常规	培养学生养成良好行为习惯	值日生整队,请老师上课	了解学生情况,师生问好	组织： ♀♀♀♀♀♀♀♀ ★ 要求：快静齐,精神饱满。	10分钟
	2. 准备活动	调动学生积极性,提高学生身体兴奋性	按教师要求活动身体各部位	宣布本节课任务并说明安全常识。带领学生一起做活动	组织： ♀♀♀♀♀♀♀♀ ★ 要求：充分活动,按口令练习	
实践与提高	1. 双手扶池边和水槽向两侧行走	在教师指导下,学生改进提高技术	学生练习,选出练习较好的学生示范练习	教师讲解示范动作,指导并纠正学生动作	组织： ♀♀♀♀♀♀♀♀ ★ 要求：手扶池边行走	12分钟
	2. 集体拉手在水中行走	通过练习使学生正确认识和体验	学生练习,全班集体练习	教师讲解示范动作,指导并纠正学生动作	组织： ♀♀♀♀♀♀♀♀ ★ 要求：手拉手行走	12分钟
调节与评价	1. 放松活动	学生身心获得放松	随教师做放松练习	带领学生进行放松活动	组织： ♀♀♀♀♀♀♀♀ ★ 要求：有序调整身心,评价客观	5分钟
	2. 本课小结	学生通过讲评了解自己练习情况	学生认真听取教师讲评	组织课堂小结与评价		
	3. 宣布下课	培养学生良好的行为习惯和自理能力	有序收还器材,向老师道再见	宣布下课并向学生道再见		

注：♀代表学生,★代表教师,学生一字排开,教师站在中间。

续表

预计密度	60%～70%	预计平均心率	130～140次/分钟
心率曲线图			
课后反思	…………		

(二) 特奥游泳训练计划

计划制订需要考虑项目特点和训练，同时根据训练场地、器材、天气等条件，划分训练阶段，安排具体训练任务的主要内容。以学校2011—2012学年第二学期的游泳训练计划为例，说明特奥游泳项目训练计划。

1. 训练阶段

训练阶段是整个训练计划的重要内容，将整个计划按训练阶段来分，每一个训练阶段都有其特定的时间和任务：

(1) 前期：2～3周，训练重点是发展基础耐力、力量、柔韧性、心理承受能力并提高技术，每周发展主要肌肉力量2～3次，小队员掌握扎实的基本技术动作及陆上动作模仿练习。

(2) 中期：4～8周，加强陆上专项身体素质训练，同时增加学生的核心力量，提高水中身体平衡能力，专项拉力以及综合力量训练，改进提高四种泳姿技术模仿。

(3) 后期：9～20周，注重水上能力训练、无氧训练和爆发力训练，并保持发展有氧耐力训练，分解、完整配合练习，增强出发及转身技巧。

2. 训练方法

训练方法的选择要结合游泳运动训练理论及智障学生的特点进行选择，一般的游泳训练方法包括：持续训练法、间歇训练法、重复训练法、短冲训练法、模拟比赛训练法。

3. 训练时间

训练时间根据学校实际情况、学习目标设定情况制定，依据时间跨度大小对训练时限进行界定。2～10周：周一、二、三、四下午4:15～5:15陆上训练；11～20周：周一、二、三、四下午16:15～18:15水上练习。

4. 具体训练内容

具体训练内容是指每次游泳训练的具体任务。训练内容的选择应当与训练目标相辅相成,与运动员的智力水平、身心特点相适宜,同时要考虑客观训练条件如训练场地、训练器材、天气、教练员等。同时要注重趣味性,适当地穿插各类游戏。以学校2009—2010学年度特奥游泳训练进度表为例(表4-7),学校制订每学年度训练计划,并根据训练内容制订详尽的训练实施方案,以《蛙泳手部基本动作——划水路线》为例(表4-8),训练方案包括训练程序、训练内容、训练方法、训练时间安排等。

表4-7　2009—2010学年度特奥游泳训练进度表

授课教师：李潇潇

周次	训练内容		备注
	第一学期	第二学期	
2	体能恢复、柔韧性训练	体能恢复、柔韧性训练	训练内容安排和具体实施可能会因为天气或一些活动(如校运动会等)做出适当调整。
3	腰腹肌训练、蛙泳技术模仿	橡皮拉力	
4	身体素质,上、下肢力量	耐力跑、蛙泳技术模仿	
5	综合素质练习、蛙泳技术模仿	综合力量训练、自由泳技术模仿	
6	俯卧撑、立卧撑跳	腰腹肌训练、蛙跳	
7	跳绳、腰腹肌、蛙泳技术模仿	杠铃轻力量训练,蛙泳、自由泳技术模仿	
8	耐力跑、蛙跳	耐力跑、腰腹肌训练	
9	综合素质练习、蛙泳技术模仿	橡皮拉力,蛙泳、自由泳技术模仿	
10	耐力跑、腰腹肌	200米准备,4×100米蛙泳腿,8×50米蛙泳、自由泳配合	
11	协调性、柔韧性、蛙泳技术模仿	200米准备,8×50米自由泳腿,4×100米蛙泳配合	
12	俯卧撑、立卧撑跳	200米准备,2×200米蛙泳腿,8×100米蛙泳配合	
13	橡皮拉力	1000米任意游、8×50米蛙泳、自由泳快速游泳	
14	耐力跑、蛙泳技术模仿	200米准备、400米自由游泳腿、4×100米蛙泳配合、200米放松,撑台阶20次	
15	综合力量、自由泳技术模仿	200米准备、4×100米蛙泳划手、4x100米自泳腿、4x50米蛙泳、自由泳配合	
16	腰腹肌训练、蛙跳	腰腹静止8组30秒,池边蛙泳技术练习8组20次、400米任意游、2×50米蛙泳冲刺游	
17	杠铃轻力量,蛙泳、自由泳技术模仿	200米准备,4×100米蛙泳腿,4×200米蛙泳配合,200米放松	
18	耐力跑、腰腹肌训练	400米准备,4×200米蛙泳腿,4×100米蛙自由游泳配合、100米放松	
19	橡皮拉力,蛙泳、自由泳技术模仿	1000米任意游,2×100米蛙、自由快速游	
20		测评	

表 4-8　特奥游泳训练方案《蛙泳手部基本动作——划水路线》

授课教师：李潇潇

课题	蛙泳手部基本动作——划水路线（陆上课）					
课型	新授					
训练目标	认知	初步建立蛙泳的完整技术概念，学习正确的蛙泳划水路线				
	技能	加强学生肩部的力量，90%的学生较熟练掌握蛙泳手的技术动作（陆上）				
	情感	建立初步的技术概念，培养充分自信，勇于实践，战胜困难的品质				
重难点	1. 牢固掌握基本动作，正确把握动作方法；2. 把握正确的划水路线					
程序	开课导言→活力游戏→共同探索→师生共练→创新提高→愉悦身心					

过程	训练内容	达成目标	学生活动	教法指导	组织要求	时间
导入与热身	一、开课导言 1. 课堂常规 2. 明确学习目标	1. 建立良好的学习氛围。 2. 营造融洽的师生关系	1. 体育委员整队。 2. 师生问好	1. 集合整队、清点人数。 2. 向学生问好 3. 宣布内容	组织： ♀♀♀♀ ♀♀♀♀ ★	1分钟
	二、活动游戏 同学们围成一个圆圈，老师站在圈中举起一只手，随意举出一个数字，当学生看到数字后快速做出反应并跟距离自己最近的同学抱成与老师所举数字一样的人数。最后没有抱住同学的人算输，需做三次的蹲跳。					8分钟
	三、共同探索 提问1：老师做一次蛙泳动作，让学生说出老师在做什么。并且说出有哪些动物也是在水中游泳的 提问2：老师做的这个蛙泳的动作像什么形状？	1. 师生思想较快进入学习状态 2. 激发学生学习兴趣 3. 培养学生思考问题的能力	1. 成一路横队回答老师问题。 2. 学生回答…… 3. 学生回答……	1. 教师强调动作要求 2. 带领学生进行热身练习 3. 时间控制	组织： ♀♀♀♀ ♀♀♀♀ ★ 要求：认真听讲，积极回答老师的提问 负荷：小	5分钟
实践与提高	四、师生共练 1. 蛙泳手部动作分解 ★开始姿势 ★划水 ★收手 ★伸臂 2. 完整划水路线	1. 激发学生练习兴趣，培养学生克服困难的能力 2. 在正确完成动作的基础上熟悉动作的节奏 3. 提高学生的肩部力量 4. 培养学生动作的节奏与协调性	1. 学生认真看老师示范动作 2. 分两组交替练习 3. 相互鼓励，相互监督	1. 教师示范分解动作，对学生进行分组 2. 对学生进行适当的提示，指导学生正确完成动作 3. 带领学生一起练习 4. 组织练习，指导、纠正动作	组织： ♀♀♀♀ ♀♀♀♀ ★ 要求：集中注意力，认真完成动作 负荷：中	15分钟

续表

过程	训练内容	达成目标	学生活动	教法指导	组织要求	时间
	五、创新提高 通过蛙泳手部的练习，让学生联想到青蛙并思考青蛙的腿是怎样做的，从而延伸到蛙泳腿的动作。最后引出青蛙跳的动作，并配合手部的动作练习。分两组，让学生手腿配合比赛，另一组的同学观察谁是第一个回来的					3分钟
调节与评价	六、愉悦身心 1. 双臂转肩向前、向后各4×8拍。 2. 双手向后握脚腕，拉伸大腿前侧2×8拍 3. 身体侧向压小腿，双手按住膝盖2×8拍 4. 双腿与肩同宽，双手上下拉伸4×8拍	1. 在愉悦的气氛中，使学生生理和心理得到放松 2. 舒缓学生疲劳 3. 体会力、柔动作的不同。 4. 缓解肌肉疼痛	1. 按教师要求，积极进行放松练习 2. 充分放松身体各关节	1. 导入情景，组织进行放松练习。 2. 强调动作的舒展。 3. 组织练习	组织： ♀♀♀♀ ♀♀♀♀ ★ 要求：动作幅度伸长 负荷：中—小	5分钟
	七、课的小结 1. 学生完成情况 2. 不足与建议 3. 努力方向 4. 宣布下课	根据学生实际情况客观评价学生的学习情况	1. 自评互评，对于同学的进步给予鼓励 2. 师生再见	1. 老师对学生上课情况给予评价 2. 对学生提出希望 3. 师生再见	组织： ♀♀♀♀ ♀♀♀♀ ★ 要求：认真听老师小结，改进不足	3分钟
运动负荷	1.练习密度：75%；2.平均心率：125—130次/分					

（三）计划制订的注意事项

（1）教学或训练环境的影响。游泳训练环境包括训练场所和训练器材，训练场所是游泳馆还是陆上训练，训练器材是否充分适合。

（2）计划实施者的因素影响。一般来说，游泳课及训练计划都是由体育教师制订，但有可能计划实施者并不是计划制订者本人，或者是还有其他人参与实施，所以必须事先考虑到计划实施者的影响。

（3）训练频率的影响，即每周的训练次数。训练频率影响目标完成的时间，所以制订计划时，要考虑到根据自己以及学生可以完成的训练频率进行计划的安排。

三、实施

学校自2006年开始建设特奥游泳项目以来，充分利用校内外资源，将游泳项目目标和计划落到实处，积极开展特奥游泳教学和训练，认真备战各种比赛，主动参与相关活动。在实施中，遵循游泳教学和训练原则，注意教学和训练方法的选择，促进学生发展。

(一) 实施途径

学校特奥游泳项目的实施途径主要有四种形式,其中特奥游泳教学和特奥游泳训练是其主要途径。

1. 特奥游泳教学

根据特奥课程标准和特奥游泳教学指导手册制订教案,进行特奥游泳课堂教学,一般是每周一到两节。主要是普及特奥游泳知识和技能,激发学生学习游泳的兴趣,挖掘智障学生潜能,同时为发现特奥游泳人才提供一种通道。

2. 特奥游泳训练

特奥游泳训练是专门针对选拔出来的特奥运动队中的游泳队员进行课外训练,一般是每周一到周四进行训练。由于气候原因,游泳训练时间较短,所以设有暑期集中训练。特奥游泳训练主要是以参加各种特奥游泳比赛和活动为目的,针对性较强,训练强度比较大,训练时间比较集中。

3. 特奥游泳比赛

学校组织学生积极参加各种特奥游泳比赛,如2006年哈尔滨第四届全国特奥运动会、2007年上海第十二届世界夏季特奥运动会比赛、2009年全国特奥游泳锦标赛、2010年福州第五届全国特奥运动会、2011年雅典第十三届世界夏季特奥运动会比赛、2015年成都第六届全国特奥会、2015年美国洛杉矶第十四届世界夏季特奥会、2016年香港特奥会游泳比赛等。

4. 其他活动

学校是"中国特奥培训基地",经常承担特奥活动。游泳是学校特奥运动项目中发展比较好的项目之一,如参加各种融合活动、带领学生外出游玩。2012年6月学校承担全国特殊教育学校特奥运动高级研讨会,教师带领特奥游泳队队员为与会人员奉献上了一节精彩的特奥游泳训练课——自由泳臂部技术。

(二) 游泳姿势的学习顺序

游泳一般有四种泳姿,由于智障学生身心特点,有必要考虑泳姿学习和训练的先后顺序。蛙泳对学习者的关节柔韧性、力量要求没有其他泳姿那么高,学起来比较容易,蛙泳在呼吸的时候是正面呼吸,与正常呼吸及体位差异较小,一般10次课可以学会,学习能力较强的学生2~3节课可以学会,智障学生所需时间可能会长一些。自由泳的呼吸要求转头在侧面,初学者不容易掌握。仰泳是仰在水面游,不能正视前方,如果不熟悉水性会有恐惧感。而蝶泳需要具有一定游泳基础的人才可以学,这种泳姿对全身的协调性及腰腹力量要求更高。[①]学校游泳教学指导手册三个水平的顺序也是按照蛙泳→自由泳→仰泳→蝶泳

---

① 谢伦立,刘振卿.游泳课堂[M].北京:人民体育出版社,2012:42.

这四个泳姿学习顺序安排的。

（三）游泳教学和训练的特点

1. 安全第一是关键

游泳教学是在初学者所不熟悉、对其安全具有潜在威胁的特殊环境中进行的,应将安全视为游泳教学和训练必须考虑的首要问题。在场地选择、编班分组、组织教学等方面,需要有具体的安全措施①。

2. 熟悉水性是起点

通过熟悉水性练习,熟悉教学和训练环境,消除恐惧焦虑心理,基本学会漂浮、滑行、呼吸等基本技术后,再开始进行游泳技术教学和训练。

3. 呼吸动作是难点

呼吸动作的学习应在教学和训练前就予以充分关注,严格要求,逐步提高,并贯穿于教学和训练的始终。

4. 腿部动作是重点

由于游泳时取平卧姿势,所以初学者必须学会水中平浮和平衡,而腿的沉浮又是身体能否平浮的关键。各种泳姿的腿部动作,既能产生使身体前进的推进力,又能获得下肢上浮的反作用力。因此各种泳姿的教学和训练,大多是从腿部动作开始,一般是先教腿,后教臂及臂和呼吸配合,再教臂腿配合,最后教完整配合。

5. 水中练习是突破点

水中练习是学习游泳的必然要求。学习每一个动作时,一般是先在陆上进行模仿练习,然后下水实践,水陆结合,但一定要以水中练习为主。

（四）游泳教学和训练的阶段

1. 粗略掌握动作阶段

粗略掌握动作阶段使学生熟悉水的环境,克服恐惧心理,对动作有初步的了解,取得感性认识,粗略地掌握动作。通常是教师讲解、示范动作,学生进行练习。这一阶段学生的特点是大脑皮质的条件联系处于泛化阶段,动作表现紧张、费力、不协调,出现多余动作。在此过程中,教师应抓住动作的重点进行教学,不应过多地强调动作细节,应以正确的动作示范和简练的讲解帮助学生初步掌握动作。②

2. 改进和提高动作阶段

改进和提高动作阶段主要是消除各种错误动作,掌握正确的动作,提高动

---

① 温仲华,杨玉强,李文静.游泳[M].北京:北京体育大学出版社,1998:142.
② 温仲华,杨玉强,李文静.游泳[M].北京:北京体育大学出版社,1998:143.

作的协调性和质量。学生通过反复练习,逐渐消除紧张、牵强和多余动作,使动作逐渐协调和准确,节奏感增强、游距增长,大脑皮质的条件联系由泛化进入了分化阶段。这个阶段,教师应抓住学生存在的主要问题,注意纠正错误动作,可采用比较、对照和综合分析的方法,帮助学生体会动作细节,促进分化抑制进一步发展,使动作日趋准确。①

3. 巩固和运用自如阶段

学生进一步地反复练习,动作达到了自动化的程度,能轻松准确地完成动作。这一阶段,要经常系统地复习动作,用完整法做重复练习去强化动作的各个环节,有针对性地变换练习的环境和难度,进一步加大运动负荷,提高学生的身体素质和训练水平。②

初学者一般需要经过以上三阶段。已会者,每学一个新动作或姿势同样需要经过以上三阶段。不同的是,在学新动作时,可以利用已掌握的游泳技能转移,缩短第一、二阶段的时间,较快地达到第三阶段。③ 这三个阶段是有机联系、相对而言的,既反映学生认识事物、掌握动作技能的逐步深化过程,也反映对学生身体机能和体质不断提高的过程。由于学生情况(身体条件、游泳基础和学习态度等)以及其他有关条件不同,三个阶段的具体特点和所需时间也不同。

(五)游泳教学训练原则

教学和训练原则是根据对教育训练目的、教学和训练过程及学生身心发展规律的认识,从实践中总结出来的对游泳教学和训练过程客观规律的反映,是指导游泳教学和训练工作的基本要求。游泳教学和训练原则具体包括实际出发原则、自觉积极性原则、直观性原则、循序渐进性原则、巩固性原则。④

1. 因材施教原则

因材施教原则,是指教学和训练的任务、内容、要求、组织教学法和运动量的安排,符合学生的年龄、性别、体育基础和身体发育水平,以及学校的场地、设备、器材和地区季节气候的实际情况。根据场地器材和气候实际情况,适当调整水陆练习的比例、水中练习和休息的时间。⑤

2. 主动性原则

主动性原则是指教师在教学和训练过程中,教育学生明确学习目的,调动学习积极性和主动性,使学生的学习成为自觉的行为。在游泳教学及训练中,要使学生明确游泳的目的、端正学习态度;注意培养学生学游泳的兴趣,尽量

---

① 左宇飞.浅谈游泳教学的特点与教学过程[J].中国科教创新导刊,2010(8):196.
② 温仲华,杨玉强,李文静.游泳[M].北京:北京体育大学出版社,1998:143.
③ 左宇飞.浅谈游泳教学的特点与教学过程[J].中国科教创新导刊,2010(8):196.
④ 温仲华,杨玉强,李文静.游泳[M].北京:北京体育大学出版社,1998:144.
⑤ 潘昱.浅谈游泳运动的特点与游泳教学的原则[J].新课程·下,2011(1):95.

使课和训练的组织、教法多样化,水陆交替,动静交替,可采用游戏或比赛的方法;了解和掌握学生的心理活动,如:初学者的怕水心理、刚学会游泳时的自满心理、长距离游时的怕苦心理、水温低时的怕冷心理、室外练习时的怕晒心理等,教师应及时进行思想教育和解决学习上的具体问题,并及时正确地评价学生完成动作的质量和学习成绩。[1]

3. 直观性原则

在教学和训练过程中尽量利用学生的感官和已有经验,通过各种形式感知,丰富学生的感性认识和直接经验,使学生获得生动的形象、表象,从而掌握所学的技术动作和技能。注意正确的示范动作和生动形象的讲解,同时利用挂图、照片、幻灯、电影和录像等直观教具。此外,运用手势同样重要,游泳手势分一般手势和技术手势两种:一般手势的目的是利用手势表示教学组织工作和训练的意图,如开始、停止、组织队形、示意游距、绕游、下水、上岸等;技术手势的目的是利用手势说明技术动作的要求和纠正错误动作[2]。

4. 循序渐进性原则

循序渐进原则是指教学和训练中根据学生认识活动特点、人体机能和动作形成的规律,正确地安排教学内容、步骤和运动量,由易到难、由简到繁,使学生系统学习,有效掌握知识、技术和提高技能。[3] 每次教学和训练要在复习和巩固已学知识、技术的基础上学习新教材,课与课之间内容衔接要连贯。教学和训练实践证明,教学和训练时间最好相对集中,每周应至少安排2~3次。[4] 运动量逐步增加,如游距逐渐加长、休息时间逐渐减少。

5. 巩固性原则

巩固性原则是指在教学和训练过程中,使学生牢固地掌握所学知识、技术,提高技能,能随时在记忆中再现这些内容、做这些动作,并能在实践中加以使用。巩固和提高技术的重要手段如:使学生明确正确的技术动作概念、要领和完成方法;反复练习并逐步加长游泳距离;在教学训练的适当阶段,教师安排一定时间组织学生相互观摩技术动作,组织竞赛或测验,变换学习环境和提高作业难度。[5]

游泳教学是学校进行特奥游泳教学的主要途径,为智障学生提供接触水、游泳运动的重要途径。在游泳教学中需要注意智障学生的接受能力和对水的适应程度,教学原则为教师教学提供规范和指导。学校教师李潇潇的"蛙泳水

---

[1] 温仲华,杨玉强,李文静.游泳[M].北京:北京体育大学出版社,1998:145.
[2] 温仲华,杨玉强,李文静.游泳[M].北京:北京体育大学出版社,1998:146.
[3] 温仲华,杨玉强,李文静.游泳[M].北京:北京体育大学出版社,1998:146.
[4] 温仲华,杨玉强,李文静.游泳[M].北京:北京体育大学出版社,1998:147.
[5] 温仲华,杨玉强,李文静.游泳[M].北京:北京体育大学出版社,1998:150.

上技术"教学(表4-9),贯穿实际出发、直观性、循序渐进性等原则,使用情景教学法,让学生在玩耍中完成蛙泳腿部打水动作的学习。

表4-9 特奥游泳教案"蛙泳水上技术"

学生人数：8人　　　　授课教师：李潇潇　　　　授课时间：2010.6

教学内容	蛙泳腿打水动作,加强行进间的腿部练习;巩固蛙泳手、腿配合动作;加强蛙泳呼吸配合练习						
	短距离蛙跳(7～10m);柔韧性练习						
教学目标	认知	巩固蛙泳腿的打水动作,加强行进间的腿部练习					
	技能	95%的学生熟练掌握蛙泳手的技术动作;90%的学生能完成手腿配合练习					
	情感	充分培养学生自信、勇于实践、战胜困难的品质。					
场地器材	1. 校室内游泳馆;2. 长竹竿1根,标志线1条,海绵垫8张;3. 划水板8块						

过程	教学内容	达成目标	学生活动	教法指导	组织要求	时间
课堂常规	1. 课堂常规 2. 明确学习目标	1. 建立良好的学习氛围 2. 营造融洽的师生关系	1. 体育委员整队。 2. 师生问好 3. 见习生见习	1. 集合整队、清点人数 2. 向学生问好 3. 宣布课的内容 4. 检查服装	♀♀♀♀♀ ♀♀♀ ★	2分钟
准备部分	1. 原地压蛙泳腿练习 2. 前后转肩 3. 蛙泳技术模仿	1. 师生思想较快进入学习状态 2. 热身愉心,为身体预热	1.集中成体操队列 2. 跟随教师练习	1. 带领学生进行柔韧性练习 2. 讲解示范、指导练习 3. 时间控制	1. 用多种方式激发学生练习兴趣 2. 成三列体操队形	4分钟
情景导入 蛙泳行进间腿的练习	1. 仰卧和俯卧位的蛙泳腿练习 2. 扶池壁进行展体漂浮练习 3. 蹬池壁进行5～7米不换气的蛙泳腿练习 4. 10～15米扶板蛙泳腿练习	1. 看示范,学动作,熟练掌握正确蛙泳腿技术概念 2. 能在一定保护下较充分地放松身体,进行不换气的练习 3. 在完成次数或一定时间的运动量的情况下尽量保证动作质量	1. 分组进行池边蛙泳腿练习 2. 扶池壁进行展体漂浮练习; 3. 蹬池壁进行5～7米不换气的蛙泳腿练习 4. 10～15米扶板蛙泳腿练习 5. 50米扶板蛙泳腿练习	1. 示范动作、讲解技术要领 2. 学生进行分组 3. 确定设施安全,组织下水定位 4. 安排救生员 5. 强调安全 6. 组织练习 7. 指导练习 练习时身体基本形态: 臂并拢前伸,头略抬,稍挺胸,身体纵轴与前进方向约成5°～10°	1. 适应水温,学生体会水的"舒适性" 2. 强调安全,强调练习的纪律 3. 身体充分放松,尽最大能力前划 4. 教学组织 (水中学生和教师位置情况) (每赛道学生位置)	10分钟

续表

过程	教学内容	达成目标	学生活动	教法指导	组织要求	时间
情景展开	蛙泳完整技术学习动作	1. 蛙泳手腿配合技术练习：不换气7～10米 2. 教学阶段休息 3.（陆上）讲解蛙泳配合技术要领，帮助学生记忆蛙泳技术"口诀"： ①"夹臂抬头、快吸气" ②"伸臂低头、慢吐气"动作（如右图）	1. 巩固蛙泳手腿配合技术 2. 有纪律有组织地进行课堂阶段性休息 3. 记熟蛙泳配合"口诀"，配合"口诀"进行练习 4. 鼓励学生在保护之下进行练习，进一步培养学生的学习信心和兴趣 5. 蛙泳呼吸配合（如下图）：	1. 按要求进行练习 2. 按老师要求进行课堂阶段性休整 3. 看示范，学动作，跟随教师口令练习。初步建立较正确的技术概念 4. 分组蛙泳呼吸动作模仿练习，体会动作重点 5. 分组按要求，进行水中蛙泳呼吸配合练习	1. 学生分组进行不换气的蛙泳手腿配合练习 2. 组织学生进行休息，同时向学生讲授游泳课程安全常规要求 3.（陆上练习）示范动作、讲解技术要领。组织练习 4. 确定安全，组织学生下水定位 5. 组织指导练习 6. 分层次实施教学，设置不同起点小组，鼓励结合自身实际合理定位，学生由低到高进行目标实现 7. 个别纠正错误动作	1. 教学组织： ① 陆上练习，学生集中学习，组织如图 ♀♀♀♀♀ ♀♀♀♀♀ ★ ② 池内练习 2. 强调安全，强调练习的纪律 3. 身体充分放松，尽自己最大能力向前划	12分钟
素质练习	1. 素质练习"仰卧起坐" 2. 柔韧性练习	1. 培养学生吃苦耐劳坚持进取的品质 2. 让学生迎逆而上体验战胜困难的乐趣	1. 按徒手操队形进行练习 2. 教师统一用口令进行指挥	1. 对学习学习进行评价、鼓励 2. 组织素质练习	1. 强调游泳课的教学常规，同时强调安全 2. 鼓励学生坚持按要求完成素质练习	7分钟
情景结束	整理及评价	1. 放松整理 2. 小结课程内容 3. 明确努力方向	1. 在愉悦的气氛中，使学生在生理和心理上得到放松 2. 根据学生实际情况客观评价学生的学习情况	1. 积极放松 2. 自评互评，对于同学的进步给予鼓励 3. 按教师点名顺序依次离场 4. 师生再见	1. 导入情景，组织进行放松练习 2. 组织小组自评 3. 对学生提出希望 4. 点名离场、师生再见 5. 整理器材	♀♀♀♀♀ ♀♀ ★	5分钟
运动负荷		150 100 50 0 5 10 15 20 25 30 40 50 60 70 80 90 1. 练习密度：70%；平均心率：100～110次/分 2. 泳池水温：26～28℃			课后作业	1. 陆上模仿蛙泳手练习 2. 跳绳练习，恢复体力 3. 20分钟慢跑
课后反思	…………					

（六）游泳训练的基本方法

游泳教学方法与普通教学方法基本相同，包括讲解法、示范法、练习法、游戏法等。由于智障学生的特点和游泳的特殊性，特奥游泳教学方法更强调示范法、练习法和游戏法。游泳训练的基本方法更多是从游泳训练的角度出发来促进游泳技能的娴熟。

1. 持续训练法

持续训练法是指距离较长、强度不太大、不间断连续进行游泳活动的练习方法。具体训练方法：连续游 800 米、1000 米、1500 米、2000 米、3000 米或更长的距离，可以匀速进行，也可以变换速度进行。可以有效地发展心血管系统和呼吸系统的机能，使心腔容积增大，每搏输出量增加，提高呼吸肌的耐力，提高体内氧的利用率。[1] 但对于提高速度作用不明显，过程单调枯燥。

2. 间歇训练法

间歇训练法是指在一组固定距离反复游进中，两次练习间有一个严格控制休息时间的间歇阶段，[2]并且间歇阶段时间的长短是通过测量运动员的心率来控制的，关键一点是运动员要在尚未完全恢复体力时便开始下一组练习。例如：10 个 100 米，间歇 10 秒；5 个 200 米，间歇 15 秒；20 个 50 米，间歇 20 秒。一般可分为：有氧慢速间歇训练、快速间歇训练、完成一定范围内的间歇训练、变换间歇时间的训练、变换距离的间歇训练等五种形式。[3] 该训练法适合于每个人，可以使运动员承担较大负荷，提高训练能力和竞技水平，更具趣味性。

3. 重复训练法

重复训练法又称目标设定训练，是指按照规定的强度，反复进行某一距离练习的方法，每次练习后休息时间必须使机体工作能力基本恢复。如，以 100 米为主项的练习，采用 10 个 100 米，用比较快的速度游，每个间隔 5 分钟；或者采用 16 个 50 米，以 100% 强度，每个间隔 3 分钟。以强度为中心的训练对速度和机体各方面机能的要求较高，容易引起疲劳，因此需要注意分散安排，不能过于集中。[4]

---

[1] 游泳训练之水上持续训练法[EB/OL]. http://swimming.abang.com/od/swimmingtrain/a/chixuxunlian.htm.

[2] 温仲华,杨玉强,李文静.游泳[M].北京：北京体育大学出版社,1998：239.

[3] 游泳训练之水上间歇训练法[EB/OL]. http://swimming.abang.com/od/swimmingtrain/a/jianxiexunlian.htm.

[4] 游泳训练之水上重复训练法[EB/OL]. http://swimming.abang.com/od/swimmingtrain/a/chongfuxunlian.htm.

4. 短冲训练法

短冲训练法是指以最高速度全力游较短距离的方法,例如:10个15米、10个25米、4个50米等。练习距离一般不超过75米,时间比较短,一般不超过35~45秒,是一种最大强度的训练方法。① 与重复训练法的不同在于短冲训练法距离更短一些,而且要全力游,练习间歇更长,呼吸和心率更要求恢复到接近安静水平。短冲训练法可以迅速提高游泳者兴奋性,锻炼神经系统灵活性,提高游泳速度,发展肌肉力量。虽然是一种常用训练方法,但更多在训练后期和赛前减量期使用。

5. 模拟比赛训练法

模拟比赛训练法是指针对比赛中可能出现的情况,选择在与比赛条件相似的环境下反复进行实战性练习。目的在于提高运动员在竞赛中的临场适应性,习惯比赛环境,在头脑中建立合理的动力定型结构,以便正常发挥技术、战术。②

游泳训练是深圳元平特殊教育学校特奥游泳项目实施的主要途径,也是学校教师认真钻研的一个领域。根据训练目标和训练计划,教师遵循训练原则、运用训练方法,在每周周一到周四下午16:15—18:15对学生进行游泳技术、技能等各方面训练。特奥游泳训练充分尊重特奥运动员的特点和游泳运动的特殊性,运动多种教学方法和训练方法,对训练内容和学生情况进行分析,以"自由泳臂部技术"为例(表4-10),训练学生掌握自由泳臂部技术,按照"陆上准备活动→自由泳臂部模仿练习→游戏:水中捞物→自由泳臂部分解及完整技术示范→学习自由泳臂部分解及完整技术(扶板转体打腿→单臂划手→自由泳完整技术)→游戏:水中运球投准比赛→世界特奥运动会冠军泳姿展示→放松活动"的教学流程。

---

① 游泳训练之水上短冲训练法[EB/OL]. http://swimming.abang.com/od/swimmingtrain/a/youyongxunlian.—Dg.htm.
② 模拟训练法 [EB/OL]. http://c.360webcache.com/c?m=1f14d7daad2b9b7339c3190c1c96d452&q=%E6%A8%A1%E6%8B%9F%E6%AF%94%E8%B5%9B%E8%AE%AD%E7%BB%83%E6%B3%95&u=http%3A%2F%2Fbaike.baidu.com%2Fview%2F222831.

表 4-10 特奥游泳训练设计"自由泳臂部技术"

学生人数：8人　　　　　　　　　　　　　　　　　　授课教师：何财先，毛小雄

课题	自由泳臂部技术					
训练目标	认知	认识自由泳臂部动作要领				
	技能	多数学生基本掌握自由泳臂部动作分解练习，初步掌握手腿配合技术动作				
	情感	培养学生顽强拼搏，团结协作精神，感受水中乐趣，体验成功后的喜悦				
重点	自由泳臂部分解动作			难点	自由泳臂部与腿配合		
场地器材	游泳馆、浮板 8 块、水球 8 个、救生圈 2 个、救生杆 1 支、体操垫 5 块、礼品 8 份、音响					
训练程序	游戏：水中捞物→自由泳臂部分解及完整技术观摩→学习自由泳臂部分解及完整技术（浮板转体打腿→单臂划手→自由泳完整技术）→游戏：水中运球投准比赛→世界特奥运动会冠军泳姿展示					

过程	训练内容	达成目标	学生活动	教法指导	组织要求	时间
导入与热身	1. 课堂常规	培养学生养成良好行为习惯	值日生整队，请老师上课	了解学生情况，师生问好	组织：♀♀♀♀♀♀♀♀ ★ 要求：快静齐，精神饱满	2分钟
	2. 陆上准备活动 双手绕环→单手绕环→柔韧拉伸→模仿练习	调动学生积极性，提高学生身体兴奋性初步掌握动作外形	按教师要求活动身体各部位	带领学生一起做活动	组织：♀♀♀♀♀♀♀♀ ★ 要求：充分活动，按口令练习	6分钟
	3. 游戏：水中捞物 方法：在规定时间内捞出自己的礼品，多的取胜	调动学生对游泳的兴趣，达到潜深目的	按要求潜入水底捞自己的物品	组织学生下水底捞物，水底放置物品	组织：按水平分为两组，分散队形 要求：调整呼吸，注意安全，动作敏捷	5分钟
	4. 自由泳臂部分解及完整技术观摩	让学生从直观上对分解及完整动作有认识	认真观看教师的动作示范	主课教师示范分解及完整动作，辅课教师组织学生沿池边观看	组织：♀♀♀♀♀♀♀♀ ★ 要求：注意力集中，注意安全	2分钟

续表

过程	训练内容	达成目标	学生活动	教法指导	组织要求	时间
实践与提高	1. 扶板转体打腿 4×15米	在教师指导下,学生改进提高自由泳分解技术	根据教师纠正进行改进练习	结合学生练习情况对出现的错误动作纠正	组织:2人1道 要求:手推直六次打腿转肩换气,转体到位	4分钟
	2. 扶板单臂划手 4×15米	通过练习使学生对正确的手臂动作有更深认识和体验	根据动作掌握的熟练程度进行巩固练习或加以改进	针对学生能力及掌握情况进行分层指导,巩固正确的手臂划水动作	组织:2人1道 要求:保持六次打腿一次划手,体会抱手感觉	4分钟
	3. 自由泳完整技术 2×15米	学生体验完整配合游,基本掌握自由泳技术动作	勇敢尝试,体验完整动作及快速游	指导学生进行自由泳完整技术动作的学习	组织:2人1道 要求:认真体验自由泳正确的完整动作技术	3分钟
	4. 游戏:水中运球投准接力比赛	让学生体验"勇敢尝试、争取胜利"的快乐	学生进行水中运球投准比赛,并加油助威	组织学生进行水中运球投准接力比赛,激励学生	组织:按能力分为两组进行比赛。要求:遵守规则、勇敢参与、争取胜利、注意安全	6分钟
	5. 世界特奥冠军泳姿展示 2×15米	激励大家向特奥冠军学习,刻苦训练,积极进取	按要求观摩学习,为同学加油助威	组织并邀请掌握自由泳较好的同学进行展示	组织: ♀♀♀♀♀♀♀ ★ 要求:有序观看	3分钟
调节与评价	1. 放松活动 (1) 双人压肩; (2) 双人侧拉伸; (3) 双人摆臂	学生身心获得放松	听音乐随教师做放松练习	带领学生进行放松活动	组织: ♀♀♀♀♀♀♀ ★ 要求:有序调整身心,评价客观	5分钟
	2. 本课小结 (1) 学生完成情况;(2) 不足与建议;(3) 今后努力方向	学生通过讲评了解自己练习情况	学生认真听取教师讲评	组织课堂小结与评价		
	3. 宣布下课	培养学生良好的行为习惯和自理能力	有序更衣及收还器材,与老师道再见	组织学生更衣,宣布结束并向学生道再见		

预计密度	60%—70%		预计平均心率	130—140次/分钟

心率曲线图	心率/次 (曲线图:横轴为时间/分 4 8 12 16 20 24 28 32 36 40;纵轴为70—180)

课后反思	…………

四、评价

评价形式大体分为两类：量化评价和质性评价。量化评价是力图把复杂的教育现象简化为数量，进而从数量的分析和比较中推断出某一评价对象的成效；而质性评价是力图通过自然的调查，全面充分地揭示和描述评价对象的各种特质，以彰显其中的意义，促进理解。[①] 一般是将两者结合起来使用，以获得全面准确的评价信息。深圳元平特殊教育学校特奥游泳项目评价也主要是运用量化评价和质性评价方法针对特奥游泳教学和特奥游泳训练。

（一）特奥游泳教学评价

1. 评价内容

学校特奥课程标准中规定，学生学习成绩的评定分为：特奥运动知识与技能、学习参与态度、情意表现与合作精神等四个方面。特奥游泳指导手册中提到教学评价的主要内容包括：学习态度与表现，如积极参与、勇敢尝试；运动技能的掌握，如能独立完成蛙泳腿部动作；人际交往与合作，如帮助、辅助同学熟悉动作；心理健康，如克服心理障碍、充满自信。

2. 评价人员

特奥游泳教学的评价人员主要包括体育教师、班主任、辅教人员。高年级的学生也会参与评价，进行自我评价和相互评价。一般来说，特奥游泳教学评价是体育教师进行课堂反思及对学生做出评语，将评价相关内容交予学生班主任，班主任再综合学生表现，对学生做出阶段性和总结性的评价。

3. 评价形式

特奥游泳教学评价一般采用量化评价和质性评价，但学校在低年级和中重度智障学生主要采用评语制，高年级主要采用等级评定制，也会将等级评定与评语评定结合使用。学校教师制定特奥游泳教学评价表（表4-11），对学生进行诊断评价、形成性评价及总结性评价。同时，还可将特奥运动成绩的评定和运动与保健课的评价相融合。特奥游泳教学评价最重要的部分是体育教师课后反思，通过反思，可以了解课堂教学的不足、学生的学习情况、潜在问题等，是特奥游泳教学最重要的评价方式之一。

[①] 黄建行,雷江华.智障学生职业教育模式[M].北京：北京大学出版社,2011：145.

表 4-11 特奥游泳教学评价表

班级：　　　　姓名：　　　　评估教师：　　　　评估时间：

评价标准	具体内容		评价内容	学期前期评估 A	学期前期评估 B	学期前期评估 C	学期中期评估 A	学期中期评估 B	学期中期评估 C	学期后期评估 A	学期后期评估 B	学期后期评估 C	总评 A	总评 B	总评 C	评估方法
游泳	蝶泳	技能	1. 符合蝶泳动作要求 2. 动作正确,划水效果好,配合协调连贯													观察
		知识	1. 知道蝶泳动作要领 2. 了解该泳姿规则													提问
		参与	1. 能积极有序参与 2. 能在练习和比赛中互相鼓励													观察
	仰泳	技能	1. 符合仰泳动作要求 2. 动作正确,划水效果好,配合协调连贯													观察
		知识	1. 知道仰泳动作要领 2. 了解该泳姿规则													提问
		参与	1. 能积极有序参与 2. 能在练习和比赛中互相鼓励													观察
	蛙泳	技能	1. 符合蛙泳动作要求 2. 动作正确,划水效果好,配合协调连贯													观察
		知识	1. 知道蛙泳动作要领 2. 了解该泳姿规则													提问
		参与	1. 能积极有序参与 2. 能在练习和比赛中互相鼓励													观察
	自由泳	技能	1. 符合自由泳动作要求 2. 动作正确,划水效果好,配合协调连贯													观察
		知识	1. 知道自由泳动作要领 2. 了解该泳姿规则													提问
		参与	1. 能积极有序参与 2. 能在练习和比赛中互相鼓励													观察

说明：

1. 本评估量表适用于参加特奥运动学习的轻、中、重度智障学生。主要通过评估以方便老师了解学生学习情况,便于进行针对性教学。

2. 评估标准：

① 泳姿符合该泳式规格,臂、腿动作有轻微错误,配合较协调,划水效果较好,达到示范基本要求,A 等。

② 泳姿基本符合该泳式技术要求,臂、腿及配合动作有明显错误,配合动作协调性较差,划水效果差,B 等。

③ 泳姿不能达到该泳式的基本规格,或不符合规则要求,或游距达不到规定的距离,均不予评分,C 等。

3. 根据学生实际情况在相应格里用"√"标注。

4. 评估要求：连续三次。

(二)特奥游泳训练评价

训练总结评价的目的是及时发现并改善学生训练过程中的问题,避免无效工作。训练过程中的评价是重新定位运动员能力的必要手段,以此来调整适合运动员的训练内容、强度和形式,以促进运动能力的提高。学校特奥游泳训练计划制订和实施周期为一个学期,因此对特奥游泳训练评价也是以一个学期为时间段。训练计划完成后,教师对学生进行训练成绩和体能测试的测评,并对本学期训练做总结和反思。

1. 训练成绩测试

训练评价的主要方式是对学生的游泳水平和成绩进行测评,通过成绩了解学生的进步情况,既可作为总结,又可为下学期训练计划的制订提供依据。训练成绩测试内容包括四种泳姿的 50 米、100 米、200 米、400 米游泳成绩及动作准确性,以深圳元平特殊教育学校特奥游泳队训练成绩测试为例(表 4-12),学校教师对特奥游泳队 10 名学生进行游泳成绩测试,测试项目主要是完成蛙泳和自由泳的时间,以此作为因材施教的依据之一,从而为下学期游泳训练计划和个别化训练计划的制订提供参考数据。

表 4-12 特奥游泳队训练成绩测试表

序号	姓名	性别	50m 蛙泳	100m 蛙泳	50m 自由泳	100m 自由泳	备注
1	林某	男	45″45	1′52″40	45″30	1′35″20	
2	许某	男	1′27″80	3′11″20	1′19″71	3′21″81	
3	吕某	男	1′19″64	3′16″40	1′14″22	2′48″66	
4	邓某	男	1′9″60	2′45″72	1′20″27	3′54″31	
5	曹某	男	1′51″70	3′36″16	2′26″71	4′40″38	
6	张某	男	1′19″64	3′2″94	1′49″06	3′55″30	
7	福某	女	53″04	2′7″49	55″33	1′54″12	
8	罗某	女	1′9″64	2′43″20	1′16″41	2′51″23	
9	方某	女	1′23″59	3′5″35	1′30″60	3′34″60	
10	邓某	女	1′45″50	4′01″25	1′42″20	4′10″30	

2. 训练体能测试

游泳训练的主要目的不仅是学会游泳,喜欢游泳,提高游泳技能,更是为了强身健体,增强体质。训练结束后,通过体能测试,教师和家长既可以了解学生的身体情况和进步水平,又可以增强训练信心,同时提高学生参与训练的积极性,了解不足,争取进步。以学校特奥游泳队队员进行的训练体能测试为例(表4-13),游泳训练需要身体各个部位的协调配合,因此学生的跳绳、跳远、跑步等能力都会对游泳产生影响。另外,游泳对天气的要求决定水中游泳教学和训练无法贯穿整个学期,需要教师或教练员在不适合的天气进行陆上锻炼。所以,对学生进行体能测试至关重要,既能检验学生是否适合游泳、游泳潜能如何,又能综合评价教学效果。

表4-13 特奥游泳队体能测试

序号	姓名	性别	1″跳绳/次	立卧撑/次	立定跳远	800m	备注
1	林某	男	54	50	2.20m	3′40″	
2	许某	男	47	51	1.60m	3′51″	
3	吕某	男	11	34	1.45m	7′07″	
4	邓某	男	23	32	1.62m	7′55″	
5	曹某	男	13	36	1.40m	7′45″	
6	张某	男	16	35	1.45m	5′40″	
7	福某	女	12	39	1.75m	3′51″	
8	罗某	女	44	32	1.48m	5′12″	
9	方某	女	20	36	1.38m	5′50″	
10	邓某	女	23	28	1.25m	5′58″	

3. 训练总结

训练总结是对本学期训练人员、训练任务、训练情况等进行反思,既是评价教师训练水平的依据,也是提高教师训练水平和科研能力的方式。以下是深圳元平特殊教育学校2010—2011学年度第二学期特奥游泳队的训练总结。

本学年度主要负责听障学生12人、盲生5人以及智障学生10人的游泳训练。随着技术动作的改善,各个学生的运动成绩都有了大幅度提高,能在水上和陆上两方面得到均衡发展。另外大部分学生都已增加了蝶泳、仰泳的教学训练,并且可连续配合完成训练任务。学生的各项身体素质也有了显著的进步。本学期继续脑瘫学生的水上训练,在训练过程中学生可以积极配合老师的计划安排完成各项训练内容。经过短时间的训练,脑瘫学生整体水平都有了大幅度的提高,心肺功能有所加强,脑瘫学生的协调性也有了提高。

2011年5月我校5名学生运动员赴希腊雅典第十三届世界特奥运动会比赛当晚启程到北京集训,学校为即将出征的教练员和运动员举行了隆重的欢送会。校长鼓励教练员和运动员要发扬刻苦训练、顽强拼搏的精神,并预祝他们在比赛中获得好成绩,为学校争光,为深圳争光,为国家争光!学校5名学生运动员获6金3银1铜:吴某获100米蛙泳第一名、200米蛙泳第一名、100米自由泳第六名;方某获25米蛙泳第一名、50米蛙泳第一名;学生集体获男子4×100米自由泳接力第一名;学生集体获女子4×25米自由泳第一名;罗某获50米蛙泳第二名、50米自由泳第二名;福某获100米自由泳第二名和50米自由泳第五名;林某获100米仰泳第三名和100米蛙泳第五名。

  本学年度的训练总体上是比较顺利的,但是各类不同残疾类型的学生之间具有明显的差异性,并且训练时间很多时候与上课时间相冲突。致使训练不能更系统地进行,训练计划也只能按照学生到训练场的时间相对缩减,大大影响了训练效果。

第 5 章 特奥保龄球项目

保龄球(Bowling)运动是一种集"健康、休闲、愉悦"为一体的运动,它既可以作为比赛项目,又可以自娱,因而在全球发展速度很快,成为与网球、桌球、板球并驾齐驱的四大新兴体育项目。[①] 自 1975 年保龄球正式成为第四届世界夏季特奥运动会的比赛项目以来,特奥保龄球项目得到了大力的发展。

第 1 节 项目概述

一、项目介绍

保龄球也叫地滚球,是一种在木板道上用球击木瓶的室内体育运动。[②] 特奥保龄球运动是特奥体育项目中发展最为迅速的项目之一,在 91 个特奥组织中,共有十几万名特奥运动员长期进行保龄球训练和比赛。[③]

（一）场地与设备

特奥保龄球比赛所使用的场地与设备和正规保龄球比赛的场地和设备是一样的。保龄球的球道为木质或非常坚硬的合成材料制成,球道长 1915.63 厘米,宽 104.2～106.6 厘米。球道的后方是助跑道,长 457.2 厘米,宽为 152.7～152.9 厘米。球道和助跑道之间有 0.95 厘米宽的一条犯规线(图 5-1)。[④] 保龄球球瓶高 38 厘米,最宽的部分直径为 12 厘米,最窄的部分为 4 厘米,竖球瓶的平台宽约为 6 厘米,球瓶重 1.5～1.6 千克。球瓶摆放成一个等边三角形,三角形的最顶端指向运动员。每个球瓶中心的距离为 30 厘米,整体排列

[①] 黄明强. 我国保龄球运动发展现状与对策的研究[J]. 广州体育学院学报. 2001(6):102-105.
[②] 吴雪峰. 保龄球面面观[M]. 北京:人民体育出版社,1999:1.
[③] 特奥保龄球[EB/OL]. http://zt1.shmh.gov.cn/ztbd/qyzt/teaohui/webpage/Detail.aspx@id=117&type=t.
[④] 吴雪峰. 保龄球面面观[M]. 北京:人民体育出版社,1999:11-12.

成一个各边均为 1 米的三角形(图 5-2)。① 保龄球的重量从 6 磅到 16 磅共计 11 种规格,运动员以年龄和体重的 1/10 作为选球的依据,具体见表 5-1 和表 5-2。②

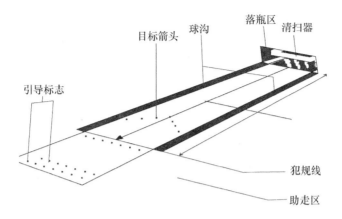

图 5-1 保龄球场地

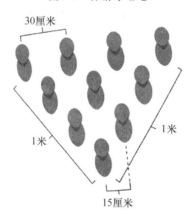

图 5-2 保龄球的摆放

表 5-1 运动员的年龄阶段与用球重量

球重范围(磅)	6～7	8～9	10～12	13～14	15～16
年龄阶段	小学生	中学生	女青年	男青年	中高级球员

---

① [美]道格·维德曼.教你打保龄球[M].李军华,闫丽霞,译.哈尔滨:黑龙江科学技术出版社, 2009:6-7.

② 吴雪峰.保龄球面面观[M].北京:人民体育出版社,1999:23-24.

表5-2　运动员的体重与用球重量

体重(千克)	40～49	50～54	55～59	60～64	65～69	70～74	75以上
球重(磅)	10	11	12	13	14	15	16

(二) 专业术语

保龄球作为一项专业的体育运动项目,有很多专业术语,以下主要介绍死球和分瓶。

1. 死球(Dead Ball)

如发生以下情况之一,所投之球为死球:① 在一次投球后(同一球道下次投球前),立即发现所摆的球瓶缺少一个或数个。② 一名运动员在错误的球道上投球或没有按照正确的顺序投球,或各队的一名运动员在一对球道的错误球道上投球。③ 运动员投出的球未接触球瓶之前,球瓶发生移动或倾倒。④ 运动员投出的球接触任何障碍。当死球发生后,其得分不予记录,球瓶必须重新放置,运动员必须重新投球。⑤ 在球未接触到球瓶前,摆瓶员干扰了任何球瓶。⑥ 当球瓶停止转动之前,摆瓶员移动或干扰了任何剩下的球瓶。⑦ 当运动员已开始投球,但投球动作尚未完成前,其身体受到其他运动员、观众或运动物体的干扰时,必须选择是接受此球将要击倒的球瓶之结果,还是宣布为死球。[1]

2. 分瓶(Split)

分瓶(技术球)是指在第一次球投出后,把1号瓶及其他几个瓶击倒,剩下的瓶子成下列状态:① 两个或两个以上的瓶子,它们之间至少有1个瓶子被击倒;② 两个或两个以上的瓶子,紧挨在它们前面的瓶子至少有一个被击倒。分瓶在记分表上用(O)符号表示。[2]

(三) 计分规则

十瓶制保龄球比赛的每一局由十格组成。如果没有任何全中,每个运动员可以在前九格的每一格投两个球。如果第十格投出全中或补中,则该运动员可以在该格投三次球。每个运动员必须以正常的顺序投完每一格。每一局比赛应在相互毗邻的一对球道上进行,参加团体赛、双人赛、单人赛的运动员应连续按顺序在一对球道上投完一格球后换到另一球道上投下一格球,直到在这对球道上的每条球道上各投完五格球。[3]

---

[1] 贾勇.特殊奥林匹克项目规则[M].中国特奥委员会,2010:90.
[2] 贾勇.特殊奥林匹克项目规则[M].中国特奥委员会,2010:91.
[3] 贾勇.特殊奥林匹克项目规则[M].中国特奥委员会,2010:89.

保龄球计分包括仪器记分和人工记分,人工记分是记录运动员每次击球所击倒的球瓶数目。记分:除全中的记分外,将运动员投出的第一个球所击倒的瓶数记在记分表上方左边的小方格内。将运动员投出的第二个球所击倒的瓶数记在记分表上方右边的小方格内。如果每一格的第一次投球击倒了全部竖立的十个球瓶,则称之为全中(Strike)。用(X)符号将全中记录在记分表上该格上方左边的小方格内。全中的得分是 10 分加上运动员下两次投球击倒的瓶数。连续两次全中称为两次全中(Double),得分为 20 分再加上随后第一球所击倒的瓶数。连续三个全中称为三次全中(Turkey)。第一次全中那格的得分是 30 分。一局的最高分是 300 分,运动员必须连续击出 12 个全中。如果每格的第二次投球击倒了该格的第一次投球后所剩余的全部球瓶,则称其为补中(Spare)。补中用符号(/)表示,记录在该格右上角的小方格内。补中的得分是 10 分加运动员下一个球所击倒的瓶数。[1]

二、项目发展

关于保龄球的起源有很多种观点。有人认为距今 7200 年前就有了类似保龄球的运动。考古学家发现古时彼里尼西亚人有一种叫作"乌拉玛伊加"的投掷游戏,用石头做球和目标。而且当时球和目标的投掷距离也是 60 英尺,和现代保龄球的距离基本相似。[2] 也有人认为保龄球起源于公元前 5200 年的古埃及,人们在那里发现了类似现代保龄球的大理石球和瓶。[3] 还有人认为保龄球最初起源于公元 3—4 世纪德国宗教中的"九柱戏"。[4]

(一)国外

保龄球传到意大利后变成了与宗教信仰毫无关系的民间游戏,接着传遍了整个欧洲。到了 13 世纪,英国开始在草坪上玩仅有一个木桩或圆锥体作为目标的保龄球运动游戏。14 世纪时,保龄球在英国得到了蓬勃发展,目标由 1 个柱子增加到 9 个柱子。1626 年,荷兰人尼加·保加兹把保龄球带到了美国,它很快就被美国人接受,并逐渐由户外转向室内。但保龄球在美国很快沦为赌博的工具,以致 1841 年康涅狄格州州立法院下令禁止"九柱戏"活动。后有人在保龄球原来 9 柱的基础上增加了 1 柱,变成了 10 柱,把原来的菱形排列改成了三角形排列,巧妙地躲过了禁令的限制,使之延存下来。[5]

---

[1] 贾勇.特殊奥林匹克项目规则[M].中国特奥委员会,2010:90-91.
[2] 吴雪峰.保龄球面面观[M].北京:人民体育出版社,1999:3.
[3] 保龄球[EB/OL].http://baike.baidu.com/view/48260.htm.
[4] 吴雪峰.保龄球面面观[M].北京:人民体育出版社,1999:3-4.
[5] 吴雪峰.保龄球面面观[M].北京:人民体育出版社,1999:4.

1875年，美国纽约地区九个保龄球俱乐部的27名代表组成了世界上第一个保龄球协会（National Bowling Association），该组织规定了球道的距离并决定了柱子的大小。[①] 1952年国际保龄球联合会（International Bowling Federation）成立，总部设在芬兰的赫尔辛基。它以奥林匹克精神为宗旨，提倡并发展该项运动。1974年、1978年和1986年保龄球被列为亚洲运动会正式比赛项目，1998年第24届汉城奥运会把它列为表演项目。[②] 1975年保龄球被列为世界夏季特殊奥林匹克运动会的正式比赛项目，至今，特奥保龄球已经有了9次世界夏季特殊奥林匹克运动的经历，其规则越来越规范且已成系统。

（二）国内

20世纪初保龄球传入我国，在上海、天津、北京等城市曾有为数极少的保龄球场，但设备非常简陋，全靠人工拣球和摆瓶。20世纪50年代至70年代，保龄球由于被误解为具有资本主义性质而没有得到发展。十一届三中全会以后，保龄球在我国又重新得到了发展。1981年，上海锦江饭店与美国一家公司合作建成了6条自动化保龄球道，促进了我国保龄球运动的发展和保龄球技术水平的提高。[③]

1985年5月，我国成立了"中国保龄球协会"并加入了"国际保龄球联合会"。1985年国家体委在北京民族文化宫举行了全国首次保龄球表演赛。1986年6月我国保龄球协会代表团访问了日本。同年8月，上海保龄球队访问新加坡。11月，我国又首次参加在马来西亚举行的保龄球世界杯赛，标志着我国保龄球运动开始走向世界。[④] 目前我国每年举办一次全国保龄球锦标赛，并多次派运动员及代表团参加世界青年保龄球赛、亚洲青少年保龄球锦标赛和亚洲保龄球锦标赛等大型赛事。

2002年在陕西省西安市举办的第三届全国特奥会上将保龄球作为表演项目，2010年第四届全国特奥会上将保龄球列为正式比赛项目。2010年9月19—25日，我国第五届特奥运动会保龄球比赛项目在福建省老干部活动中心保龄球馆举行。各省、自治区、直辖市、新疆生产建设兵团、香港特别行政区、澳门特别行政区的保龄球运动员参加了比赛。比赛分为个人赛和双人赛。个人赛分为男子单人赛和女子单人赛，双人赛分为男子双人赛和女子双人赛。

[①] 吴雪峰.保龄球面面观[M].北京：人民体育出版社，1999：5.
[②] 吴雪峰.保龄球面面观[M].北京：人民体育出版社，1999：5-6.
[③] 李凉文.保龄球在中国[J].对外大传播.1998(2)：42.
[④] 吴雪峰.保龄球面面观[M].北京：人民体育出版社，1999：8.

凡年龄在8岁以上、智商在70以下的特奥运动员均可报名参加,参赛运动员须持有省级智商测试机构出具的智商证明,参赛运动员家长或监护人必须签署《特奥运动员参赛声明书》。运动员必须经过县级以上医疗机构体检,并由医生签署可以参加其所报项目的医疗证明,方可参加比赛。

(三)深圳元平特殊教育学校

深圳元平特殊教育学校特奥保龄球队成立于2001年,由于学校目前没有保龄球场馆,体育老师主要带学生在学校草地上训练,有比赛的时候就带学生到专门的保龄球馆训练。在学校和诸多力量的支持下,学校保龄球队进步很快,十几年来培养了一批又一批的运动员,有部分人已经毕业,目前在校的共有十多名学生仍每天坚持训练。

学生们在训练中发扬自强不息的精神,竞技水平不断提高,赢得了国家集训队教练组的高度评价。在比赛中,学生们更是勇敢尝试,顽强拼搏,取得了骄人的成绩,实现了该校首次参加世界特奥会的两大突破:一是参赛人数的突破,二是实现了特奥竞技水平的突破。2001年学校特奥保龄球运动员在香港举办的香港第二十六届特奥运动会城市邀请赛上获得保龄球金牌。在2006年11月第一届全国保龄球比赛中,学校6名特奥运动员代表广东省参赛,共获金牌1枚、铜牌5枚。

在2007年10月份在上海举行的第十二届世界夏季特奥运动会的保龄球比赛中,特奥运动员尹某某获得男女混双金牌,男双和男单铜牌;冯某某获得男子团体和男单金牌;何某某获得男女混合团体金牌,同时获得了女单和男女混双铜牌;毛某某获得女子团体金牌、女单铜牌。2007年11月份在大连举行的保龄球比赛中学校共有四名运动员代表广东省队参加比赛,最终取得了1金5铜的好成绩。

2008年5月24—28日学校特奥保龄球队有三名运动员代表广东省参加了在大连举行的全国特奥保龄球比赛。学生尹某某等同学随广东省代表团一起参加了比赛,本次比赛有12个省市代表队共108名特奥保龄球运动员参赛。在比赛中三位同学均表现出色,他们不畏强手、勇于拼搏,最终夺得2金1银的优异成绩。

学校2010—2011学年上学期体育教学教研组工作计划中指出"要精心组织好本学期学校十五届学生运动会和特奥游泳队员、保龄球队员参加第五届全国特奥比赛,争取圆满完成任务"。2010年9月份在福州举行的第五届全国特奥会的比赛中,深圳有6名保龄球队员、6名游泳特奥队员和1名足球队员随广东代表团参加比赛,学校共有3名特奥运动员参加了此次比赛中的特奥保龄球项目,最终取得了5金4银1铜的好成绩。

第2节　项目特色

一、保龄球运动的特色

保龄球运动作为一项运动，像其他的运动一样，有很强的娱乐性、趣味性、社交性和健身性。除此之外，保龄球运动在比赛过程、计分方式、目标以及礼仪上有着自己的特色。

（一）比赛过程的非连续性

保龄球比赛与连续进行的游泳、轮滑、篮球、排球、足球和羽毛球等多数体育比赛有所区别，它不是连续进行的。保龄球比赛在掷球之间和交换场地时有暂停比赛的时间，保龄球比赛真正的比赛时间只占1/3，其余2/3的时间都用于掷球和交换场地。[①] 比赛过程具有非连续性，对运动员的心理挑战是很大的，运动员须一直调整和保持自己的心态。

（二）计分方式的独特性

保龄球比赛采用倍增计分法，同样投出一个球其得分可相差三倍以上，这种倍增计算法是任何运动都少有的。全中可得三倍的分，补中可得两倍的分，若两次投球后还留下残瓶只能得正常分。运动员懂得计分规则对于取得比赛的胜利十分重要，尤其是到比赛的最后关头，可根据所差分数选择不冒风险的投法。另外，这种计分方法可使选手之间的比分经常交错在一起，落后的一方随时可以追上，领先的一方随时有可能被赶超。[②]

（三）目标的多元性

保龄球的目标是摆成三角形的10个球瓶，这也是保龄球与轮滑、乒乓球、羽毛球、篮球等其他体育运动项目的区别。目标的多元化，增加了保龄球运动的难度。保龄球运动员需要计算和设计保龄球的落点、速度、旋转和线路等，对运动员的注意力、思维能力和技术动作的要求都很高。

（四）礼仪的特殊性

保龄球运动的礼仪有着自己的特殊性，主要表现为：① 运动员进投球区时，必须更换保龄球专用鞋；② 运动员只使用自己选定的保龄球；③ 运

---

① 张铭.影响保龄球运动员心理状态的因素及心理训练的方法[J].辽宁体育科技.2005(2)：70-71.

② 张铭.影响保龄球运动员心理状态的因素及心理训练的方法[J].辽宁体育科技.2005(2)：70-71.

动员须等到球瓶完全放置完之后再投球；④ 运动员不可随便进入旁边的投球区；⑤ 遇到同时投球的情况，右边的运动员先投；⑥ 投球动作结束之后，运动员不可长久地留在投球区；⑦ 运动员不可大声喧哗，以免影响其他运动员。①

二、特奥保龄球项目的特色

（一）项目设置的特殊性

特奥保龄球比赛项目设置了个人赛、双人赛、团体赛和适合低能力运动员参加的基本技术训练和比赛。个人赛包括：单人组、坡道独立保龄球赛和坡道协助保龄球赛。双人赛包括：男子组、女子组、混合组、融合运动男子组、融合运动女子组和融合运动混合组。团体赛包括：男子组、女子组、混合组、融合运动男子组、融合运动女子组和融合运动混合组。②

使用坡道的运动员须与其他选手分开，另立一组，仅限个人赛。该组中，选手可参加两个级别的比赛：①坡道独立保龄球赛：运动员在没有协助的情况下将坡道置于适当位置；运动员在协助下将球置于坡道，并将球沿坡道推向目标球瓶。每名选手可连续进行三轮投球。②坡道协助保龄球赛：助手可根据运动员给出的指示（口头或肢体）将坡道瞄准球瓶，但整个过程须背朝球瓶。如果运动员无法如上述要求给出指示，表示其更适合参与电动活动培训项目机能活动训练计划（MATP）。每名选手可连续进行三轮投球。③

融合运动双人赛或团体赛须由相同比例的运动员和伙伴组成，融合运动团体赛的总分由每名选手总分相加所得（包括按障碍程度分），融合运动团体赛中的选手可以按任何顺序进行投球。④

定点投球和按轮次积分的投球为低能力水平的运动员提供了比赛机会。定点投球共进行5轮投球，采用标准计分制。按轮次积分的投球项目要求选手共进行两轮比赛，每轮有两次投球机会，10个球瓶中击倒越多成绩越好，选手可以坐姿或站姿进行投球，投球时须位于犯规线后，选手可单手或双手投球。⑤

---

① 吴雪峰.保龄球面面观[M].北京：人民体育出版社，1999：183-184.
② 中国特奥会编.特殊奥林匹克运动知识读本[M].北京：华夏出版社，2006：42.
③ 保龄球规则[EB/OL]. http://www.sochina.org.cn/web/itemview.aspx? ID=198.
④ 保龄球[EB/OL]. http://www.sochina.org.cn/web/itemview.aspx? ID=198.
⑤ 中国特奥会编.特殊奥林匹克运动知识读本[M].北京：华夏出版社，2006：42.

（二）比赛规则的特殊性

特奥保龄球比赛规则的特殊性主要表现在残障程度分制。残障程度分制是为了能让不同能力水平的选手或者团队在相对公平合理的环境下比赛而设置的。在双人赛和团体赛中，个人的残障程度将被累积起来以确定团队的总体障碍程度。选手未能开始比赛或未完成3轮投球将不给予残障程度分，比赛得分为零。一般是用200减去选手平均分之间的差异得出选手或团队的残障程度分（200－选手平均分＝每场比赛的残障程度分）。

除此之外，融合运动团体比赛的总分由每名选手总分相加所得（包括残障程度分），这也是特奥保龄球规则的特殊之处。

（三）比赛装备的特殊性

特奥保龄球赛对运动员的服装有着特殊的要求：个人赛时运动员须备两套不同颜色或深浅不一样的比赛服装以及保龄球鞋，如果运动员有伤可以不穿保龄球鞋。双人赛时运动员须备两套不同颜色或深浅一致的统一的比赛服装和保龄球鞋，但是运动员有伤病的情况下可以不穿保龄球鞋。此外，运动员须着齐膝短裤/裙、有领衬衣或T恤。[①]

如果在保龄球比赛中能代替手的话，特奥运动员可以使用特殊工具来帮助握球，投球。如果运动员所参加的特奥运动会和每个组织或赛事允许的话，可以使用一个或其他的手，或使用其他的工具来协助握球或投球。[②]

当选手不能用手投球时要使用保龄球坡道。这种坡道是两块金属制的设备，竖着和斜着的两块。竖着的最小高度是24英寸，最大的高度是28英寸。竖着的宽度在24～25英寸之间。斜着的一块从接点到竖着的第一个弯道为16英寸，从第一个弯道到斜着一块的底部为54英寸。保龄球道和其他的辅助设备必须经过竞赛委员会的认可。在单人赛时，运动员如使用坡道应与其他运动员分开。其他的比赛规则将适用于在坡道内的选手。[③]

[①] 中华人民共和国第五届特殊奥林匹克运动会保龄球竞赛规程[EB/OL]．http://www.sochina.org.cn/web/NewsContent.aspx？ID＝713．

[②] 贾勇．特殊奥林匹克项目规则[M]．中国特奥委员会，2010：89．

[③] 贾勇．特殊奥林匹克项目规则[M]．中国特奥委员会，2010：89．

第3节 项目实施案例

特奥保龄球项目可以逐渐成为学校的重点项目,以下主要以深圳元平特殊教育学校为例阐述项目实施。

深圳元平特殊教育学校主要以开展特奥保龄球教学、特奥保龄球训练和组织学生参加特奥保龄球比赛为主要形式。根据智障学生的生理和心理特点、特奥课程标准、特奥保龄球的相关规则和知识以及学校的实际情况,确定学校特奥保龄球项目目标、制定特奥保龄球教学和训练计划、实施计划以及对学生的学习和训练等情况进行评价。

一、目标

(一)总目标

学校开展特奥保龄球项目是以学生身体练习为主要手段,以挖掘潜能、增进学生健康发展为主要目的,其主要目标包括:① 增强学生体能,使学生掌握基本的特奥保龄球知识和应用特奥保龄球运动技能;② 使学生形成参与特奥保龄球运动的兴趣和爱好,形成坚持锻炼的习惯;③ 通过保龄球运动的训练和比赛,使保龄球运动员具有良好的心理品质,表现出较高的人际交往能力与合作精神;④ 通过参与特奥保龄球项目,增强学生对社会的适应能力,为他们融入社会打下基础,同时促进他们形成健康的生活方式;⑤ 号召学生发扬特奥精神,形成积极进取、乐观开朗的生活态度。

(二)具体目标

1. 特奥保龄球教学目标

特奥保龄球主要分为三个水平进行教学,第一水平教学内容包括:认识特奥保龄球运动、了解保龄球场地及熟悉器材、特奥保龄球运动前的准备活动、特奥保龄球的握球方法和站姿、特奥保龄球的摆臂动作和投球;第二水平的教学内容包括:特奥保龄球站位-摆臂-投球的调整、特奥保龄球一步出球法、特奥保龄球的基本要求和礼节、特奥保龄球基本规则、特奥运动员的运动技能评量;第三水平的教学内容包括:特奥保龄球四步助走出球法、特奥保龄球直线球技术、特奥保龄球直弧线技术、特奥保龄球个人赛规则和比赛要求、特奥保龄球双打、团体和融合比赛方法。特奥保龄球三个水平的教学内容也是特奥保龄球教学和训练的目标,并且每一个水平的内容都设置相应的基础目标和提高目标(表5-3)。

表 5-3　特奥保龄球各水平教学内容及其教学目标

水平	教学内容	基础目标	提高目标
水平一（四至五年级）	认识特奥保龄球运动	1. 知道保龄球运动 2. 初步了解保龄球运动起源	1. 了解保龄球运动起源 2. 了解保龄球运动起源现状
	了解保龄球场地及熟悉器材	1. 了解保龄球球道的长度、宽度、助走区和犯规区 2. 知道保龄球重量	1. 了解球道的长度 2. 知道10支柱的摆放 3. 培养学生积极进取和勇敢拼搏的精神
	特奥保龄球运动前的准备活动	1. 认真做好热身运动 2. 了解准备活动的作用	1. 了解和提高运动中的安全意识 2. 掌握专门性的热身活动 3. 培养学生勇敢拼搏的精神
	特奥保龄球的握球方法和站姿	1. 初步了解保龄球的基本握球方法 2. 初步了解基本的站立姿势	1. 初步学会保龄球的基本握球方法 2. 初步学会基本的站立姿势
	特奥保龄球的摆臂动作和投球	1. 初步了解掌握摆臂动作方法 2. 初步掌握摆臂和投球的基本方法	1. 初步学会保龄球的基本握球方法 2. 初步学会基本的站立姿势
水平二（六至七年级）	特奥保龄球站位-摆臂-投球的调整	1. 认识保龄球站位的不同 2. 认识保龄球摆臂的不同 3. 认识保龄球投球技术的不同	1. 掌握一两种保龄球站位-摆臂-投球的技能 2. 整体的保龄球技术得到提升
	特奥保龄球一步出球法	1. 认识保龄球一步出球法 2. 知道保龄球一步出球动作要领	1. 掌握保龄球一步出球动作要领 2. 能正确运用保龄球一步出球比赛
	特奥保龄球的基本要求和礼节	1. 了解保龄球运动的要求 2. 了解基本礼节	1. 知道保龄球运动使用的鞋子的基本要求 2. 知道自己使用球的重量 3. 培养学生积极进取和勇敢拼搏的精神
	特奥保龄球基本规则	1. 了解保龄球运动的要求基本规则 2. 了解知道比赛的有关规定	1. 知道保龄球比赛时自己的分数 2. 理解和掌握比赛的规则 3. 培养学生积极进取的精神
	特奥运动员的运动技能评量	1. 知道自己的球和鞋子摆放指定位置 2. 能正确说出自己球鞋的尺寸	1. 能独立完成任何一个测试项目 2. 能区分阶段训练前后自己的水平变化

续表

水平	教学内容	基础目标	提高目标
水平三（八至九年级）	特奥保龄球四步助走出球法	1. 基本了解保龄球的四步助走出球法 2. 知道四步助走出球法动作要领	1. 掌握保龄球的四步助走出球法 2. 正确运用四步助走出球法练习比赛
	特奥保龄球直线球技术	1. 基本了解保龄球直线球的基本要领 2. 知道保龄球直线球技术动作要领	1. 掌握保龄球的直线球技术 2. 熟练运用直线球技术进行比赛
	特奥保龄球直弧线球技术	1. 基本了解保龄球弧线球的基本要领 2. 知道保龄球弧线球技术动作要领	1. 掌握保龄球的弧线球技术 2. 熟练运用弧线球技术进行比赛
	特奥保龄球个人赛规则和比赛要求	1. 基本了解保龄球个人赛规则 2. 知道保龄球个人赛的比赛要求	1. 知道并说出一些保龄球个人赛规则和比赛要求 2. 和其他队友分享对个人赛的一些看法
	特奥保龄球双打、团体和融合比赛方法	1. 基本了解保龄球双打、团体和融合比赛的规则 2. 知道保龄球双打、团体和融合比赛的各种要求	1. 知道保龄球双打、团体和融合赛规则和比赛要求 2. 和其他队友分享对各种比赛的看法

2．特奥保龄球训练目标

特奥保龄球训练是专为特奥运动员开展的专业训练，特奥保龄球训练目标主要是：① 帮助学生掌握保龄球的基本方法，熟悉保龄球的动作技巧，熟练掌握保龄球一步出球、三步出球、四步出球等基本动作。② 加强特奥保龄球运动员身体素质的训练，增强学生身体的耐力和柔韧性等素质。③ 培养特奥保龄球队员的耐心、自信心以及调整自己情绪的能力和克服困难的优秀品质。

二、计划

（一）特奥保龄球教学计划

特奥保龄球课教学计划是教师根据学校智障学生的智障程度、心理水平、学校的师资、硬件条件，以及学校特奥运动课程标准和学校特奥保龄球指导手册等制定的教学进度表和教学计划，表5-4是学校九年级智障学生的特奥保龄球课教学进度表(部分)。特奥保龄球执教教师再根据特奥运动课程标准、特奥保龄球教学指导手册以及教学进步表中的内容拟定教案。

表 5-4　R9-1 班保龄球教学进度表(部分)

2012—2013 学年度第一学期　　　授课教师：李秀英

周次	内容	备注
13	保龄球：基本技术动作	教学内容的安排和具体实施可能会因为天气或一些活动（如校运动会周或其他学校活动等等）做出适当的相应调整
14	保龄球：一步出球	
15	保龄球：一步出球	
16	保龄球：四步出球	
17	保龄球：四步出球	

(二) 特奥保龄球训练计划

特奥保龄球训练包括学校平时开展的保龄球基本动作和运动素质的训练和应对特奥保龄球比赛开展的针对性的训练。与此相对应,特奥保龄球的训练计划包括特奥保龄球基本动作的训练计划和比赛前集训的计划。训练计划一般包括训练目标、训练人员、训练场地和训练内容。下面以深圳元平特殊教育学校特奥保龄球教师李秀英老师 2011 学年第二学期的特奥保龄球训练计划为例,说明特奥保龄球项目的训练计划。

2011 年第二学期保龄球训练计划

教练：李秀英

1. 训练目标

(1) 掌握保龄球基本方法,熟悉保龄球的动作技巧,并熟练掌握保龄球一步出球、三步出球、四步出球的基本动作方法。

(2) 加强保龄球徒手基本功练习、熟练掌握保龄球基本技术。

(3) 加强身体素质训练,培养他们的耐心和自信心以及克服困难的优良品质。

2. 训练人员

周某某　杜某某　林某某　杨某某　祝某　李某

3. 训练时间

周一、二、三、四下午 16:15—18:15

4. 训练内容(部分)

周次	时间	内容
第二周	周一	准备活动,慢跑活动,体能恢复,柔韧性训练
	周二	准备活动,慢跑活动,体能恢复,哑铃手臂力量训练
	周三	准备活动,慢跑活动,体能恢复,柔韧性、协调性训练
	周四	准备活动,协调性及力量练习

续表

周次	时间	内容
第六周	周一	准备活动,慢跑活动,保龄球基本步法训练
	周二	准备活动,跑步活动,上下肢力量及协调性练习
	周三	准备活动,慢跑活动,保龄球行进间步法及摆臂练习
	周四	准备活动,跑步活动,柔韧性及协调性练习
第七周	周一	准备活动,慢跑活动,原地摆臂及行进间步法练习
	周二	准备活动,协调性练习,上下肢力量及协调性练习
	周三	准备活动,保龄球一步出球打法训练
	周四	准备活动,协调性及力量练习
第八周	周一	准备活动,跑步,柔韧性,保龄球的模仿练习
	周二	准备活动,协调性练习,保龄球直线打法
	周三	准备活动,跑步,腰腹肌训练,8×20次
	周四	准备活动,协调性练习,腰腹肌训练,8×20次、上下肢力量训练
第十三周	周一	准备活动,跑步,柔韧性训练,直线打法练习
	周二	准备活动,协调性练习,上下肢力量训练
	周三	准备活动,协调性练习,柔韧性训练,直线打法练习
	周四	准备活动,协调性练习,直线打法练习
第十七周	周一	准备活动,跑步,柔韧性,上下肢力量训练
	周二	准备活动,协调性练习,蛙跳8×20米,直线打法练习
	周三	准备活动,跑步,腰腹肌训练8×20次,引体向上8×5次,杠铃轻力量训练
	周四	准备活动,协调性练习,杠铃轻力量训练
第十八周	周一	准备活动,跑步,柔韧性,直线打法练习
	周二	准备活动,跑步,柔韧性,上下肢力量训练
	周三	准备活动,跑步,柔韧性活动,直线打法练习
	周四	准备活动,协调性练习,四步助走训练、直线球打法练习

三、实施

深圳元平特殊教育学校自2001年建立特奥保龄球队以来,充分利用学校和附近保龄球馆的资源,积极开展特奥保龄球的教学和训练,将特奥保龄球项目的目标和计划落实到每一节课和每一次训练过程中,认真准备和积极参与各种特奥保龄球比赛。在特奥保龄球训练计划的实施过程中,执教教师遵循特奥保龄球的教学和训练的原则,注意各种教学和训练方法的选择,积极探索从特奥保龄球的角度促进智障学生的全面康复和发展的方法。

(一)实施途径

特奥保龄球项目主要是通过每学期开展特奥保龄球课、组织特奥保龄球运动员进行特奥保龄球训练、组织和推荐特奥保龄球运动员参与特奥保龄球比赛等形式来实施的。

1. 特奥保龄球教学

深圳元平特殊教育学校教师根据特奥运动课程标准和特奥保龄球教学指导手册设计教学和拟定教案,进行特奥保龄球课堂教学。通过特奥保龄球教学普及特奥保龄球知识和技能,激发学生对保龄球的兴趣,补偿学生智力和社会适应行为等方面的缺陷,挖掘学生的潜能,促进学生的全面康复和全面发展。特奥保龄球教学是建立在对学生非常了解、对特奥保龄球相关知识和技能的熟练掌握的基础上,根据学校实际条件开展的。学校目前主要是李秀英老师给智障学生进行特奥保龄球教学,下面是李秀英老师特奥保龄球展示课的教学设计和教案(表5-5)。

"保龄球四步助走打法"教学设计

一、指导思想

本课贯彻以生为本,树立"健康第一"的指导思想,针对智障学生体能与情感的需求,在保龄球的训练中,通过激发学生学习兴趣,鼓励学生勇于参与和表现,让学生在和谐友好的氛围中团体协作、学习技能,体验成功的快乐,从而促进学生健康发展,补偿其智力和适应行为的缺陷,为他们平等参与社会生活创造条件和机会,为终身体育奠定基础。

二、教材分析

本节课选自深圳元平特殊教育学校《特奥保龄球课程标准》的内容,根据智障学生的身心特点,结合学校的训练经验以及学生的实际情况,以四步出球的步法、摆臂方法和打直线球等基础技术为主要内容,并通过各种分解练习再到完整的结合,在准备部分热身时,让学生以球操进行热身运动,充分调动了学生的积极性,激发学生的运动兴趣,课中按能力分组进行比赛,吸引学生自觉积极地参与保龄球活动,展示他们的潜在价值,超越他们自身的缺陷,结束部分是在音乐的伴奏下做放松练习,使学生慢慢放松身心,达到身心愉悦。

三、学情分析

学校特奥保龄球队由4名男生和4名女生组成,大部分学生对特奥保龄球的兴趣较高,能积极地参与特奥保龄球训练,其中两名学生已掌握特奥保龄球的基本技术及规则,可以参加较高级别的比赛,具有较强的比赛竞争意识,其他学生都是初学者,在课堂中能主动练习,积极思考,同学之间能相互信任,团结合作。

四、教学流程

徒手行进间四步助走→持球四步助走练习→直线球练习→击准练习→分组比赛

五、安全隐患

由于保龄球体积较大、较重，在练习中要求学生手臂要有一定的力量，常会由于控制不好而在使用中引起脱手或滑落现象，以致出现学生手臂拉伤，砸伤自己的脚或撞伤同伴现象，所以教师首先要让学生充分活动各关节，告诉学生正确的持球方法，并充分控制好球，在教师的指挥下拣球、投球，及时关注每一位学生。

表5-5 "保龄球四步助走打法"特奥展示课教案

特奥保龄球队　　学生人数：9人　　授课教师：李秀英　　授课时间：2012.6

教学目标	1. 认知目标：学生能说出特奥保龄球出球动作要领。 2. 技能目标：学生基本掌握四步出球的步法、摆臂方法和打直线球等基础的保龄球技术。 3. 情感目标：培养学生团结合作、积极向上的思想品质，以及培养学生热情参与特奥保龄球运动的兴趣。						
教学内容	1. 保龄球四步助走方法 2. 摆臂出球方法		教学重难点	重点：四步助走方法 难点：摆臂出球方法		场地器材	保龄球10个、实心球10个、标准桶30个、记分牌3个、扩音机1个、小礼物若干	
流程	原地摆臂练习→徒手行进间四步助走→持球四步助走练习→直线球练习→击准练习→分组比赛						
结构	训练内容	组织要求	教师指导	学生活动	教学目标	时间	
导入与热身	1. 课堂常规和导入新课	1. 组织：一列横队 ♀♀♀♀♀♀♀ 要求： 快、静、齐，精神饱满，注意力集中，动作协调、优美。	了解学生情况，师生问好，宣布本节课任务。	迅速站好，认真听课。	培养学生养成遵守纪律的好习惯。	1分钟	
	2. 准备活动：保龄球操	2. 组织：一列横队 ♀♀♀♀♀♀♀ ★ 要求： 培养学生良好行为习惯。	带领学生一起做操。	在老师的带领下，学生跟着老师一起做球操	充分调动学生的积极性，进入准备状态。	4分钟	
	3. 原地摆臂练习	3. 组织：一列横队 ♀♀♀♀♀♀♀ ★ 要求： 仔细听讲，认真练习。	教师讲解示范动作： 1. 先分解； 2. 后完整。	练习摆臂基本方法。	体会持球原地摆臂方法。	2分钟	

续表

结构	训练内容	组织要求	教师指导	学生活动	教学目标	时间
实践与提高	1. 保龄球行进间徒手四步助走法	1. 组织：两列横队 ♀　♀ ♀　♀　★ ♀　♀ 要求：动作做到位，注意脚尖方向、身体和甩臂的动作。	教师讲解示范，先分解，后完整，在学生练习时予以指导	认真听教师讲解示范动作，体会徒手行进间四步助走出球基本方法	徒手体会四步走动作的步法	7分钟
	2. 直线球练习（手持实心球击打标志桶练习）	2. 组织：一列横队 ♀・→→→　○ ♀・→→→　○ ♀・→→→　○ ★ 要求：结合徒手行进间助走的步伐及摆臂动作，进行瞄准前边的标准桶练习，目光集中，动作准确，尽量打中标志桶	1. 老师引导学生做示范，师生互评 2. 指导学生进行练习，让学生在一起对照练习 3. 给予学生指导	根据教师的要求，分别进行击打标志桶练习	学生持实心球体会甩臂的技术要领，并尝试打中目标	7分钟
	3. 击准竞赛游戏（三人一组分三组进行竞赛游戏）	3. 组织：分三组 A、B、C组 ♀　｜　○○○ ♀　｜　○○○ ♀　｜　○○○ ★ 要求：遵守游戏规则，全身心地投入游戏活动中，注意安全	1. 快速布置场地 2. 讲解游戏方法、规则 3. 教师组织比赛，言语引导学生进入比赛状态，并激励学生	掌握规则，热情参与，同学之间相互鼓励，灵活运用所学技术，团结合作，感受成功的乐趣	根据特奥分组进行比赛，使每名学生都能掌握出球技术，并了解比赛规则，激发学生积极行动，让学生体验成功及胜利的乐趣	7分钟
调节与评价	1. 归纳评价 2. 整理器材 3. 师生再见	要求：在音乐的伴奏下有序调整身体，身心放松	1. 组织放松活动 2. 收拾器材 3. 宣布下课并向学生道再见	1. 按要求做放松练习 2. 评价学习情况 3. 收拾场地器材	1. 学生身心得到放松 2. 了解学生掌握情况	2分钟
	预计密度	50%～55%	生理负荷曲线预测	心律(次)曲线图 平均心率：110次/分钟		
	课后反思	…………				

2. 特奥保龄球训练

特奥保龄球训练是专门针对选拔出来的特奥保龄球队员进行的课内训练和针对比赛或活动的专门训练。深圳元平特殊教育学校由于目前没有专门的保龄球馆,所以学校主要对特奥运动员的基本运动素质进行加强和训练,如:耐力、动作的柔韧性和协调性等。每次比赛之前,学校都会安排教师带运动员到专门的保龄球馆去集训。

3. 特奥保龄球比赛

为拓宽学生的视野,增强学生的社会交往能力以及面对大型赛事时的情绪控制能力等综合素质,深圳元平特殊教育学校积极组织特奥保龄球运动员参加特奥保龄球比赛。如:组织黄某某等学生参加了香港第二十六届特奥会城市邀请赛;组织何某某等学生参加了2006年11月第一届全国保龄球比赛;组织尹某某等学生参加了2007年10月份上海举行的第十二届世界夏季特奥运动会的保龄球比赛;2007年11月份组织学生参加了在大连举行的保龄球比赛;2008年组织三名运动员参加了在大连举行的全国特奥保龄球比赛;2010年9月份学校共有何某某等三名特奥运动员参加福州举行的第五届全国特奥会的比赛。通过参加大型的特奥保龄球比赛,提高了学生的自信、社会适应能力等,促进了学生与社会的融合发展。

(二) 实施原则

实施原则是指教师在教学和训练的过程中要遵循的基本准则,要注意的基本问题和事项。教师在教学和训练过程中掌握和遵循了基本原则,可以减少或避免教学和训练过程中出现不科学的、危害学生身体的事件,同时在教学和训练过程中可取得事半功倍的效果。

1. 以生为本

以生为本是指教师在特奥保龄球的教学和训练过程中要充分考虑学生的生理特点和心理特点,将学生置于教学和训练的主体地位,教学和训练内容的难度和强度等要控制在学生的最近发展区内。选择各项教学和训练内容时,要充分考虑其是否能促进学生的全面康复和发展,是否能有助于学生积极人格的培养,是否有利于学生的终身学习和发展。

2. 持之以恒

特奥保龄球知识和技术的学习不是一两天就可以完成的,而且学习过的知识容易遗忘,学过的技术经常不练习容易生疏,停止训练可以使学生已经获得的运动适应性减弱甚至消失。因此,教师要鼓励学生坚持锻炼身体,坚持保龄球技术的学习和训练。

3. 循序渐进

循序渐进原则是指教师根据学生年龄、性别、生理和心理特点,对知识和技能的掌握情况以及身体适应性等,选择特奥保龄球教学和训练的内容时要坚持从易到难、由简到繁、从少到多的顺序,不可急于求成,也要避免停滞不前。

4. 因材施教

每位智障学生的人格特质、身体素质、学习风格和所具有的潜能都不一样,掌握知识和技能的进度也不一致,因而需要保龄球执教教师要不断地观察学生的情况,与学生家长、班主任、生活老师等多交流、沟通,尽可能快地、全面地了解学生的特点,有针对性地对学生进行教学和训练。同时,每位学生知识或技能的薄弱环节也不一样,教师要根据每位学生的具体情况进行教学和训练。此外,教师也需掌握诱发每位学生不良情绪和行为问题的不同因素,在教学和训练过程中要避免或减少那些因素的出现。

(三) 教学和训练的方法

1. 图示法

智障学生的思维主要是直观形象思维,抽象思维能力比较差,且智障学生语言理解能力不是很强,根据此特点,教师在特奥保龄球的教学和训练过程中要经常采用图示法进行教学和训练。例如,教师在教授四步出球的技法时就采用了图示法(图 5-3),由于四步出球有一连贯的摆臂、步法以及手上动作等,若只是纯粹的语言讲解,学生会听不太明白而且会很容易忘记动作要领。采用图示法,给学生展示整个动作的过程,并将图示法与讲解法结合起来,教师一边引导学生看图示,一边讲解,这样学生就很容易理解和掌握每个动作。

图 5-3　保龄球四步出球法

2. 讲解法

虽然智障学生语言理解能力不是很强,但是讲解法还是很重要的,在具体的教学和训练过程中也使用得最多。教师要用语言把每个动作描绘得非常形象、很夸张、针对性强,而且语言要非常精练。通过讲解法,教师用语言向学生说明保龄球教学或训练的目标、动作名称、作用、要领及相关的要求,以指导学生掌握特奥保龄球的知识、技术、技能,进行练习的方法,加强学生对保龄球技术与要领的理解,从而让学生掌握保龄球的基本技术。

3. 示范法

示范法是指教师以具体动作为范例,使学生了解所学动作的形象、结构、要领和过程。同时也运用错误动作的演示来帮助学生克服动作缺点,改进技术动作。教师做示范要有明确的目的,突出示范重点,示范动作要求正确、熟练、合理,要注意示范的位置和方向且示范法要与讲解法相结合。教师通过自身的示范,可以让智障学生更直观地感受和理解保龄球每个动作的要领。同时,教师通过演示错误的动作可以让学生很清楚地看到自己到底是哪个动作没有做好,从而调整自己的动作。

4. 模拟法

模拟法也是保龄球教师在教学和训练过程中经常使用的教学方法,教师常用实心球模拟保龄球、标志桶模拟保龄球瓶等来进行打保龄球瓶需要的一些技巧、方法等的教学和训练。通过模拟法,可以使学生主动、积极地参与到教学或训练的过程中,加强师生之间、生生之间的相互合作、交流和学习。

5. 练习法

练习法是指根据教学任务,有目的地反复做某一动作以达到发展身体和掌握技术、技能的方法,包括重复练习法、变换练习法、循环练习法和游戏法。[①] 教师在特奥保龄球的教学和训练过程中,会带领学生重复地练习某一个基本动作。由于智障学生自身学习能力比较弱的特点,重复练习法在特奥保龄球的教学和训练过程中的应用是非常重要的。教师在教学和训练过程中,根据学生的接受能力、兴趣、教学进度等会随时调整教学和训练内容的难度和强度等,然后让学生在此基础上不断练习,这就是使用的变换练习法。在教学和训练过程中还可以经常看到教师使用循环练习法,教师通常将学生分成若干组,各组学生分别站成一队,按练习要求同时开始练习,每队最后一个学生都练习完后,从第一个同学开始又按相同的顺序进行练习,这样依次循环。游戏法也是教师在特奥保龄球训练和教学过程中使用频率很高的一种教学方法。以游戏的形式让学生进行练习,可以调动学生的激情,避免学生出现厌倦的心理,从而达到比较理想的教学和训练效果。

四、评价

评价是对教师的教学和训练是否完成项目计划,学生的学习或训练成效是否达到预定目标的判断,判断标准有主观和客观两种。通过评价,可以监督教师是否真正落实了项目教学和训练计划,为领导评选教师提供依据,更重要的是通过评价,可以明晰学生的进步和存在的问题,为项目下一阶段的实施提供借鉴。

对学生的学习和训练的评价还是整个项目中最核心的部分,教师对学生的评价以随堂评价、口头评价和手势语言评价为主,以客观标准评价为辅。学

---

① 体育教学方法[EB/OL]. http://wenku.baidu.com/view/de4a47c45fbfc77da269b1ad.html.

校组织教师按照项目目标、学生特点等制定一定的评价标准,在学期开始之前、期中还有期末等阶段,会用该评价标准对学生的学习或训练情况进行评价。例如,表5-6是学校体育组教师制定的对特奥保龄球学生的评价标准。

表5-6 特奥保龄球课程评价表

班级:　　　　姓名:　　　　评估教师:　　　　评估时间:

评估标准	具体内容	评价内容	学期前评估			学期中期评估			学期后期评估			总评			评估方法建议
			A	B	C	A	B	C	A	B	C	A	B	C	
保龄球	一步出球	技能													观察
		1. 做出正确的姿势,目光集中在保龄球球瓶上													
		2. 用一步出球法,不过犯规线出球													
		3. 能朝球道任意角度出球													
		4. 能向最前面的球瓶出球													
		5. 能直线出球													
		6. 能瞄准特定球瓶出球													
		知识与技能													提问
		1. 知道计算被击倒的球瓶													
		2. 知道只在球瓶立起时才能出球													
		3. 知道一轮比赛只能投两轮													
		4. 懂得犯规与遵守规则													
		参与表现													观察
		1. 能积极参与,并能有序参与													
		2. 懂得合作和竞争													
		3. 能在练习和比赛中互相帮助													

说明:1. 本评估量表适用于参加特奥运动学习的轻、中、重度智障儿童。主要通过评估方便老师了解学生学习情况,便于进行有针对性的教学。

2. 评估标准:根据学生实际情况在相应格里用"√"标注。

3. 评估要求:连续三次。

从表5-6可以看出,对学生的评价内容主要从知识、技能以及参与表现等进行评价,而且评价的方法也主要是观察和提问等方法。除此之外,各种比赛成绩也是对学生的一种评价。

第 6 章 特奥滚球项目

特奥滚球运动追求意志、精神、情操的陶冶和体质的锻炼,倡导超越、拼搏精神和友好团结、公平竞争的良好氛围。特奥滚球运动对场地器材要求简单,规则易于理解,技术动作容易掌握,但对运动员的肌肉控制能力和手眼协调能力有一定要求,符合智障人士的身心特点,适合各年龄段人士参与。特奥滚球除了要求运动员具有良好的协调性和技巧性外,运动员要想赢得比赛还需要具备一定的策略和战术意识,具有像台球选手一样的计算本领和高尔夫球手的灵巧与细心。在双人和四人团体比赛中还需要队友间的相互配合,这对于提高特奥运动员团队合作意识具有积极作用。因此特奥滚球运动是集健身、娱乐和竞技为一体的运动项目,具有很高的观赏和健身价值,对智障人士的身心康复有巨大作用。

第 1 节 项目概述

一、项目简介

滚球是一项古老的运动,七千年前古埃及人开始从事这项孕育了多种现代游戏成分的运动,如英国的草地滚球、法式滚球、美国的保龄球等。特奥滚球作为特奥运动会特有的项目为智障人士提供接触运动的机会。滚球运动有利于智障人士身体协调性的发展,同时也能增强他们的自信心。2005 年滚球开始引入我国并在全国推广,并于 2005 年在哈尔滨市举行的全国特殊奥林匹克滚球比赛上首次露面。因为比赛技巧易于掌握且规则简单易懂,所以适合智障人士参加,尤其适合重度智障人士参加,从而深受特奥运动员的喜爱。

特奥滚球单打和双打比赛得分以投出的球距目标球的距离计算,预先累计到 12 分的一方获胜,团体赛预先累计达到 16 分的获胜。比赛器械共 8 个大球和 1 个目标球,双方各有 4 个大球,通常采用两种颜色区分,通过抛硬币决定谁先抛目标球及第一个大球。单打比赛每个选手抛四个大球,双打比赛每队两名选手各抛两个大球,团体赛每队四名选手各抛一个大球。融合运动滚球团体赛是以相等数量的特奥运动员和伙伴组队完成比赛,以计算他们的共同得分来记录名次。

二、项目发展

特奥滚球虽然历史较短,但是由于其对场地、设备要求较低以及规则相对简单,使它特别适合智障人士尤其是中重度智障人士的参加。自从成为特奥运动比赛项目后,滚球得到众多智障人士的青睐,在许多特殊学校被迅速推广开来。现在世界上许多国家将滚球项目列为本国特奥比赛项目,定期或不定期地举行特奥比赛。许多特殊学校也把特奥滚球运动引入课堂,一方面发展学校特奥课程,另一方面丰富学生课余生活。

(一)国外

滚球运动有着悠久的历史,但是特奥滚球的发展历史相对较短。1995年滚球正式成为世界夏季特奥运动会比赛项目。在1995年美国纽黑文第九届夏季特奥会,1999年美国罗利第十届夏季特奥会,2003年都柏林第十一届夏季特奥会,2007年中国上海第十二届夏季特奥会以及2011年雅典第十三届夏季特奥会上进行了特奥滚球比赛。

(二)国内

特奥滚球在我国的历史更短,2005年滚球开始引入我国并在全国推广。并于当年在黑龙江哈尔滨举行的全国特殊奥林匹克滚球比赛上首次露面。2010年在福州举行的第五届全国特奥会进行滚球比赛。每年7月20特奥日各地都会进行丰富的特奥滚球比赛。此外,全国各地不定期地举行特奥滚球比赛。2007年7月17日至7月19日,"波音杯"全国特奥滚球邀请赛在北京联合大学特殊教育学院举行。来自北京、天津、上海、陕西及特奥滚球国家队等5个单位6支队伍参加了比赛。2008年由国际特奥东亚区主办、中国特奥委员会协办、波音中国有限公司赞助、中国残奥运动管理中心承办的"波音杯"全国特奥滚球比赛于12月17日至12月20日在中国残奥管理中心举办,共有来自北京、天津、辽宁、陕西及福建五省市的49名运动员参加了比赛。2010年7月全国滚球、轮滑邀请赛在福州举行,来自北京、天津、上海、广西、福建等10个省市的97名运动员参加了为期两天的特奥滚球比赛。2015年5月11日,全国第九届残疾人运动会暨第六届特殊奥林匹克运动会特奥滚球比赛项目开赛仪式在安县体育馆举行,来自全国21省22个队,84名运动员将角逐个人赛与团体赛冠亚季军及体育道德风尚奖等各项奖项。

(三)深圳元平特殊教育学校

深圳元平特殊教育学校在我国较早开展特奥滚球训练,一直重视特奥滚球运动项目的建设。学校特奥滚球队自成立以来参加了众多国内外比赛,均取得了不错的成绩。如 2005 年学校特奥滚球队员参加了在哈尔滨举行的全国特奥滚球比赛，比赛过程中特奥运动员们充分发扬了不畏强手、勇于拼搏的精神，最终取得 2 金 4 银 4 铜的优异成绩。除了参加大型比赛外，学校也开展了特奥滚球夏令营交流活动，以及一些其他的活动。

2007 年暑假期间在学校开展的与香港特奥滚球队的训练交流活动。2008 年 7 月 21 至 25 日在深圳元平特殊教育学校举办了东亚区运动员领袖计划（运作管理）培训班。包括中国、香港、澳门、台湾和韩国在内的 15 个国家和地区派出了代表参加了此次培训班。2012 年 6 月全国特奥运动研讨会在深圳元平特殊教育学校举办。各地代表对特奥运动的现状和发展进行了交流和讨论。

第 2 节　项目特色

一、滚球运动的特色

特奥滚球作为特奥会的一项比赛项目，与其他运动相比存在许多明显的特点和优势，使滚球能够在我国特殊学校迅速开展起来。滚球运动相对于游泳、保龄球以及其他项目具有以下特点。

（一）设备器材简易，便于活动开展

特奥游泳、特奥保龄球等项目需要建设专业的比赛场馆、长期的维护保养，花费巨大，一般特殊学校缺乏财力、物力、人力开展这些项目。特奥滚球项目对设备器材的要求较低，滚球比赛只需一个没有障碍物的场地，一个目标球、八个大球以及测量工具即可，所以一般学校即可开展。此外，特奥滚球训练、比赛既可在室内进行也可在室外进行，所以不受气候、天气情况的影响，任何时间都能进行。

（二）运动规则简单，易于学生掌握

智障学生由于自身生理或心理缺陷，学习能力较差，动作协调性不好，自卑心强，害怕失败，自信心差，学习的迁移能力差。对于一些规则复杂的运动，他们没有学习兴趣，而滚球运动规则简单，易于掌握，所以很适合智障学生，尤其是中重度智障学生。

二、特奥滚球项目的特色

特奥滚球是专门为智障人士设置的体育比赛项目，充分考虑到智障人士的生理、心理特点，满足智障人士对体育运动的特殊要求。特奥滚球在竞赛分组、比赛项目、比赛规则以及场地设备方面都存在明显的特点。

(一) 竞赛分组

(1) 按性别分为男子组、女子组和混合组。

(2) 按年龄分为个人项目和集体项目。个人项目按年龄分组：8~11岁、12~15岁、16~21岁、22~29岁、30岁以上。集体项目按年龄分组：15岁以下、16~21岁、22岁以上。年龄分组以运动员个人年龄计算，以比赛开始的当日为准；集体项目比赛年龄计算是以比赛开始的当日各队年龄最长者为准。

(3) 按能力分，在预赛前，通过预报资料或预赛成绩来决定分组。个人比赛中，一个组中成绩最好的和成绩最差的相差不超过10%。预赛成绩作为正式比赛的证明和修改依据。

(4) 混合分组。若同一年龄男女运动员能力或成绩接近可考虑混合分组，混合组人数最多8个、最少3个。许多规则都规定要保证每组参赛选手的最低数，使每组的比赛具有较大的挑战性。

在所有的比赛中，竞赛组织者应为能力接近的选手提供平等的机会。特奥运动规则规定，所有参赛的运动员无论在预赛还是在决赛中，都应尽全力拼搏；否则，将被取消参赛资格。任何运动员其比赛得分与赛前申报之成绩或预赛成绩相差达到15%或以上者取消其比赛成绩。

(二) 项目设置及规则的特殊要求

1. 项目设置

特奥滚球比赛共设五个比赛项目：单打(每队一名运动员)、双打(每队两名运动员)、团体赛(每队四名运动员)、融合运动滚球双打(每队两名运动员)、融合运动滚球团体赛(每队四名运动员)。

2. 规则的特殊要求

(1) 三次抛球规则

拥有抛目标球权的一队可以有三次机会将目标球抛到9.125米(30英尺)标记线与另一端3.05米(10英尺)线之间的区域。如果三次抛球都没有成功，对方球队获得一次抛目标球的机会。如果这次抛球也没有成功，将由裁判把球放在15.24米(50英尺)标记线(即另一端的边线处)的中央。但是，无论何种情况下，抛目标球队都不会失去其赢得的目标球优先权，可以第一个抛大球。

(2) 抛球的顺序

比赛开始时，由抛硬币决定其中一队的一名运动员滚出或抛出目标球。抛目标球的运动员必须第一个抛大球。然后由对方队抛大球，直到得分或用尽自己的四个大球。"最近大球"规则决定了已抛出大球的次序。如果一只大球最靠近目标球，对于此球的所有方，此球叫"入局"球，而另一方则叫作"出局"球。每当一队获得"入局"球，该队就退到一旁，让"出局"队抛球。

(3) 第一点总是由拥有目标球优先权的一队建立的,也是此队的职责所在。例如,A 队掷出目标球并抛出第一个大球。B 队选择将 A 队的大球击离原来的位置。在此过程中,A 队和 B 队的大球都飞出了场地,场地中只剩目标球。这时,必须由 A 队重新建立第一点。

(4) 在大球不出界或运动员没有越过边线的前提下,一方可以采用滚、抛、反弹、撞围板反弹的方式将自己的大球掷到场地中,还可以选择"滚击"或抛击方式,将场地中的任意一个大球击出场地以得到一分或降低对方的分数。运动员持球时可以手心向上托住球,也可以手心向下抓住球,只要球是用下手方式掷出的。下手掷球是指在不高于腰部的高度释放球。

(5) 一局比赛中间的平局:如果双方大球距离目标球的距离相等(平局),由最后掷球的球队继续掷球,直到打破平局。

(6) 一局比赛结束时的平局:如果两只距离目标球最近的大球分别属于双方,就形成平局,双方都不得分。目标球权再次归上次掷目标球的球队所有。上局比赛是从场地的哪一端开始的,比赛就从哪一端重新开始。

(三) 场地、设备的特殊要求

1. 场地

(1) 场地宽 3.66 米(12 英尺),长 18.29 米(60 英尺)如图 6-1 所示。

(2) 场地表面可以是石粉、泥土、黏土、草皮或人造表层,只要场地上没有任何永久性或暂时性的障碍物,不会影响球在任何方向上的直线滚动。这些障碍物不包括坡度、硬度或地形上的变化。

(3) 场地围板指场地两侧和两端的挡板,可以用任何坚硬材料来制造。场端的围板高度不得低于 76.4 毫米(3 英寸)。端板应使用木材或树脂玻璃等坚硬材料来制造。两侧围板任何一点上的高度都不得低于大球的高度。在打擦板球或反弹击球时可以利用侧板或端板。

(4) 所有场地上必须清晰地标出以下各线。

3.05 米(10 英尺)线:靠球、抛击球或滚击球时的边线,距离端板 3.05 米。

半场线:开局时目标球掷出的最短距离。在比赛过程中,作为正常比赛的结果,目标球的位置可以变化;但是无论何时目标球都不能停在近于半场线(9.125 米 30 英尺线)的地方,否则这局比赛被视为死局。

3.05 米(10 英尺)和 9.125 米(30 英尺)线,应从场地的一侧到另一侧永久性地划出。

2. 设备

(1) 大球(图 6-2)可以用木头或合成材料制作,尺寸必须相同。正式赛事使用的大球尺寸可以在 107 毫米(4.20 英寸)和 110 毫米(4.33 英寸)之间。大球颜色：只要一支球队的四个大球能与另一球队的四个大球清楚地区分开即可。

（2）目标球尺寸不得大于63毫米（2.5英寸）或小于48毫米（1.875英寸），其颜色必须与两队大球的颜色有明显区别。

（3）测量设备可以是任何能精确测量两个物体之间距离的设备，并得到赛事官方的许可。鉴于界线划分的目的，应使用最小刻度为毫米的钢卷尺（见图6-3）。

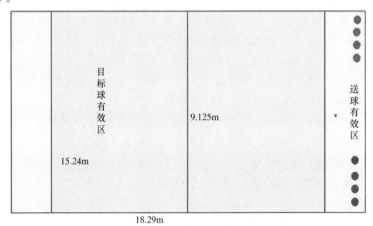

图6-1　滚球场地

图6-2　大球、基准球

图6-3　旗子、钢卷尺

第3节　项目实施

滚球运动相对于其他运动来说相对简单，但是要想在特奥比赛中取得优异的成绩，需要学校平时制订科学的训练计划，并根据训练计划开展科学训练活动。深圳元平特殊教育学校滚球训练在学校特奥课程标准的指导下组织和开展，依据学生不同年龄特征、不同障碍程度进行科学训练，确定项目目标、制订计划、实施计划并进行评价和反馈，促进智障学生的发育和身心健康发展，增强体质，提高运动成绩。

一、目标

(一) 总目标

教学目标是指导教学活动的方向,特殊学校开设特奥运动课程,其主要目的是促进学生身心健康发展,为他们将来融入社会奠定基础。学校在制定特奥滚球教学目标时既要遵循体育教学目标,同时也要遵循特殊儿童身心发展规律。在特奥滚球教学中其总目标主要包括:① 增强体能,掌握和应用基本的滚球知识和运动技能;② 形成参与滚球运动的兴趣和爱好,坚持锻炼的习惯;③ 良好的心理品质,表现出人际交往的能力与合作精神;④ 增强对社会的适应能力,为能融入社会打下基础,形成健康的生活方式;⑤ 形成积极进取、乐观开朗的生活态度。

(二) 具体目标

在滚球教学开始前要制定滚球教学具体目标,而有了具体目标我们才能进一步开展训练活动,并对教学结果进行评估,才能根据评估结果不断修订、改进教学计划。特奥滚球项目在制定标准的过程中要遵循国家颁布的体育与健康课程标准的目标,在学习领域目标同样紧紧围绕体育与健康课程的五个领域并与其基本一致。

特奥滚球是特奥球类项目中的一个项目,有单人、双人和集体等比赛项目,具有很强的趣味性和对抗性。通过特奥滚球的练习和比赛,可以发展学生的手眼协调能力,提高反应能力、判断能力、灵敏性等身体综合素质,对提高神经中枢系统协调支配各器官的能力起着良好的作用,同时还可以培养学生团结合作、勇敢顽强、机智果断等优良品质和积极进取的竞争意识。在制定总目标的基础上根据学生状况以及学年计划制订具体的分阶段教学目标,可以促进学校根据学生发展特点,循序渐进地开展滚球教学。

深圳元平特殊教育学校制定了滚球的具体目标(表 6-1),并在此基础上根据各水平教学目标进一步细化教学内容,根据不同的教学内容制定出相应教学目标(表 6-2)。

表 6-1 特奥滚球具体目标

水平	教学目标	
	第一学年	第二学年
水平一(四至五年级)	初步了解掌握单人比赛规则及方法	初步了解掌握单人比赛规则及方法
水平二(六至七年级)	初步了解掌握双打比赛规则及方法	了解掌握四人团体比赛规则及方法
水平三(八至九年级)	初步了解融合运动滚球双打赛,掌握融合运动滚球双打赛规则及方法	了解掌握融合运动滚球团体赛比赛方法

表 6-2　特奥滚球教学目标

水平	教学内容	基础目标	提高目标
水平一（四至五年级）	了解比赛器材、场地	1. 使学生对特奥滚球建立初步的感念，了解特奥滚球运动 2. 对特奥滚球运动产生兴趣	1. 了解特奥滚球器材、场地 2. 喜欢特奥滚球，能积极参与
	抛掷滚球——低姿滚靠球	1. 能积极参与抛掷滚球学习活动 2. 初步了解低姿滚靠球动作技术，参与体会技术动作练习	1. 初步建立正确抛掷滚球动作概念 2. 积极主动体会技术动作
	单人比赛规则	1. 能积极主动学习单人比赛规则 2. 初步了解单人比赛规则，能回答简单提问	1. 在指导下能简单讲解单人比赛规则 2. 对比赛产生兴趣，能积极主动参与单人比赛规则学习
	单人比赛	1. 初步了解单人比赛方法 2. 初步了解单人赛计分方法	1. 初步掌握单人比赛方法 2. 初步掌握计分方法，在指导下对比赛得分进行计算，感受特奥滚球运动带来的乐趣
水平二（六至七年级）	抛掷滚球——高姿滚靠球	1. 积极主动参与抛掷滚球学习活动 2. 初步了解高姿滚靠球动作技术	1. 改进滚靠球动作技术，提高动作技术水平 2. 对滚球运动产生兴趣，能积极主动参与体会技术动作
	双打、四人团体比赛规则	1. 积极主动学习双打、四人团体比赛规则 2. 初步了解双打、四人团体比赛规则，能简单讲解比赛规则	1. 在指导下能简单讲解双打、四人团体比赛规则 2. 体会双打、四人团体比赛规则，激发滚球运动参与兴趣
	双打比赛	1. 初步了解双打比赛方法 2. 初步了解双打赛计分方法	1. 初步掌握双打赛计分方法 2. 初步掌握计分方法，在指导下对比赛得分进行计算，感受特奥滚球乐趣
	四人团体比赛	1. 初步了解四人团体比赛方法 2. 初步了解四人团体比赛计分方法	1. 初步掌握四人团体比赛计分方法 2. 初步掌握计分方法，在指导下对比赛得分进行计算，感受特奥滚球乐趣

续表

水平	教学内容	基础目标	提高目标
水平三（八至九年级）	抛掷滚球——抛掷球技术	1. 能积极主动参与抛掷滚球学习活动 2. 初步建立正确抛掷滚球动作概念，体验抛掷	1. 改进抛掷滚球动作技术，提高动作技术水平 2. 对滚球运动产生兴趣，能积极主动参与体会动作技术
	特奥滚球比赛基本战术	1. 能积极主动参与滚球比赛战术的学习 2. 初步了解双打、四人团体和融合比赛基本战术	1. 初步掌握运用简单战术 2. 体验比赛战术的运用，感受比赛乐趣
	融合运动滚球双打赛	1. 初步了解融合运动滚球双打赛方法 2. 初步了解融合运动滚球双打赛计分方法	1. 初步掌握融合运动滚球双打赛计分方法 2. 初步掌握计分方法，在指导下对比赛得分进行计算，感受特奥滚球乐趣
	融合运动滚球团体赛	1. 初步了解融合运动滚球团体赛方法 2. 初步了解融合运动滚球团体赛计分方法	1. 初步掌握融合运动滚球团体赛计分方法 2. 初步掌握计分方法，在指导下对比赛得分进行计算，感受特奥滚球乐趣

二、计划

确定滚球训练目标后，要根据教学安排、滚球运动特点以及智障学生身心特点制订训练计划。训练计划既要坚持一定的原则又要根据具体情况有所改变。同时训练计划一定要详细，要具体落实到每一课时、每一教学内容上。

（一）制订原则

在制定教学目标的基础上要根据滚球运动的特点、学生身体状况、学习特点以及学校的教学计划制订具体的实施计划。在制订计划的过程中学校要坚持一定的原则，只有坚持这些原则，才有可能达成训练目标，否则有可能会事倍功半，影响训练效果。学校在制订计划的时候要坚持以下原则。

1. 实践性原则

滚球运动以增进学生身心健康，促进学生掌握滚球运动的基本技能为目的，滚球的学习需要将大多数时间用于滚球运动的实践，而不是滚球知识的介绍。所以只有让学生经常参与滚球活动，他们的动作技能和身体能力才能得到良好的发展，滚球技术水平才能进步。

2. 灵活性原则

根据滚球在各阶段训练的性质、作用和难易程度制订计划，此外在制订的过程中也要充分考虑学生的学习情况,在实施的过程中根据达成目标的状况,及时调整教学时数和进度。

3. 综合性原则

滚球训练要指向多种学习目标,教学中不仅要重视学生滚球知识和技能的掌握,更要关注学生心理发展和社会适应能力的提高。

（二）教学方案的制订

在制订具体的滚球训练计划时一方面要遵循以上原则,另一方面要充分考虑学校的课时安排、学生的身心状态及技能水平,同时要将总目标分成具体的小目标来进行,以便学生不断取得进步,提高自信心。学校在制订教学方案时,应该注意以下几点:

（1）根据"健康第一"的指导思想以及学校场地、器材条件确定每个学年的教学内容及各项教学内容的时数比例。

（2）根据年级教学目标和教学内容的安排制订年度教学计划。

（3）根据年度计划制订学期教学计划和单元教学计划。

（4）根据学期教学计划和单元教学计划,制订课时计划。学校根据自身条件、滚球运动特点以及学生的学习能力水平制定的滚球训练课时计划(表6-3)。

表6-3 特奥滚球课时计划

周次	训练内容
1	学生认识了解滚球、培养对滚球运动的兴趣
2	讲解滚球技术动作
3	投球20次×3、纠正学生动作技术、投球掷准20×2
4	灵敏度练习
5	协调性练习、投球练习20次×3、两人一组投球练习20次×3
6	讲解比赛场地学生熟悉比赛场地、两人一组投球练习20次×5
7	直线投球练习20次×3、斜线投球练习20次×3
8	投球20次×3、纠正学生动作技术、投球掷准20次×2
9	协调性练习、投球20次×3、两人一组投球练习20次×3
10	灵敏性练习、直线投球练习20次×3、斜线投球20次×3
11	投球20次×3、纠正学生动作技术、投球掷准20次×2
12	直线投球20次×3、斜线投球练习20次×3
13	灵活性练习、投球掷准练习20次×3、区域投球练习20次×3
14	协调性练习、投球练习20次×3、区域投球练习20次×3
15	直线投球20次×3、斜线投球20次×3
16	投球20次×3、纠正学生动作技术、投球掷准20次×2
17	讲解比赛规则、进行简单的模拟比赛
18	投球练习、模拟比赛
19	投球练习、模拟比赛
20	投球练习、模拟比赛

（三）教学重难点

教学重点就是学生必须掌握的基础知识与基本技能，教学难点是指学生不易理解的知识，或不易掌握的技能技巧。在特奥滚球的教学中要结合滚球技能特点以及智障学生能力水平和学习特点，有针对性地列出重难点，在教学过程中采取一定的教学方法使学生尽快掌握滚球运动技能。表 6-4 是深圳元平特殊教育学校在三水平基础之上针对各教学内容列出的重难点。

表 6-4　特奥滚球教学重难点

水平	教学内容	重、难点
水平一（四至五年级）	了解比赛器材、场地	1. 认识器材、场地 2. 布置场地
	抛掷滚球——低姿态靠球	1. 抛掷球准备姿势 2. 球抛掷出手的落点
	单人比赛规则	1. 了解比赛规则 2. 简单讲解比赛规则
	单人比赛	1. 单人比赛方法 2. 单人比赛计分方法
水平二（六至七年级）	抛掷滚球——高姿态靠球	1. 抛掷球力量控制 2. 球抛掷出手角度、力度
	双打、四人团体比赛规则	1. 了解双人（四人团体）比赛规则 2. 简单讲解双人（四人团体）比赛规则
	双打比赛	1. 双人比赛方法 2. 双人比赛计分方法
	四人团体比赛	1. 四人团体比赛方法 2. 四人团体比赛计分方法
水平三（八至九年级）	抛掷滚球——抛掷球技术	1. 抛掷球出手后用手指拨球 2. 球抛掷出手力度与角度
	特奥滚球比赛基本战术	1. 了解比赛规则 2. 懂得比赛技术和战术
	融合运动滚球双打赛	1. 双人融合比赛方法 2. 双人融合比赛计分方法
	融合运动滚球团体赛	1. 四人融合团体比赛方法 2. 四人融合团体比赛计分方法

三、实施

制订好滚球训练计划后，需要根据训练计划开展训练活动。由于智障学生个体间差异大，在训练过程中首先要求教学组织形式灵活多样，能充分考虑每一个学生的需求，争取使每一个学生都能取得进步。其次，在训练的过程中需要根据任务的难易程度，灵活设置教学时数。

（一）教学组织形式的选择

1. 班级教学与分组教学

特奥滚球的教学可根据需要采用全班练习、分组练习等形式。在分组的形式上，可以按相同水平分组，也可以按不同水平强弱搭配。分组可以相对稳定，也可根据教学需要随时进行调整。采用什么分组形式进行教学，要根据学生的需要和教学条件而定。

2. 组织教学要有灵活性

在教学中，要根据学生的情况区别对待，避免不管学生是否已经掌握学习内容，只按计划安排上课的机械做法。在学习一项内容时，如有的学生已经较好地掌握了该项内容的动作，可以在教师的指导下练习其他动作，或让其协助教师指导其他同学练习，以便调动学生学习的积极性和主动性。

（二）滚球教学的实施

在确定目标，制订计划后根据目标和计划实施教学，教学实施要落实到每一课时，每一训练内容上。同时在实施的过程中根据具体情况不断调整教学计划，务必使每项内容都落到实处，对于一些较难的动作要进行反复训练，只有在学生基本掌握一项技能的基础上才开始进行下一项教学内容，以下为刘伟老师和廖露宝老师特奥滚球教学设计和教案（表6-5）。

"特奥滚球"教学设计

一、教学指导思想

特奥运动课程对于挖掘潜能、提高体质、增进健康水平，促进学生全面和谐发展，具有极为重要的作用，同时能培养学生对体育活动的兴趣和习惯，提高学生参与体育活动的积极性。本次课根据学生的身体发展和认识能力的特点，通过组织特奥滚球教学比赛，使学生初步了解滚球比赛规则，学会应对比赛中遇到的问题，懂得互相合作，体验参与比赛的乐趣，从而获得身心健康发展。

二、教材分析

本节课选自学校特奥课程中的滚球内容。滚球运动是集健身、娱乐和竞技为一身的运动项目，具有很高的观赏和健身价值，对智障人士的运动康复有很大帮助。特奥滚球主要发展学生手眼协调能力和对身体肌肉力量控制能力，同时在比赛中学生要根据实际情况或自己或与同伴交流作出判断应对，对学生的智力康复也有一定的促进作用。

三、学情分析

特奥滚球运动队共有8名学生，分别为高中2名、初中2名、小学4名。学生运动学习能力相对较好，具有一定的运动基础，对特奥滚球课的兴趣较高，能积极地参与活动，通过前期学习和练习初步掌握特奥滚球一些基本技战术，能在老师的指导下较好地参与练习。

四、教学流程

拉伸球操→投球练习→学习了解比赛规则→比赛学习→比赛

五、安全隐患

课前教师要对本节课所需使用场地器材进行检查，保证场地器材完整、牢固、安全。同时还要对学生着装进行检查，其身上不佩戴钥匙、小刀等尖锐物品。练习前提醒学生禁止打闹嬉戏，安全合理使用器材。

表6-5 特奥滚球教案

特奥滚球运动队　　学生人数：8人　　授课教师：刘伟、廖露宝　　授课时间：2012.6

教学目标	认知目标：知道滚球动作要领，了解滚球比赛规则 技能目标：进一步掌握滚球掷准技术，并能在比赛中运用 情感目标：感受比赛乐趣，体会成功后的喜悦，培养良好的团结协作精神					
教学内容	滚球比赛		重点难点	重点：了解比赛规则 难点：比赛中合理利用投球技术	场地器材	滚球一套、标志桶8个、记分牌一个
流程	拉伸球操→投球练习→学习了解比赛规则→比赛学习→比赛					
导入与热身	1. 课堂常规和训练导入。	1. 组织：一列横队 ♀♀♀♀♀♀♀♀ ★ 要求：集队快、静、齐，精神饱满。	1. 了解学生情况，师生问好，宣布本节课任务。	1. 整队，请老师上课。 2. 了解特奥滚球比赛。	1. 培养学生养成良好行为习惯。 2. 让学生对特奥滚球比赛有所了解，激发学生的兴趣。	2′
	2. 准备活动：拉伸球操（6节）2×8	2. 组织：一列横队 ♀♀♀♀♀♀♀♀ ★ 要求：动作到位、活动充分。	2. 组织并带领学生进行拉伸球操的准备活动。	2. 跟随教师进行热身练习。	2. 调动学生积极性，提高学生身体的兴奋性。	7′
	3. 投球练习 练习方法：学生两人一组相对投球练习。（20次/人）	3. 组织： ♀←→♀　♀←→♀ ♀←→♀　♀←→♀ 要求：积极参与、认真体会动作。	3. 讲解动作要领并示范，组织和指导学生进行分组练习。	3. 按要求进行投球技术动作练习。	3. 熟悉球性，掌握投球技术，提高控球能力。	

续表

结构	教学内容	组织要求	教师活动	学生活动	达成目标	时间
实践与提高	1. 比赛规则 2. 比赛学习 3. 分组比赛	1. 组织：一列横队 ♀♀♀♀♀♀♀ ★ 要求：认真听取老师讲解 2. 组织： ♀♀♀♀ [场地图] ♀♀♀♀ 要求：认真听讲、积极思考、有序参与 3. 组织： ♀♀♀♀ [场地图] ♀♀♀♀ 要求：按照规则进行比赛，在比赛中合理运用技战术	1. 演示讲解比赛规则，并组织学生按规则进行演练体验练习 2. 组织学生进行比赛体验，并根据实际情况进行讲解指导比赛 3. 教师组织比赛，引导学生进入比赛状态。作为裁判指导比赛	1. 认真听取和观察教师讲解示范比赛规则 2. 积极参与，并结合教师指导实际进行体验练习 3. 按规则进行比赛	1. 初步了解比赛规则 2. 初步建立比赛概念，懂得如何参加比赛 3. 学生能够自主参与滚球比赛，体会团队合作精神，体验比赛乐趣	3′ 7′ 8′
调节与评价	1. 拉伸放松练习 2. 课堂小结 3. 整理器材、宣布下课	1. 组织：一列横队 ♀♀♀♀♀♀♀ ★	1. 教师组织学生放松 2. 教师点评本次课学生的表现 3. 组织学生收器材，和学生道"再见"	1. 学生跟随教师做放松练习 2. 学生认真听取教师讲评并自我评价 3. 按要求整理并归还器材，和老师道"再见"	1. 学生身心获得放松 2. 学生通过讲评了解练习情况 3. 让学生养成良好行为习惯	3′
	预计密度	50%～55%	生理负荷曲线预测	心律（次）曲线图 平均心率：90次/分钟		
	课后反思	…………				

（三）实施建议

针对不同的教学内容，不同教学目标，不同教学对象要采取不同教学方式、方法、手段。表 6-6 为深圳元平特殊教育学校根据不同的教学内容提出的教学建议。

表 6-6　特奥滚球实施建议

水平	教学目标	实施建议
水平一（四至五年级）	了解比赛器材、场地	1. 认识观摩真实的场地器材 2. 学生在教师指导下实际参与场地的布置，培养特奥学生独立自主能力
	抛掷滚球——低姿态靠球	1. 抛掷球技术是滚球运动的基础，也是特奥运动员正常参与比赛的前提和保证。在学习过程中既要循序渐进，由易到难让学生尽快掌握动作，又应让学生感受到运动的乐趣，提高学习兴趣 2. 在学习的初始阶段可让学生做一些在地上触摸、滚动球以及抛接球的练习以提高球感 3. 在学习抛掷球技术动作时，可将技术动作分解进行教学 4. 有条件的学校应做到学生人手一球（可用小的硬质实心球代替）
	单人比赛规则	正确全面地了解掌握比赛规则是比赛正常顺利进行的前提和保证，初步了解掌握比赛规则有利于特奥学生更好地独立参与比赛。教师详尽细致地讲解比赛规则，结合实际比赛，在比赛中进行指导讲解，让学生结合实际理解比赛规则，建立比赛概念
	单人比赛	1. 了解认识单人比赛，丰富学生运动比赛知识能力。 2. 学生在教师指导下进行单人比赛

续表

水平	教学目标	实施建议
水平二（六至七年级）	抛掷滚球——高姿态靠球	1. 抛掷球技术的正确掌握和使用是特奥运动员正常参与比赛并赢得比赛的基础和保证。在学习过程中让学生建立正确的动作概念，及时纠正练习中发现的问题和错误，同时应采取合理的教法，提高学生兴趣感受运动的快乐 2. 在学习的初始阶段可让学生做一些球性练习以提高球感，同时穿插球类游戏，以调动学生学习练习的积极性 3. 在练习抛掷球技术动作时，及时纠正抛掷球动作，可通过反复抛掷和定范围、定点的抛掷练习，让学生体会对出球角度和力度的控制 4. 有条件的学校应做到学生人手一球（可用小的硬质实心球代替）
	双打、四人团体比赛规则	正确全面地了解掌握比赛规则是比赛正常顺利进行的前提和保证，特奥学生了解掌握比赛规则有利于更好地参与比赛。教师详尽细致地讲解比赛规则，结合模拟比赛，边指导讲解边进行比赛，让学生结合实际理解比赛规则进行练习，建立比赛概念
	双人比赛	1. 了解认识双人比赛，特别注意指导学生在比赛中两名队员每人抛掷两球，不能多投 2. 学生在教师指导下进行双人比赛，教师适当提示指导学生两人间相互配合进行比赛。提高学生与人团结合作能力
	四人团体比赛	1. 了解认识四人团体比赛。特别注意指导学生在比赛中四名队员每人抛掷一球，不能多投 2. 学生在教师指导下四人比赛，教师适当提示指导学生四人间相互配合进行比赛。培养学生团队合作意识

续表

水平	教学目标	实施建议
水平三（八至九年级）	抛掷滚球——抛掷球技术	1. 抛掷球技术的熟练掌握是特奥运动员正常参与比赛并赢得比赛的基础和保证。在学习过程中反复变换基准球的位置，让学生明白出手力度、出手角度和球滚的远度三者之间的关系。练习中及时调整力量和角度，提高对球的控制能力 2. 在学习的过程中创设游戏环境，激发学生学习兴趣 3. 在学习的熟练阶段，可将学生分组进行教学比赛，以调动学生学习的积极性，体验成功的乐趣 4. 有条件的学校应做到学生人手一球（可用小的硬质实心球代替）
	特奥滚球比赛基本战术	正确全面地了解掌握比赛技战术是比赛正常顺利进行的前提和保证，学生了解掌握比赛技战术有利于学生更好地参与比赛。教师详尽细致地讲解比赛技战术，结合模拟比赛，边指导讲解边进行比赛，让学生结合实际理解比赛技术战术进行练习，懂得如何参加比赛。培养学生思考应变能力
	融合运动滚球双打赛	1. 了解认识双人融合比赛，特别注意指导学生在比赛中与融合伙伴相互学习配合，每人只能抛掷两球，不能多投 2. 学生在教师指导下进行双人融合比赛，教师适当提示指导学生配合伙伴进行比赛。融合队员加强和学生交流沟通，提高学生与正常人的交往能力
	融合运动滚球团体赛	1. 了解认识四人融合团体比赛，特别注意指导学生在比赛中四名队员每人抛掷一球，不能多投 2. 学生在教师指导和同伴的带动下进四人融合团体比赛，教师适当提示指导四人间相互交流融合进行比赛。融合队员加强和学生交流沟通，协调配合进行比赛，提高学生与正常人的交往能力及团队意识

四、评估

(一) 评估内容

在滚球项目实施后要不断进行评估以及时了解学生学习情况,调整训练内容和训练目标。在评价前首先要确定评价内容、评价方法,由于特奥运动的最终目的是促进学生社会性发展,所以在评估的过程中不仅要评估学生对滚球技能的掌握,更要评估学生在参加滚球运动后发生的心理、行为的变化。

在教学完成后要对教学效果进行评价,一方面可以了解学生的学习效果,另一方面可以根据评估结果不断改进教学方法,提高教学效果。学校特奥教学内容的评估主要包括四个方面:学习态度与表现、运动技能的掌握、人际交往与合作、心理健康,具体情况见表6-7。

表6-7 特奥滚球教学评价

水平	教学目标	评估建议
水平一（四至五年级）	了解比赛器材、场地	1. 学习态度与表现:积极认真学习、主动参与练习 2. 运动技能的掌握:能够认识比赛器材并加以说明,能在老师的指导下布置场地 3. 人际交往与合作:辅助帮助同学认识器材布置场地 4. 心理健康:充满自信,勇于尝试
	抛掷滚球——低姿态靠球	1. 学习态度与表现:积极认真学习、主动参与练习 2. 运动技能的掌握:能在教师指导下完成抛掷球练习 3. 人际交往与合作:展示动作,帮助同学进行动作练习 4. 心理健康:勇于尝试,不怕挫折
	单人比赛规则	1. 学习态度与表现:积极认真学习、主动参与练习 2. 运动技能的掌握:能在教师指导下初步了解比赛规则 3. 人际交往与合作:展示所学知识,帮助同学参与学习 4. 心理健康:具有兴趣,感受学习乐趣
	单人比赛	1. 学习态度与表现:积极认真学习单人比赛方法、主动参与比赛实践 2. 运动技能的掌握:能够认识单人比赛方法,能在老师的指导下参加单人比赛 3. 人际交往与合作:帮助、辅助同学参加单人比赛 4. 心理健康:具有一定竞争意识,正确面对比赛胜负

续表

水平	教学目标	评估建议
水平二（六至七年级）	抛掷滚球——高姿态靠球	1. 学习态度与表现：积极认真学习、学习兴趣高涨 2. 运动技能的掌握：基本掌握正确的抛掷球技术，能主动对出球角度力度进行控制 3. 人际交往与合作：展示学习成果，帮助同学改正动作进行练习 4. 心理健康：勇于尝试，感受乐趣
	双打、四人团体比赛规则	1. 学习态度与表现：认真学习规则、主动参与实践 2. 运动技能的掌握：能在教师指导下进一步了解比赛规则 3. 人际交往与合作：与同学合作参与练习，分享运动乐趣 4. 心理健康：积极向上，感受学习乐趣
	双人比赛	1. 学习态度与表现：积极认真学习双人比赛方法、主动参与比赛实践 2. 运动技能的掌握：能够初步了解掌握双人比赛方法，能在老师的指导下参加双人比赛 3. 人际交往与合作：与同学合作参加双人比赛，进行简单的配合，体验共同运动的乐趣 4. 心理健康：自觉主动与其他同学合作配合，感受比赛乐趣
	四人团体比赛	1. 学习态度与表现：积极认真学习四人团体比赛方法、主动参与比赛实践 2. 运动技能的掌握：能够初步了解掌握四人团体比赛方法，能在老师的指导下参加四人比赛 3. 人际交往与合作：与同学合作参加四人团体比赛，进行简单的配合，体验共同运动的乐趣 4. 心理健康：与他人合作，感受比赛乐趣

续表

水平	教学目标	评估建议
水平三（八至九年级）	抛掷滚球——抛掷球技术	1. 学习态度与表现：积极认真学习、学习兴趣高涨 2. 运动技能的掌握：熟练掌握正确的抛掷球技术，能较好地控制出球角度和力度 3. 人际交往与合作：展示学习成果，帮助同学提高动作难度进行练习 4. 心理健康：感受进步，享受快乐
	特奥滚球比赛基本战术	1. 学习态度与表现：认真学习持续战术、主动参与比赛 2. 运动技能的掌握：能在教师指导下进一步了解比赛技术和战术 3. 人际交往与合作：与同学合作参与比赛，体验成功的快乐 4. 心理健康：勇于尝试，不断进取
	融合运动滚球双打赛	1. 学习态度与表现：积极认真学习双人融合比赛方法、主动参与融合比赛 2. 运动技能的掌握：能够初步了解并掌握双人融合比赛方法，能在同伴的带领下参加双人融合比赛 3. 人际交往与合作：与融合同伴合作参加双人融合比赛，进行简单的战术配合，体验共同运动的乐趣 4. 心理健康：自觉主动与融合伙伴交流配合，感受比赛乐趣
	融合运动滚球团体赛	1.学习态度与表现：积极认真学习四人融合团体比赛方法、主动参与比赛实践 2. 运动技能的掌握：能够初步了解掌握四人融合团体比赛方法，能在老师的指导下参加四人融合团体比赛 3. 人际交往与合作：与融合队友合作参加四人融合团体比赛，进行简单的配合，体验共同运动的乐趣 4. 心理健康：积极主动与同学、融合伙伴交流配合，感受比赛乐趣

（二）评估方法

在评估方法方面，特奥滚球运动主要采取观察法和测验法进行评估。观察法是根据学生平时上课、参加滚球训练以及参加比赛的情况来对学生进行评定，看学生平时是否能听老师指令，是否积极参加训练以及在训练过程中的情绪状态以及意志水平来评定。测验法是在每进行完一项动作技能学习后要对学生的实际掌握水平进行测试,根据学生的掌握程度给出具体的评定分数。在滚球教学的过程中最好能将以上两种方法结合起来,只有这样才能更好地鼓励学生,提高学习兴趣、增强信心,不断掌握新的技能。同时,在对学生进行评价时,可以让学生进行自我评价和小组评价,这样不仅能够调动学生参与滚球运动的积极性,而且能够发展学生的判断能力和认知能力。在评价的过程中要多用肯定性评价,激励性评价,少用、慎用批评性评价。此外,在教学评估的过程中也要对教师的教学效果进行评估,便于教师能够及时发现问题,调整教学计划,教学方法,使教学效果最大化。

第 7 章　特奥轮滑项目

轮滑是一项深受广大年轻人喜爱的运动项目。作为特奥运动项目中的一员，轮滑仅包括速度轮滑、花样轮滑和轮滑球三种，而极限轮滑和自由式轮滑并不是特奥轮滑的项目。随着人们对智障人士关注度的日益提高，特奥轮滑也逐步进入人们的视线，正呈现着茁壮成长的态势。轮滑是一项全身型的运动，且兼具竞争性、娱乐性、工具性等特点，而特奥轮滑除了具有轮滑项目本身的特点之外，也有其自身的特性，主要体现在设施设备、场地要求等方面。

第 1 节　项目概述

轮滑是 19 世纪 30 年代作为一项运动传入我国，经过了一百多年的发展，现已成为国内外人们喜爱的运动项目。回顾特奥轮滑的发展历程，总体来说，呈现出不断规范化的状态，如比赛有了统一的竞赛规则、时间安排等，这也从侧面反映特奥轮滑运动备受瞩目。

一、项目介绍

轮滑是指使用各种滚轴类鞋、板等类似器材（主要包括单排轮滑鞋、双排轮滑鞋、滑板等）在各种场所进行的速度轮滑、花样轮滑、轮滑球、极限轮滑（含滑板）、自由式轮滑以及归类项目的竞赛、训练、表演、培训、交流和娱乐等活动。[①]而特奥轮滑是针对智障人士的一种运动方式，相较于轮滑，在各方面（如动作技术要求、参加的条件限制等）都降低了难度。

现代轮滑运动分为速度轮滑、花样轮滑、轮滑球、极限轮滑和自由式轮滑五大项，但是特奥轮滑项目只包括前三项。目前，中国特奥会的轮滑项目仅有速度轮滑这一类型，花样轮滑和轮滑球在我国尚未开展。

1. 速度轮滑

速度轮滑是以单排、双排轮滑鞋为比赛工具的最能体现轮滑运动竞技性的项目，其比赛分为场地跑道赛和公路赛两大类。比赛类型包括：个人计时

[①] 秦吉宏.我国轮滑运动现状与发展战略研究[D].北京：北京体育大学硕士论文,2006：5.

赛、团体计时赛、淘汰赛、群滑赛、耐力赛（定时赛）、积分赛、接力赛、分段赛、追逐赛、淘汰积分赛等10种。① 但作为特奥运动项目,速度轮滑比赛的类型包括场地跑道赛、接力赛、融合接力赛,以及低能力组的比赛。具体的项目包括：100米、300米、500米和1000米场地跑道赛,2×100米、2×200米和4×100米接力赛,以及2×100米、2×200米和4×100米融合接力赛,以及30米直线赛和30米障碍赛两个低能力组比赛项目。②

2. 花样轮滑

花样轮滑是最能体现轮滑运动艺术性和技巧性的项目。花样轮滑的正式比赛项目包括规定图形滑、自由滑、双人滑和双人舞4个项目,其中,规定图形滑和自由滑属于单人滑项目,而自由滑和双人滑都包括短节目和长节目,双人舞包括规定舞、创编舞和自由舞。比赛在不小于50米长、25米宽的场地上进行。参赛各队每项比赛可以参加3人,男女总计12人。根据动作的难易程度、舞姿的优美程度打分确定胜方。作为特奥运动项目,花样轮滑的比赛项目包括图形滑、自由式单人滑和双人滑、舞步个人和团体赛、统一舞步团体赛、双人统一舞步自由滑,以及低能力组比赛项目。具体项目包括：① Ⅱ级、Ⅲ级和Ⅳ级规定图形；② Ⅱ级、Ⅲ级和Ⅳ级自由式单人滑；③ Ⅱ级、Ⅲ级和Ⅳ级舞步个人和团体赛；④ Ⅱ级、Ⅲ级和Ⅳ级统一舞步团体赛；⑤ Ⅰ级和Ⅱ级自由式双人滑；⑥ Ⅰ级和Ⅱ级双人统一舞步自由滑,以及低能力组比赛项目：Ⅰ级规定图形、Ⅰ级自由式单人滑、Ⅰ级舞步个人和团体赛。③

3. 轮滑球

除了竞技性和技巧性外,轮滑球项目的最大特点是具有激烈的对抗性。轮滑球早在1896年就在英格兰出现,是历史最悠久的轮滑运动。轮滑球融合了冰球和马球两种运动项目的特点,以个人技巧和团体协作为基础,比赛规则宽松,具有很强的对抗性。轮滑球比赛是在由护栏围起来的长方形场地上进行的（双排轮滑球标准场地的长宽为40米×20米,单排轮滑球标准场地的长宽为60米×30米）,每队上场5名运动员进行比赛,以进球多者为胜。作为特奥运动项目,轮滑球的比赛项目包括：① 团队赛,每方5人；② 联合组队赛,

---

① 秦吉宏.我国轮滑运动现状与发展战略研究[D].北京：北京体育大学硕士论文,2006：5.
② 中国特奥委员会.轮滑规则[EB/OL].http://www.sochina.org.cn/web/downloadlist.aspx?ID=439.
③ 中国特奥委员会.轮滑规则[EB/OL].http://www.sochina.org.cn/web/downloadlist.aspx?ID=439.

每方5人;③低能力组的比赛项目,即15米运球赛和绕球门射门。①

极限轮滑和自由式轮滑并不属于特奥轮滑项目,但也深受广大年轻人的喜爱。极限轮滑(含滑板)是轮滑运动中最为前卫、最富刺激性和观赏性的项目,也是脱胎于滑冰运动而更具独立特征的运动形式。而自由式轮滑(也称平地花式轮滑)是轮滑运动中的新成员,它最能体现轮滑运动休闲性和趣味性的一面,入门容易,场地和器材要求简单,是目前轮滑运动各个单项中较适合在大众中普及和推广的运动。

轮滑作为一项正规的比赛项目有许多专业术语,包括:前滑、后滑、浮足、滑足、刃、平刃、内刃、外刃、横轴、纵轴、封口等。前滑和后滑是两个相对立的概念,面向滑行方向,向前滑行即为前滑,反之为后滑;浮足和滑足也是两个对立的概念,顾名思义,滑行过程中,离开地面的腿为浮足,反之为滑足;轮滑运动中的刃分为内刃、外刃和平刃。当我们在运动时向内倾斜时,重心将压往内侧的轮子,我们就称之为"内刃",而向外倾斜时,重心压往外侧的轮子,则为"外刃",而处于平衡状态时,我们称之为"平刃"。在我们滑行当中留下圆形的图形,将所有圆分成两半的那个线叫纵轴,将所有圆分成一个一个独立的圆的那些线叫横轴。而封口就是横轴和纵轴的交叉点。②

特奥轮滑是国际特奥会夏季运动项目之一,其规则是按照国际特奥会规则并根据特奥运动员的生理特征而制定的。特奥轮滑比赛按照特奥运动员的性别、年龄进行分组,按照年龄分组可分为:儿童组(8～11岁)、少年组(12～15岁)、青年组(16～21岁)、成年组(22～29岁)、高年龄组(30岁以上)共五个组,其中每组按照特奥运动员的预报成绩或预赛成绩分成若干个不同能力的竞赛组别进行决赛,每组不超过8人(队)。③

二、项目发展

(一)国外

众所周知,轮滑运动是由滑冰运动发展过来的,但关于轮滑运动的起源一直争论不休。据美国《溜冰全集》介绍,18世纪一位居住在荷兰的溜冰运动员为解决溜冰运动受场地、时间限制的问题,曾试验在旧皮鞋上安装木制线轴,

---

① 中国特奥委员会.轮滑规则[EB/OL]. http://www.sochina.org.cn/web/downloadlist.aspx? ID=439.

② 王合霞.轮滑技巧[M].北京:中国社会出版社,2010:33-38.

③ 中国特奥委员会.轮滑[EB/OL]. http://www.sochina.org.cn/web/itemview.aspx? ID=196.

以便在地面上滑行,发明了世界上第一双轮滑鞋。① 自此轮滑运动在欧洲兴起并得到了较快的发展。尽管中途遭遇了一系列的波折,但轮滑运动仍不断发展。

目前,轮滑项目不仅是世界运动会的正式比赛项目,还是泛美运动会和地中海运动会的正式比赛项目。除此之外,在特殊人群领域,轮滑运动也已经成为世界特殊奥林匹克运动会的 28 个正式比赛项目之一,也表明了轮滑运动不仅具有广泛参与性,还具有很高的益智性。②

在国际上,轮滑项目已经越来越受到各个国家的重视。1987 年第七届世界夏季特奥运动会,轮滑运动成为其正式比赛项目。作为世界特奥会的比赛项目,轮滑运动经历了许多的变化,形成了自己的比赛体系。轮滑运动有了正式的比赛规则,如项目种类要求、场地要求、竞赛规则要求等,这些变化也说明人们对轮滑运动的关注度提高,轮滑运动也逐渐成为大众所趋的运动项目之一。此外,从第一次加入世界特奥会开始,每次世界特奥会都会见到轮滑运动项目的身影,如 2007 年上海第十二届世界夏季特奥运动会上,所有比赛项目都免费向观众开放,使许多人第一次近距离地感受到了轮滑运动作为世界特奥会正式比赛项目的魅力。

(二)国内

轮滑运动于 19 世纪 30 年代初期从欧美传入我国,最初只是被视为一种休闲娱乐的运动方式,开展的区域也仅局限于沿海个别城市。轮滑运动在我国正式作为一项体育运动来发展,是以 1980 年我国以中国轮滑协会名义加入国际轮滑联合会为标志,以 1982 年正式设立轮滑竞赛项目为起点。③ 随后我国先后举办了多次轮滑比赛,轮滑运动在我国初步形成了制度性的竞赛体制,特别是 2002 年轮滑项目在我国被列入全国体育大会正式比赛项目之后,进一步有力地调动了各地开展轮滑项目的积极性。

中国特奥会成立于 1985 年,同年 7 月份加入了国际特奥会。自成立以来,中国特奥会已经举行了六次比赛,而轮滑是在 2006 年的第四届全国特奥会上才正式成为我国特奥运动比赛项目。

2006 年第四届全国特奥会轮滑项目在哈尔滨国际会展体育中心体育馆举行,全国共有 1443 名运动员参与这次特奥会,而参加轮滑运动的运动员有 65

---

① 于志刚.北京市高校轮滑运动开展现状与对策研究[D].北京:北京体育学院硕士论文,2007:4.

② 秦吉宏.我国轮滑运动现状与发展战略研究[D].北京:北京体育大学硕士论文,2006:12.

③ 于志刚.北京市高校轮滑运动开展现状与对策研究[D].北京:北京体育学院硕士论文,2007:4-7.

人,他们根据年龄分为5个组,即8~11岁组、12~15岁组、16~21岁组、22~29岁组、30岁以上组。这次特奥会只开展了速度轮滑项目,花样轮滑和轮滑球项目并没有涉及。在比赛过程中,运动员可以选择轮子个数不同的轮滑鞋,在比赛时运动员必须佩戴头盔、护具。比赛分为直线赛(100米、300米、500米和1000米)、接力赛(2×100米、2×200米和4×100米),以及为低能力运动员设置的30米直线赛和30米障碍赛,①其中每个项目男女皆可以参加,共18个轮滑比赛项目。此时速度轮滑项目的比赛种类少,也没有融合轮滑运动项目。

2008年6月16日年由中国残疾人联合会、国家体育总局、中国特奥委员会主办,陕西省残疾人联合会、陕西省体育局、陕西省特奥会承办的全国特奥轮滑比赛在西安举行。相较于第四届全国特奥轮滑比赛,此次比赛项目少了2×200米接力赛,只有16个比赛项目,也只开设了速度轮滑项目。

2010年9月19日至25日在福州举行了第五届全国特奥会,这届比赛也只开展了速度轮滑,且项目种类仅有直线赛、接力赛以及为低能力运动员设置的比赛。

2015年5月11—17日,第六届全国特奥会在四川举行,轮滑项目的比赛在成都赛区进行,共有25个省市代表队、124名运动员参加轮滑比赛。比赛包括100米、300米、500米、1000米、接力、30米直线、30米障碍赛等项目,其中30米直线和30米障碍为低能力运动员设置,低能力运动员不能参加接力比赛。

(三)深圳元平特殊教育学校

与中国特奥会相同,深圳元平特殊教育学校也只有速度轮滑项目,没有花样轮滑和轮滑球。学校较早开设轮滑特奥运动训练,且参加了三次全国性的重大比赛,即2006年的第四届全国特奥会、2008年全国特殊奥林匹克轮滑比赛和2015年第六届全国特奥会。

2006年,学校5名特奥轮滑队员参加了第四届全国特奥运动会,并取得了5金9银5铜的可喜成绩。2008年6月17日至20日,学校6名运动员代表广东省参加了在西安举行的全国特殊奥林匹克轮滑比赛。这次比赛共有16个省市的代表队共112名运动员参加。经过运动员们的勇于拼搏,最终夺得2金7银8铜的优异成绩。2015年第六届全国特奥会在成都赛区展开,我校共有4名学生代表广东省参加了特奥轮滑项目,经过5天预赛和决赛,最终我校健儿

---

① 第五届特奥会轮滑项目简介[EB/OL]. http://www.fjsen.com/zhuanti/2010-08/19/content_3619721.htm. 2010-08-19.

不畏强手,顽强拼搏,获得4枚金牌、2枚银牌、2枚铜牌的优异成绩,其中黄琳和郑祖军同学获得"体育道德风尚奖"。

深圳元平特殊教育学校轮滑项目从无到有,经历了一系列的变化。首先,设施设备不断更新。每名学生都有了一套完整的轮滑装备,包括轮滑鞋、头盔、护膝、轮滑服等。其次,学生的数量增多,综合能力也逐渐提高。轮滑项目自身的特性吸引了众多智障学生的参与,通过轮滑运动,他们不仅学会了一些运动技能,也增强了自信心,培养了他们的运动意识。再次,教师专业知识的提升。特奥轮滑运动的开展需要教师具备相应的教育和教学能力,这会促使他们进一步学习,提升自身的专业水平。同时,他们在训练的过程中,也会找到适合自己和学生的教学方法,形成具有自身特色的教学方式。最后,学校特奥轮滑项目形成了自己的发展途径,从学生的选择、教师的教学、参加的比赛等,都有了系统的规划。

第2节 项目特色

轮滑是一项融健身、竞技、休闲于一体的,并具有娱乐性、趣味性和技巧性等特点的运动项目。除了强身健体,轮滑还有助于培养人们勇敢顽强的性格、超越自我的品格、迎接挑战的意志和承担风险的能力,也有助于培养人们的竞争意识、协作精神和公平观念。特奥轮滑项目也兼具这些特点,且由于对象的特殊性,还存在着一定的特性,而这些特性主要通过特奥轮滑比赛的一些差异体现出来,主要反映在设施设备、竞赛规则等方面。

一、轮滑运动的特色

作为一项运动,轮滑具有健身性、竞争性、娱乐性、趣味性等特点,同时它还兼具自身的一些特性,如轮滑可以作为一种交通工具使用,装备的成本低,对场地的要求也低,比赛的种类多样化,且可以提高关节的稳定性和灵活性。

(一)实用价值高,可作交通工具

随着经济实力的增长,交通越来越拥挤,轮滑逐渐成为一种流行的交通工具。且轮滑具有较强的安全性和适应性,这为其成为一项交通工具提供了重要保证。美国麻省大学最近的研究报告中,提出了一项惊人的发现:直排轮鞋运动对关节所造成的冲击力较跑步对关节的冲击力低约50%。这主要是因为滑轮滑与跑步不一样,轮滑踏步的时候引起轮子的转动,采用聚氨酯制成的轮子的弹性对关节冲击很小,因此老年人和小孩子也适合这项运动。戴上头盔和护具,摔倒后受伤的危险性很小。此外,轮滑运动的开展是面向所有人的,不受年龄、性别、环境等条件的限制,其参与人群十分广泛,不管是年长者还是年幼者都可以享受轮滑运动带来的愉悦感。① 但是，随着路面状况的不同，人们也要慎重使用轮滑，因为轮滑的抓地性会因路况的不同而有所改变。

（二）成本投入低，可以长期使用

轮滑运动的成本投入低主要反映在轮滑装备和轮滑的场地要求两方面。首先，轮滑运动项目除了在最初学习的时候需要配备完整的装备外，几乎不需要花费其他的费用，且这些装备的使用寿命很长，不需要经常更换，这也反映了轮滑运动的经济性。此外，普通轮滑鞋的价格一般在200元左右，价格适宜，适合广大人民群众的生活水平，这也为轮滑运动的普及提供了一定的前提条件。其次，轮滑运动对运动场地的要求非常低，只要有一块平地就可以开展轮滑运动。

（三）比赛多样化，极具观赏价值

现代轮滑包括速度轮滑、花样轮滑、轮滑球、极限轮滑和自由式轮滑五种，而且每种项目都有其相应的比赛种类，如速度轮滑的竞赛根据不同的场地条件可分为场地赛和公路赛。无论是场地赛还是公路赛都有多种不同的比赛形式，例如个人计时赛、积分赛、淘汰赛、积分淘汰赛接力赛等。这些极具观赏性的比赛内容给参赛者和观众们增添了无穷的乐趣。② 极限轮滑比赛主要是做一些危险系数较大的动作，例如空中动作、下梯等，观众在大饱眼福之余，可以体会到强烈的刺激性。而花样轮滑极具观赏价值，运动员在场地中灵活运用各种步法绕过障碍物，动作灵巧，带给观众美的感受。

（四）健身效果好，利于关节保养

轮滑运动中，要求"三点一线不倒踝"，同时上体保持正直、抬头的姿势。在轮滑运动中，人们的膝盖和脚踝都要发力，才能保持"三点一线"。而鼻尖与膝盖和脚尖在一条线上时，身体的重心都集中到了一侧，这就要求人们的髋关节也要移动。所以在长期的轮滑运动中，能够使人们的踝、膝、髋等各个关节的稳定性提高。同时，随着轮滑技术的不断提高，能够做出各种各样的姿势和路线，身体做出各种姿势时，是在保持身体平衡的前提下，要求各个关节又要有很好的灵活性。如在平地花式轮滑过桩中，人们能够做出眼花缭乱的技术动作，各个关节的灵活性都非常高。在花样轮滑中，虽然滑轮是双排的，但是要做出各种高难度的舞蹈动作，也要求关节有很高的灵活性。因此，轮滑运动既能够提高关节的灵活性，又能够提高关节的稳定性。在长期锻炼的情况下，保持身体关节的健康，促进人们的生理健康。③

---

① 轮滑[EB/OL]. http://baike.baidu.com/view/19246.htm.
② 刘仁辉, 戴登文. 速度轮滑[M]. 北京：人民体育出版社. 2003：7.
③ 陈峰. 浅谈轮滑运动的健身价值[J]. 安徽文学. 2010(04)：193-194.

总之，轮滑运动在强身健体的同时，拥有独特的性质，这些性质也往往是吸引人们参与其中的重要原因。此外，轮滑运动是一项非常张扬个性的运动，直接反映出运动者的个人技巧和智能。轮滑运动会带给人以积极向上的生命活力，使人们追求内心的自我超越，不断地塑造个人的人格魅力。

二、特奥轮滑项目的特色

特奥轮滑赛采用的比赛规则以国际轮滑联合会（Federation International de Roller Skating）和国家主管机构（National Governing Body）的比赛规则为基础。若该规则与特奥运动夏季规则的轮滑规则冲突，应遵循特奥运动规则的规定。特奥轮滑赛的比赛规则对速度轮滑、花样轮滑和轮滑球提出了具体的相关规定，主要包括正式项目介绍（包括一般的项目和低能力项目介绍）、设施要求、设备要求、人员规定和竞赛规则五个方面的内容，且对融合运动项目也提出了相关要求。关于项目内容，上文在介绍各类轮滑项目时均已列出，而其他几个方面的规定，具体情况如下。

（一）对参赛者的要求

参加特奥轮滑比赛的参赛者必须年满8周岁，并根据年龄进行分组。速度轮滑比赛项目中的接力比赛，可以全部是女运动员或男运动员，也可男女混合。接力赛遵照国际特奥会制定的规则，每个运动员既可以参加个人赛，也可以参加接力赛。

（二）设施要求[①]

1. 花样项目

（1）理想的比赛场地是矩形的，至少有21.336米（70英尺）宽，51.816米（170英尺）长（这是实际滑行的面积），场地表面应铺上木板、瓷砖或光滑的水泥。必要时，可以调整竞赛项目以适应较小的场地。

（2）单人滑和舞蹈比赛项目需要一套音响系统。单人滑需要卡式录音机或CD播放机。对于舞蹈项目，赛事主任可以选择唱片、磁带、CD或管风琴音乐。

2. 速度项目

（1）应采用正式锦标赛的100米（70英尺×170英尺）跑道。

（2）标准跑道为100米，但也可使用50米到100米之间的任何规格。如果该时段不会被用于布置下一级别的比赛，赛事主任可以选择调整距离（例如使用90米长的跑道时，个人赛的距离可以设为90、270和450米，而不是100、

---

① 中国特奥委员会. 轮滑规则[EB/OL]. http://www.sochina.org.cn/web/downloadlist.aspx?ID=439.

300 和 500 米)。100 米跑道要求的最小轮滑场地面积为 21.34 米×51.82 米。

(3) 跑道上应有四个 8 英寸的标志物,标志物底部应是平的,不可有棱角突出在轮滑场地表面。可使用额外的标志物来标记跑道。

(4) 如果在第二角和第三角之间,以及第四角和第一角之间的围栏上有开口,开口应关闭,以在从地板到围栏墙顶部之间形成一个连续、平坦的表面。如果轮滑场地周围没有围栏,在至少距离赛场边线 1.53 米(5 英尺)的范围内不可有座位、看台、观众和比赛选手,这个区域应用带子、白粉、绳子等醒目地标出。除非实际跑道离轮滑场地边线的距离超过 9.15 米(30 英尺),如果跑道没有围栏保护,应对外侧 1.53 米(5 英尺)范围内的任何不平表面、突出物和障碍物装置保护垫。保护垫料厚度不低于 5 厘米(2 英寸),并高出轮滑场地表面 26 厘米(10 英寸)。

3. 轮滑球项目

(1) 赛场的长宽比应大约为 2 比 1,最小规格为 20 米×10 米(65.6 英尺×32.8 英尺),最大规格为 35 米×17.5 米(114.8 英尺×57.4 英尺)。

(2) 赛场周围必须有围栏,也可以是最低厚度为 5 厘米,高度为 16 厘米(2 英寸×6 英寸)的防撞板,或用塑料落水管制成的栏杆,还可用这种围栏材料将标准的轮滑场地分割成两个或多个赛场。

(3) 球门线宽度不低于 5 厘米(2 英寸)。必须有场下区,从该区能直接进入赛场,并且可以在该区放置供球队休息的长椅,以及设置犯规球员受罚席。

(三) 设备要求

总体来说,三种轮滑项目有相同的设备要求,即轮滑选手可以选择传统的四轮轮滑鞋,这种鞋有两个轴,每个轴上有两只轮子,一个轴在脚掌到大拇指根处的下面,一个轴在脚跟下面,也可以使用脚中心线下面有两个、三个、四个或五个轮子的轮滑鞋。同时,他们各自也有其自身的设备要求,以速度轮滑为例,其设备要求如下。

(1) 参赛者应穿短裤和相配的带袖衬衣或一件式的短袖套装。禁止穿腹部裸露的服装。在地方比赛中可以穿牛仔裤或运动套装。接力队的所有成员必须穿同样的服装。

(2) 必须佩戴完整的头盔。可以选戴护腕和护膝,但建议部分轮滑选手佩戴护腕和护膝。

(3) 轮滑选手应在其背后佩戴布制或纸制的号码牌。在接力赛中,会发给接力队成员单独的比赛号码牌(例如,一队的所有成员都佩戴三号号码牌)。除了号码牌,还可能使用以颜色编码的臂章或背心,比帮助辨认接力伙伴。

(4) 应使用发令枪。如果有人抢跑,必须重新开始。起跑姿势可以采取站立式或短跑式。在地方比赛中如果没有发令枪,可以使用哨子。对于有听力障碍的运动员,在枪响时还要有向下挥手或挥旗的动作。

(5) 运动员如果戴眼镜,则必须佩戴眼镜箍带。①

(四) 人员规定

不同类型的轮滑比赛有相应的人员设置要求。在所有的花式轮滑比赛项目中,须有三名或五名裁判员,必要时其中一名将担任裁判长。在速度项目中,必须为比赛中的每一名选手配一名计时员,而特奥轮滑比赛开始以枪声为准,计时员在第一名特奥运动员的轮滑鞋触及计时线时开始计时,在运动员的轮滑鞋触及终点线时停止计时;发令员负责用发令枪发出开始比赛的信号,用一面旗帜来发出参赛者已经完成比赛的信号;名次裁判员应记录轮滑选手越过终点线时的顺序。需注意的是裁判员必须记录选手的名次和时间。而在轮滑球项目中,一名裁判管理每一场比赛。裁判穿白衬衣、白色运动裤和白色鞋子,且裁判不得穿轮滑鞋;监门员站在每个球门框后,协助裁判的工作;每场比赛需要一名计时员和一名记录员。②

(五) 竞赛规则

三种轮滑比赛都有详细的竞赛规则,甚至于每一种比赛中的不同项目都有详细的规定,如速度轮滑中的低能力比赛 30 米直线赛的规则如下。

(1) 赛道应为长 30 米(98 英尺 25 英寸)的直线,起跑线和终点线宽度不得低于 5 米(16 英尺 5 英寸)。

(2) 所有选手必须佩戴头盔,护腕和护膝没有要求。

(3) 每名选手应佩戴布制或纸制的号码牌以便识别。号码牌应佩戴在背部。

(4) 使用哨子或发令枪发令。如果有人抢跑,须重新发令。

(5) 在正式比赛中,任何运动员都不得接受身体上的帮助,但可以使用助步架或其他非机械设备。

(6) 比赛中每一名选手都必须配一名计时员。计时员应在听到起跑枪声或哨声时开始计时。计时员应在指定的选手越过终点线时停止计时。

(7) 在预赛中,如果一名选手跌倒,计时员应停止计时,并在该选手站起重新开始运动时恢复计时。

(8) 参加预赛的选手同时出发。名次裁判员将记录选手越过终点线时的顺序。

---

① 中国特奥委员会.轮滑规则[EB/OL]. http://www.sochina.org.cn/web/downloadlist.aspx?ID=439.

② 中国特奥委员会.轮滑规则[EB/OL]. http://www.sochina.org.cn/web/downloadlist.aspx?ID=439.

(9)选手如果以影响其他选手发挥的方式推、阻挡或绊倒其他选手,将被取消比赛资格。①

（六）融合运动项目

特奥轮滑作为一项特奥运动,融合运动项目的设置应该是最能体现其融合性和特殊性的。特奥轮滑赛的比赛规则对融合运动项目做出了一些比赛的要求。如融合运动速度轮滑的接力比赛规定是：①每支融合运动接力队应由相同人数的运动员和伙伴组成。②融合运动接力队的选手可以任何顺序上场比赛。②

第3节 项目实施

一、目标

（一）总目标

轮滑运动的开展离不开教学活动的参与,要使轮滑运动又好又快地发展,必须遵循特奥运动课程标准的总目标,因为特奥运动课程标准是特奥运动项目实施的重要前提。根据特奥运动课程标准的总目标,特奥轮滑运动的总目标可以概括为：增强学生体能,使他们掌握一定的轮滑运动知识和技能,形成参与轮滑运动的兴趣和爱好,培养他们的终身体育意识,并能在运动的过程中,使其锻炼心理素质,具有良好的心理品质,表现出融洽的人际交往和合作能力,并增强社会适应能力,为将来融入社会打下基础。

（二）具体目标

轮滑运动项目实施的目标具体体现在特奥运动课程和特奥运动训练当中。特奥轮滑教学目标体现为三个水平。特奥运动训练主要根据学生的不同特点制定不同的训练目标。

1. 特奥轮滑教学目标

深圳元平特殊教育学校将轮滑运动分为三个水平的教学,每个水平都有其相应的目标：水平一的目标是了解轮滑运动,能自己穿鞋戴护具,保持正确的站立姿势,慢慢向前滑行；水平二的目标是初步掌握转向滑行,制动的技术

---

① 中国特奥委员会.轮滑规则[EB/OL]. http://www.sochina.org.cn/web/downloadlist.aspx?ID=439.

② 中国特奥委员会.轮滑规则[EB/OL]. http://www.sochina.org.cn/web/downloadlist.aspx?ID=439.

动作,能熟练地快速滑行;水平三的目标是初步掌握弯道滑行技术,掌握起跑冲刺的动作要领,了解轮滑比赛的规则。三个水平的难度是逐渐递增的,水平一是着重让学生们了解最基本的轮滑知识,对轮滑技能水平的要求很低,水平二主要是要掌握一般的轮滑技术,而水平三则是对学生的更高一级的要求。其中,每个水平所包含的教学内容不一样,而且难度呈现逐渐递增的趋势。此外,每个水平又大致包括4—5个教学内容,每个教学内容有相应的教学目标要求,具体情况见表7-1 特奥轮滑运动教学指导手册。

表7-1 特奥轮滑运动教学指导手册

水平	教学内容	基础目标	提高目标
水平一（四至五年级）	特奥轮滑运动的起源与分类	1. 初步了解轮滑运动的分类	1. 进一步了解轮滑运动的分类和发展,激发学生对轮滑运动的兴趣
	特奥轮滑的场地和装备	1. 了解轮滑运动装备,能在教师指导下选择和使用装备	1. 能够自己选择和使用轮滑装备 2. 能自己动手手穿戴装备,能对轮滑运动产生兴趣
	特奥轮滑的保护性技术	1. 初步了解轮滑的正确摔倒方法 2. 增强学生的平衡性、柔韧性及应变能力	1. 初步掌握轮滑的自我保护方法 2. 提高学生的应变能力 3. 培养学生对轮滑的兴趣
	特奥轮滑的非滑行技术	1. 初步了解起立、坐下、基本站立的动作要领 2. 体验轮滑运动的快乐	1. 初步掌握起立、坐下和基本站立的动作要领 2. 激发学生对轮滑运动的兴趣
	特奥轮滑的直线滑行技术	1. 初步掌握轮滑运动直道滑行技术的基本动作要领 2. 逐步提高学生的速度、耐力、灵敏性及增强力量等身体素质	1. 掌握轮滑运动直道滑行技术的基本动作要领 2. 培养学生勇敢顽强的拼搏精神及吃苦耐劳的优秀品质

续表

水平	教学内容	基础目标	提高目标
水平二（六至七年级）	特奥轮滑的常用制动技术	1. 初步了解轮滑常用制动技术 2. 发展学生身体平衡性及柔韧性	1. 掌握轮滑常用的制动技术 2. 发展学生身体素质及对滑行的控制能力
	特奥轮滑的常用滑行技术	1. 初步掌握直线滑行的基本技术 2. 能够说出轮滑的几种常见的滑行方法	1. 初步掌握正确的滑行技术 2. 能够熟练掌握轮滑的直线滑行方法 3. 培养学生对轮滑的兴趣
	特奥轮滑的常用转向技术	1. 初步了解并能说出轮滑的常用转向方法 2. 初步掌握至少1种轮滑滑行转向技术	1. 初步掌握转向技术动作的要领 2. 能够对轮滑转向技术有进一步认识并运用2种以上转向方法 3. 培养学生对轮滑的兴趣及爱好
	特奥轮滑的弯道滑行技术	1. 初步了解轮滑弯道滑行的动作方法 2. 初步掌握弯道滑行时身体平衡的控制方法	1. 基本掌握弯道滑行技术动作 2. 提高弯道滑行时对身体平衡的控制能力 3. 提高对轮滑的学习兴趣
水平三（八至九年级）	特奥轮滑的起跑技术	1. 了解并初步掌握轮滑起跑技术的动作方法 2. 初步了解轮滑运动的比赛规则 3. 在比赛中逐渐形成竞争意识	1. 基本掌握侧向起跑和正向起跑的动作要领 2. 速度、力量、灵敏等身体素质得到进一步提高 3. 在比赛中能够遵守比赛规则，并能养成积极进取拼搏的精神
	特奥轮滑起点出发和途中滑行技术	1. 了解并初步掌握轮滑起点出发和途中滑行技术 2. 学生速度、力量等身体素质得到提高	1. 基本掌握起点出发和途中滑行的技术动作 2. 速度、力量等身体素质得到较大提高 3. 养成积极进取、顽强拼搏的精神
	特奥轮滑的直道滑跑姿势	1. 了解并初步掌握轮滑直道滑跑的基本姿势和动作方法 2. 学生的速度、力量、耐力等身体素质得到提高	1. 基本掌握直道滑跑的技术动作 2. 速度、力量、耐力等身体素质得到较大提高 3. 养成积极进取、顽强拼搏的体育精神
	特奥轮滑的冲刺技术	1. 了解并初步掌握轮滑冲刺的动作方法 2. 学生的速度、力量、耐力等身体素质得到提高	1. 基本掌握终点冲刺的技术动作 2. 速度、力量、耐力等身体素质得到较大提高 3. 养成积极进取、顽强拼搏,不断战胜自我的精神
	特奥速度轮滑竞赛方法	1. 初步了解特奥轮滑比赛规则 2. 初步了解特奥轮滑接力比赛的方法	1. 掌握特奥轮滑比赛规则,并完成比赛 2. 知初步掌握特奥轮滑接力比赛的方法 3. 养成遵守比赛规则,争取胜利的体育精神

2. 特奥轮滑训练目标

特奥轮滑训练只面向一部分对轮滑运动感兴趣且自身能力较好的智障学生,通过集中式的、专门化的训练,提升学生的总体实力,培养一支实力雄厚的特奥轮滑队伍。因此,专业特奥轮滑训练的目标不同于一般特奥轮滑课的目标,除了要使学生掌握一定的轮滑技巧,培养他们的兴趣之外,还应该有针对性地对他们提出一些要求。由于他们的能力更好,对于他们的要求也应当更高,且他们将代表学校参加一些大型的特奥轮滑比赛,为了让他们以更好的姿态迎接比赛,也必须对他们严格要求。

深圳元平特殊教育学校每个学期都有相应的特奥轮滑训练计划,其训练目标的制定是根据学生的情况量体裁衣的,如2011~2012年第一学期的特奥轮滑训练计划的目标分为三个层次:① 针对其中四位学生的目标是提高滑行速度,改进滑行动作;② 针对其中两位学生的目标是改进只用一条腿滑行的错误滑行动作;③ 针对其余五位学生则是让他们初步掌握滑行技巧。训练计划的制订是根据智障学生的特点确定的,而且要考虑他们进入轮滑训练队的时间情况。同时,针对每个学生的训练目标会根据其掌握轮滑技术的情况适时调整,如最初只让其熟悉穿鞋和穿戴护具,并初步掌握滑行的技巧,在熟练之后则要求其提高滑行速度,并习得有一定难度的轮滑技巧。这也说明每个学生的训练目标是因人而异的,且会适时变化。

二、计划

(一) 特奥轮滑教学计划

深圳元平特殊教育学校较早开展特奥轮滑训练,但特奥轮滑课是近年来才开始实行的。每周一下午的14:30—16:05是智障部四至九年级学生的特奥轮滑课,其中四至六年级的所有学生都可以按照自己的兴趣选择具体的项目,如游泳、轮滑、滚球等,一般而言每个项目的人数相差不大。而七至九年级也是这样进行划分的。这种方式体现的是分项分流的思想,将学生分到不同的运动项目当中进行教学。特奥轮滑课注重的是普及的思想,秉承循序渐进的原则,教授学生轮滑的知识和技能,其教学计划的内容主要是按照特奥教学指导手册(表7-1)来实施。

(二) 特奥轮滑训练计划

特奥轮滑课注重的是让智障学生了解轮滑、习得一定的轮滑技能,而特奥轮滑训练是为了让学生更好更快地掌握轮滑技能,对学生的要求更加严格,使他们有更好的状态参加比赛。特奥轮滑训练是每周周一至周四的16:15—

18:15,每周进行3—4次的训练,由两名教师负责对十多名学生进行训练。除了常规训练外,为了应对一些比赛,学校会安排专门的时间对运动员进行集中式的训练,如为了应对2008年的全国特奥轮滑比赛,体育组决定利用晚间时间进行训练,具体来说是从5月26日一直到6月12日的每周一至周四的18:30—19:30,每天有专门的教师负责,且每天都有相应的训练计划。

特奥轮滑运动项目有相应的训练计划,但由于特奥轮滑训练队的学生是不断变化的,因此训练计划也要根据不同的学生设置不同的训练内容。对于新入队的学生来说,他们要进行穿鞋、穿戴护具、蹲起和缓慢行走的训练,而老队员则进行滑行水平提高的训练。此外,每一学期的特奥训练都有相应的训练计划,如2011—2012年第一学期轮滑训练计划中详细指出了每一周轮滑的训练内容(表7-2)。

表7-2 2011—2012年第一学期轮滑训练计划(部分)

周 期	时 间	具体内容
第七周	星期三	热身活动慢跑、绕圈慢速滑行、弯道技术、交叉步压弯道、绕操场大圈滑行
第十周	星期一	热身活动慢跑、绕圈慢速滑行、弯道技术、交叉步压弯道、绕操场大圈滑行、绕小圈快速滑行计时、腿部力量训练
	星期三	热身活动慢跑、绕小圈慢速滑行、绕"8"字滑行、绕操场大圈滑行、100米、300米计时、学习花样技巧、向后滑行
第十二周	星期一	热身活动慢跑、绕圈慢速滑行、绕8字滑行、练习弯道技术、接力技术练习、绕小圈长距离耐力滑、学习花样技巧
第十四周	星期一	热身活动慢跑、柔韧性素质练习、练习弯道技术、接力技术练习、接力成绩测试、学习花样技巧、向后滑行
	星期三	热身活动慢跑、绕圈满速滑行、弯道技术、交叉步压弯道、绕操场大圈滑行、500米、1000米长距离测试、绕八字滑行、绕障碍滑行

三、实施

轮滑运动的实施主要体现在两个方面,一方面是特奥轮滑教学,另外一方面是特奥轮滑训练。特奥轮滑教学面向所有的智障学生,体现的是普及的原则,主要是教授学生有关轮滑的知识和技能,而特奥训练则是面向一部分能力较好的学生,更注重的是学生技能的提高。尽管两者的侧重点不一样,但是他们在实施过程中都需要遵循一样的原则,教学内容和教学组织形式也类似,在学习轮滑过程中的注意事项也是一样的,但在教学内容方面可能有难度差异,相较于特奥轮滑训练,特奥轮滑教学的内容相对来说会更容易。

(一)实施原则

1. 轮滑教学的实施原则

(1)差异性原则

每个人都是独特的个体,尽管都是智障学生,但他们每个人的能力各不相同,不能用同一个标准来要求他们,必须根据他们自身的情况进行有针对性的训练。如初学轮滑运动的学生,按照其对这项运动的态度和心理表现特征,主要分为以下三种类型,即兴奋冲动型、被动疑惧型和冷淡消极型。[1]针对这三种不同的学生,我们要采取不同的教学方式。因此,差异性教学原则要求教师必须了解学生的个别差异以及由此引发的特殊教学需要,尽可能采取个别化的教学策略与方法以达到个别化的教学目标。[2]

(2)循序渐进原则

智障学生由于自身的局限性,往往存在感知觉速度慢、注意力不集中、识记速度慢等特点。因此,他们在掌握轮滑技术方面可能存在着一定的困难,但我们要正视他们的这些不足,在教学的过程中要遵循小步骤的教学方式,对他们怀有耐心和信心,我们的耐心和信心对于他们来说就是一种无声的鼓励,有利于他们更好、更快地掌握轮滑技术。

(3)调试性原则

调试性原则是个别化原则的延伸,它是指在具体教学中通过对教学各要素的调整,来适应学生的特殊学习需要,使学生顺利完成学习任务。调试性原则主要要求对四个要素进行调节,即学习目标、学习材料的类型(即随时给学生提供替代材料或补充材料)、学习时间、学习强度。[3]智障学生在学习轮滑的过程中会遇到许多问题,我们要根据情况进行一定的调整,使学生能够保持一个良好的学习心态。

(4)巩固性原则

运动技能的形成与巩固过程,除了个体或群体运动行为潜能因素的影响外,持续不间断地反复练习(强化)是必要条件。[4]因此,只有不断地练习巩固已有的技能,才能真正地掌握技能。这对于智障学生来说至关重要,他们自身能力存在着一定的不足,熟能生巧,他们也可以逐渐掌握轮滑技能。

2. 轮滑技术学习的原则

轮滑技术的学习,特别是针对初学者,必须要掌握的技术原则是:重心突

---

[1] 成刚.创新轮滑技术教学方法,开发智障学生运动潜能[J].中国科学教育,2009(1):27-28.
[2] 盛永进.特殊教育学基础[M].北京:教育科学出版社,2011:233.
[3] 盛永进.特殊教育学基础[M].北京:教育科学出版社,2011:234.
[4] 于军,程卫波.回归生活——残疾人体育价值引论[M].北京:高等教育出版社,2010:88.

出原则、平抬平踏原则、充分侧蹬地原则、滑足支撑重心原则、浮足提膝收回原则和浮足就近落地原则。①

(1) 重心突出原则

这一原则有两层含义,一是指身体重心的控制和稳定是在完成轮滑运动的技术动作时应首先注意和控制的重要因素;另一层含义是指除花样滑行的特殊动作要求外,在绝大多数情况下,在完成轮滑运动的技术动作时,身体的总重心都应向身体位移的方向移出身体之外。

(2) 平抬平踏原则

在轮滑中(除花样滑行的特殊动作要求外)如要使一脚离开地面,应以脚底部的所有轮子同时离开地面的方式平行抬起;如要使一脚着地,则应以脚底部所有轮子同时着地的方式平行踏下。

(3) 充分侧蹬地原则

腿部的蹬地是滑行的动力。在腿部蹬地时为加大蹬地力量和做功的距离,应做到充分蹬伸;基于轮滑运动场地和器材的特点性能,蹬伸的方向应为人体位移方向的侧前或侧后方。

(4) 滑足支撑重心原则

在轮滑的滑行过程中,滑足应支撑或主要支撑身体重心。这样才能保证在滑行过程中始终保持稳定的状态。

(5) 浮足提膝收回原则

在滑行过程中(除花样滑行的特殊动作要求外)为了有效地控制身体重心,保持重心稳定和有利于下接动作,浮足应收回并靠近支撑身体重心的滑足。

(6) 浮足就近落地原则

在滑行过程中(除花样滑行的特殊动作要求外)为更好地控制身体重心,保持重心稳定,加大蹬地蹬伸的做功举例,浮足在落地时应当靠近支撑身体重心的滑足。②

(二) 轮滑技术的教学内容

曹冰通过实践总结的轮滑课教法步骤为,直道滑行教学顺序应按原地蹲地→踏步练习→"八"字脚行走练习→单脚蹬地双脚滑行练习→单脚蹬地单脚滑行练习顺序进行。弯道滑行教学顺序为原地横向行走练习→横向交叉步练习→左脚支撑右脚连续蹬地的练习→完整的弯道技术练习。③ 潘黎等总结轮

---

① 韦见凡,丁旭.轮滑技巧图解[M].北京:北京体育大学出版社,2006:2.
② 韦见凡,丁旭.轮滑技巧图解[M].北京:北京体育大学出版社,2006:2-4.
③ 曹冰.速度轮滑(一字轮)基本技术教学方法[J].中国学校体育,2002(2):28.

滑教学要分 2 个阶段,在第 1 阶段主要掌握移动重心,学会直线、弯道的一般滑行。第 2 阶段主要掌握基本技术,学会直道、弯道快速滑跑。[①]

深圳元平特殊教育学校特奥轮滑教学内容大致可以通过特奥轮滑运动教学指导手册(表 7-1)体现出来,先教授关于轮滑的一些基本常识,如轮滑的来源、分类、装备等,再学习轮滑运动的一些简单的技术,如非滑行技术、直道滑行技术,再逐步加大难度,要求掌握弯道滑行技术、起跑技术等。而特奥训练的内容与此相同,都从易到难,但相较于特奥轮滑教学,其要求更高,学习同样的内容,需要学生更好更快地掌握教学内容,更加注重练习巩固的作用。表 7-3 是特奥轮滑的教案,从中可以看出特奥轮滑教学内容和特奥训练的教学内容大致相同。

表 7-3　特奥轮滑教案

学生人数:8 人　　授课教师:成刚、金连芹　　授课时间:2012.6

教学目标	1. 认知目标:知道提高滑行速度的动作要领和相关练习方法 2. 技能目标:进一步改进滑行动作,提高滑行中身体重心的控制能力 3. 情感目标:养成竞争意识,培养学生勇敢尝试,争取胜利的特奥精神					
教学内容	1. 身体重心控制技巧 2. 教学比赛		重点难点	滑行中身体重心的转移	场地器材	轮滑鞋、护具、标志桶、自行车
教学流程	穿戴护具→原地重心转移练习→绕场地滑行→绕"8"字滑行→自行车牵引滑行→分组纠正错误动作→分组比赛					
结构	教学内容	组织要求	教师活动	学生活动	达成目标	时间
导入与热身	1. 穿戴护具	1. 组织:坐在地板上 要求:迅速按照头盔、护膝、护肘、轮滑鞋、护掌顺序穿戴好护具	1. 教师强调安全和自我保护意识,协助尽快换好装备	1. 学生迅速按顺序穿戴好护具	1. 增强安全意识,提高自己动手穿戴护具能力	10分钟
	2. 准备活动	2. 组织:一列横队 ♀♀♀♀♀♀★ ★ 要求:学生迅速成"V"字步站立	2. 宣布本次训练内容并带领学生做准备活动。辅助教师播放音乐	2. 跟着教师的要求充分活动身体各部位	2. 学生养成遵守课堂纪律习惯,调动学生积极性,提高学生身体的兴奋性	
	3. 辅助练习——原地重心转移	3. 组织:两列横队 ♀♀♀♀　★ ♀♀♀♀　★ 要求:双脚平行站立,原地重心转移重心放在支撑腿上,眼、膝、鞋在一条垂直线上,然后重心再慢慢转移到另一条腿上	3. 教师做示范并纠正动作,另一教师协助指导。出示特奥冠军示范动作图片,激励学生向他学习	3. 按教师要求做重心转移练习	3. 学生能够体会身体重心在两腿之间转移的感觉	

[①] 潘黎,秦福奎.轮滑初学者教法初探[J].冰雪运动,2001(1):30-31.

续表

结构	教学内容	组织要求	教师活动	学生活动	达成目标	时间
实践与提高	1. 绕场地、"8"字滑行	1. 组织：一列纵队 要求：排队绕场地滑行，体会充分蹬地和身体重心转移。 绕标志桶做"8"字滑行	1. 教师带领学生排队滑行，并提醒学会注意滑行动作	1. 有秩序地进行滑行练习	1. 充分活动身体	23分钟
	2. 受牵引滑行	2. 组织：两人一组练习。 要求：教师骑自行车，学生握住绑在车后的绳子滑行，体会身体重心在两脚转移的感觉。慢慢过渡到单脚滑行	2. 辅助教师骑车控制好车速，教师语言指导学生做滑行中身体重心转移	2. 两人一组，在教师骑车牵引下滑行。 其他学生在内圈滑行体会动作	2. 让学生体会身体重心的转移	
	3. 纠正错误动作，改进滑行技术 （根据存在问题共分3组改进）	3. 组织：根据学生情况分别纠正错误动作，改进提高滑行速度。A组 B组　C组 要求： A组：练习充分蹬腿滑行，提高滑行速度。 B组：加强巩固压弯道技术动作。 C组：纠正用1条腿蹬地滑行的错误动作	3. 讲解动作要领并示范，指导学生改进错误动作。两位教师轮流指导学生存在的问题	3. 按教师要求分别进行改正动作和提高滑行速度练习	3. 让学生能意识到自己错误技术动作对滑行的影响，并能积极去尝试改进	
	4. 分组比赛	4. 组织：2人1组（绕圈） 要求：先进行预赛，先到终点的学生以落后学生所处位置为起点再进行决赛	4. 组织分组，先进行预赛，再决赛，激励学生尽力滑行	4. 按教师分组比赛，用正确的动作尽力滑行，争取胜利	4. 使每一名学生都有获胜的可能，并体会胜利的快乐	

续表

结构	教学内容	组织要求	教师活动	学生活动	达成目标	时间
调节与评价	1. 训练小结 2. 放松活动 3. 整理器具，宣布下课	1. 组织：一列横队 2. 要求：身心放松	1. 教师总结本次训练中学生存在的问题，并对学生的进步做出肯定 2. 组织放松活动 3. 组织学生整理器材，与学生道再见	1. 学生认真听教师的总结 2. 放松身体 3. 整理并归还器材，同老师道再见	1. 学生通过教师总结了解本次训练情况 2. 学生身心获得放松 3. 培养学生自理能力和良好行为习惯	2分钟
预计密度	55%～60%		平均心率	140次/分钟		
心率曲线						
课后反思	……………					

（三）轮滑的教学组织形式

轮滑运动的教学组织形式主要包括先分后合练习制、各种心理训练手段、直观教学、诱导性教学、分层教学等，具体情况如下。

1. 先分后合练习制

集体统一的练习方式对于智障学生来说存在着一定的弊端，因为他们每个人的能力不同，水平参差不齐，不适合集体教学。因此在教学过程中要因材施教，采用先分后合练习制。在开始练习某一个动作时，按学生技术掌握程度进行分组，不同水平组采用不同的练习内容。当大部分学生基本掌握该动作时，再进行合组练习，使互帮互助有了基础，水平参差不齐的现象得以改善，通过有分有合的方式，最终较好地达到教学要求。[①]

---

① 张成林.轮滑运动在高校体育教学中的实践[J].南京体育学院学报，2001，15(2)：42-43.

2. 各种心理训练手段

初学轮滑时有些学生会有畏惧感。王燕鹏通过培养学生的自信心,保护学生积极性,加强意志力培养这些措施,有效地帮助同学们克服轮滑课中出现的心理障碍。[①] 陶玉晶采用能力分组、互动教学形式,同时采取自我念动、自我暗示、独立表述、自我评价和放松训练等心理训练手段,收到良好的效果。[②] 智障学生能力方面存在不足,通过各种心理训练手段增强他们的自信心,这对于他们掌握轮滑技术有很大的帮助。

3. 任务分析教学

智障学生学习能力不足,所以轮滑教学过程中要采取任务分析的教学方式,将各种轮滑技术进行分解,通过示范教学,使他们能逐步掌握相应的技术。此外,教师要注意重复的重要性,在保证学生掌握某技术的基础上再学习其他的技术。

4. 诱导性教学

这种教学方法主要是针对初学轮滑而又有畏惧心理的学生。教师在简化轮滑技术动作的同时,加上自己的言语鼓励,可以诱导学生慢慢克服自己的心理障碍,参与到轮滑运动的学习中。付进学等的实验表明在采用双排轮滑鞋时,诱导练习比直接行走过渡到初步滑行更能提高教学效果,可缩短学时。[③]

5. 分层教学

智障学生的能力不一,因此要采取分层次教学的理念,对于轮滑技术掌握比较好的学生,要让他们学习难度更大的轮滑技术,反之,则对其要求降低。特奥轮滑课的每个班级人数和特奥轮滑训练队的学生数量都是十人左右,人数较少,因此,教师在教学的过程中要注意每个学生的学习情况,针对每个学生都要有相应的要求,这也体现了个别化教学的理念。

(四)轮滑训练的注意事项

研究表明,各种损伤所占的比例为:因摔倒引起的运动损伤中,上肢占13.44%、下肢占8.6%、头部1.61%、颈部2.68%、躯干6.98%、身体各个部位的表皮擦伤或开放型软组织损伤46.24%、腰部扭伤15.05%,而非摔倒引起的运动损伤为5.4%。[④] 因此,智障学生在轮滑运动学习过程当中尤其要注

[①] 王燕鹏. 浅谈高校学生轮滑课中的心理障碍[J]. 邢台职业技术学院学报,2003(1):22-23.
[②] 毛振喜,李文武,王金玲. 我国近10年速度轮滑研究综述[J]. 冰雪运动. 2005(3):36.
[③] 付进学,王敏,刘英剑. 初学速度轮滑直道滑行的教法[J]. 冰雪运动,1997(1):67-68.
[④] 葛菁,刘军峰. 轮滑教学中运动损伤的产生及预防[J]. 冰雪运动,2003(1):54-55.

意其安全问题,教师要加强安全防范意识教育,避免学生受伤,具体的注意事项如下。

1. 重视准备活动的重要性,以及运动后的放松活动

进行轮滑运动之前要进行充分的热身运动,使身体的各主要关节都充分伸展开来。一般来说,准备活动主要应考虑内容、时间和运动量等问题。准备活动内容可分为一般准备活动和专门性准备活动。专门性准备活动是指与所从事的体育锻炼内容相适应的动作练习。[①] 一般准备活动主要是一些全身性的身体练习,如跑步、踢腿、弯腰等,其作用在于提高机体的代谢水平和大脑皮质的兴奋状态,减少运动损伤的发生。[②] 运动过后,教师要带领学生做放松运动。放松运动可以消除疲劳,促进体力的恢复,它使人从紧张的状态更好地过渡到相对安静的状态。

2. 佩戴防护用具

智障学生缺乏一定的自我保护能力,在初学轮滑时应该佩戴轮滑运动的防护用具,如头盔、护腕、护膝等,可以缓解运动过程中造成的损伤。此外,尽管在掌握一定的技术后,可以不用佩戴防护用具,但在学习难度更大的轮滑技术时,有必要让他们佩戴防护用具,这样可以在一定程度上保障他们的安全。

3. 学会如何应对摔跤的情况

学习轮滑时摔跤是不可避免的,所以学会如何在摔跤时做好自我保护显得尤为重要。当要向前或向侧摔倒时,要主动屈膝下蹲,用双手撑地缓冲,减小摔倒的力量;当要向后摔倒时,也要主动屈膝下蹲,降低重心,尽量让臀部先坐下,并注意保护尾骨处,同时低头团身;摔倒时应尽量避免直臂单手撑地,这样很容易损伤手腕。

4. 不要做危险或妨碍他人的动作

轮滑训练队的学生不要在训练过程中打闹嬉戏,或做一些容易妨碍到他人的动作,教师一方面要对学生进行这方面的教导,另一方面也要时刻关注学生的情况,及时阻止学生的一些不良行为。

四、评价

训练计划是否合理,训练的效果如何,都需要在轮滑运动实施一段时间后

[①] 陶玉晶,张艳梅.对提高高校速度轮滑专业课教学效果的研究[J].冰雪运动,2004(1):33-34.
[②] 黄建行.全国特殊教育学校特奥运动高级研讨会论文集[C].深圳:海天出版社,2012:111.

进行评价,并反馈评价内容,最终是为了促进学生更好地发展。针对轮滑训练的情况进行评价,是为了更好地促进轮滑运动的开展,而对特奥轮滑项目进行评价也就是对特奥轮滑课和特奥轮滑训练进行评价。

(一)评价方法

1. 观察记录

观察是最直观的一种评价方式,教师在教学的过程中要时刻注意学生的表现,对于他们的进步和不足要进行一定的记录,并针对他们的这些情况适时改变教学内容,顺应学生的发展水平,为他们的发展提供适宜的教学指导策略。

实际上,对于学生的评价并不仅仅限于轮滑技能的提升,有时也要关注学生在学习过程中的表现,如自信心的提升等。此外,学生在学习轮滑后的改变也会泛化到家庭中,作为学生的家长要密切留意孩子的进步,将其进步反馈给学校。

2. 课程评价

课程评价是针对特奥轮滑课的开展情况进行一定的评价,主要体现在特奥轮滑课的实施过程中,也就是特奥轮滑课的目标是否达成,具体来说体现在学生的学习情况方面。

3. 期末测试

在每个学期末,学校会对特奥轮滑训练队学生的轮滑技能的掌握情况进行测评,这就是期末测试。测试的内容是计算学生50米和100米的轮滑成绩,而这个成绩可以在一定程度上代表学生掌握轮滑技能的情况。

(二)评价内容

1. 运动技能

特奥轮滑项目的评价内容主要是指技能。轮滑作为一项运动项目,有相应的运动技能,而学生掌握技能的情况是对学生进行评价的一个重要指标。表7-4是学校教师制作的特奥轮滑课程评价表,除了技能的评价,还包括学生掌握的知识及其参与表现的评价。

表 7-4　特奥轮滑课程评价表

班级：　　　　　姓名：　　　　　评估教师：　　　　　评估时间：

评估项目		评价内容	学期前期评估			学期中期评估			学期后期评估			总评			评估方法
			A	B	C	A	B	C	A	B	C	A	B	C	
轮滑	水平一	技能	1. 正确穿戴护具 2. 掌握站立的几种姿势，能沿直线滑行													观察
		知识	能分清轮滑装备，了解护具的作用													提问
		参与	参观学习其他人的轮滑活动													提问
	水平二	技能	1. 掌握常用的滑行和制动技术 2. 能运用弯道技术转弯滑行													观察
		知识	说出常用的几种制动和转弯方法													提问
		参与	在公园或小区里和其他人一起参加轮滑活动													提问
	水平三	技能	1. 掌握起跑和冲刺的技术动作 2. 改进滑行姿势，加快滑行速度													观察
		知识	能说出起跑和冲刺要领													提问
		参与	参加各种组织的轮滑活动和比赛													提问

说明：

1. 本评估量表适用于参加特奥运动学习的轻、中度智障儿童。主要通过评估方便老师了解学生学习情况，便于进行有针对性的教学。
2. 根据学生实际情况在相应格里用"√"标注。
3. 评估要求：连续三次。

除了课程评价外，每个学期末教师都会对所有的学生做一个总结性的评价，并提出下个学期学生的一些训练要求，如在 2009—2010 第一学期智障运动队训练小结中，负责轮滑项目的教师指出：

本学期主要负责智障运动队轮滑项目的训练工作，本学期共有 8 名运动员参加，除吴某某一名老队员以外，其他都是刚接触轮滑这个项目，对于这些新队员我一个个从头教起，学习穿鞋、带护具、站立、行走，直到慢慢滑行。对老队员则要求进一步加快滑行速度,掌握轮滑弯道技术,并且学习一定的花样技巧。通过一个学期的训练,队员们初步掌握直线滑行的技巧,部分队员进步很快。其中福某某、杨某某和陈某某从不会滑到现在能快速自如滑行,李某某能较快滑行但双脚蹬地动作不协调,经常用一只脚蹬地滑行,林某某、欧阳某某进步较慢,但基本掌握滑行技术。特别突出的是吴某某同学,学习了绕障碍,绕"8"字,向后滑行的技能。在下学期的训练中我还将根据队员特点,进行有针对性的训练,确保我校特奥轮滑队能在今后比赛中获得好的成绩。

除了教师的总结性评价外,我们也可以从期末测试成绩中得出学生的轮滑技能水平,如表7-5是2009年—2010年第一学期轮滑训练队学生的期末成绩,具体指出了每个学生的测试成绩。由于特奥轮滑队的学生流动性较大,且有部分学生参加到其他的特奥训练队中,所以第二个学期仅有李某某、陈某某与张某某的成绩,他们50米的成绩分别是:25.34s、19.42s、35.48s,而100米的成绩是:51.29s、39.52s、59.25s。从这些数据中可以看出,这三个学生经过两个学期的学习,其轮滑速度提高了,轮滑技术更加成熟。

表7-5 2009—2010第一学期轮滑队学生的期末测试成绩

	班级	50米(s)	100米(s)
吴某某	R职1-1	9.84	18.5
李某某	R4-1	27.28	57.7
杨某某	R4-1	18.77	42.4
福某某	R4-1	19.45	37.45
林某某	R5-1	1分02	1分54
陈某某	R5-1	21.17	43.67
欧阳某某	R5-1	52	1分22
张某某	R7-2	39.45	1分12

2. 其他方面的能力

让智障学生参加特奥轮滑运动,不管是特奥轮滑课还是特奥轮滑训练,其初衷都是为了学生的全面发展,并不仅仅是为了提升其轮滑技能,更多的是希望学生通过轮滑这种运动方式,能够发掘自身的潜能,使自身其他方面的能力得到一定的锻炼。具体来说主要体现在三个方面:① 学习态度与表现:智障学生能够积极参与运动,勇敢尝试新的内容,敢于挑战自我;② 人际交往和合作能力:智障学生之间能够互帮互助,形成友好的交往环境;③ 心理健康:智障学生在参与特奥运动的同时,心理素质得到提高,能够克服心理障碍,以积极自信的心态参与运动。这些能力是智障学生迫切需要习得的,而这些能力的提升往往通过观察和与学生的交流可以感觉出来。特奥轮滑运动的成效可以通过智障学生的技能和多方面的能力体现出来,这也说明了轮滑运动对他们来说具有重要的作用。学校教师成刚在《创新轮滑技术教学方法,开发智障学生运动潜能》一文中详细介绍了轮滑运动的作用,并对其教学方法提出了自己的思考。

创新轮滑技术教学方法,开发智障学生运动潜能[①]

深圳元平特殊教育学校　成刚

一、问题的提出

近年来,特奥运动在我们国家得到飞速发展。各种特奥运动项目在许多培智学校进行推广,成为特殊教育体系中的一项重要内容,轮滑运动就是其中较为典型的一个项目。

轮滑作为一项健身价值与娱乐功能俱佳的运动,深受广大青少年的喜爱。滑行中高速动感的刺激和表现高超技巧的感觉,使人们得到身心的愉悦,现代时尚的运动装备,更能增添展示自我风采的满足。正因为如此,轮滑运动正以蓬勃之势风行全国。

智障儿童的轮滑运动虽然开展较晚,但有着广阔的发展前景。轮滑运动自1987年正式成为世界特奥会的比赛项目以来,在世界各国的智障人士中得到广泛开展。许多智障儿童经过系统练习,都不同程度地掌握了轮滑的技术动作,有的甚至能够具备高速滑行的能力,或能完成一定难度的花式动作,在各类竞赛和表演中获得良好的成绩。

轮滑运动集速度、平衡控制、动作协调性等能力为一体,有很高的健身和培智功能。这些功能对智障儿童显得尤为重要。近年来,全国许多省市的培智学校开设了轮滑教学与训练,省市间和国际的竞赛交流活动也经常举行。参加轮滑运动的学生在心智和体能方面均得到锻炼和提高。事实证明,在轻度智障儿童中开展轮滑运动不但是可行的,而且是必要的。

由于智障儿童和健全儿童在心理和生理上的差异,在轮滑教学过程中会遇到更为复杂的情况和困难。这就要求教师除了要付出足够的精力和耐心外,还必须认真研究智障儿童学习轮滑运动全过程的特点,并根据每个智障学生类型和程度的不同,采取多种有针对性的教法和手段。从心理诱导和调整到技术动作的讲授都要做到细致恰当,这样才能收到较好的效果。

二、教学中的心理诱导与调节

在轮滑教学中,首先需要解决的是各类学生复杂的心理表现,这些心理表现直接影响到技术的掌握。轮滑运动是一项既有趣好玩,又有一定难度和惊

---

① 成刚.创新轮滑技术教学方法,开发智障学生运动潜能[J].中国科学教育,2009(1):27-28.

险特征的项目。在高速动感的诱惑和不可避免的摔跌同时并存的状况下,更容易使这些智障类型和程度各异的学生产生不同的心理反应。在教学过程中,教师要针对不同心理表现的学生采取相适应的方法进行引导和调整,使他们能在学习过程中具备良好的心态,更好地进行动作学习。

初学轮滑运动的学生,按照其对这项运动的态度和心理表现特征,主要分为以下三种类型,即兴奋冲动型、被动疑惧型和冷淡消极型。

1. 兴奋冲动型

这类学生一般性格外向,活泼好动。对轮滑运动有浓厚的兴趣,有急于尝试快速滑行的强烈欲望。在学习过程中表现为虽能积极训练,但又急于求成,甚至不惧怕多次的摔跌,稍有进步就容易骄傲自满,想做更快、更难的动作。而遇到困难时,也容易产生急躁情绪。

这类学生的优点是学习自觉积极,在练习中能够大胆地发挥,一般能较快地掌握动作;但另一方面也易造成动作不扎实,形成一些难以纠正的错误动作习惯,不利于进一步提高水平。

对这部分学生的教学策略是,既要鼓励他们的练习积极性,也要加强对其学习动作的过程进行控制。有计划在基本动作的练习程序上加以限制和引导,强调动作的质量,做到循序渐进,高标准要求。如果教师能够进行合理调节,使他们在学习过程中保持良好的心理状态,这类学生大多数都能尽快掌握动作,并可能取得良好成绩。

2. 被动疑惧型

这类学生的心理状态比较复杂。表现为思维灵活,想法较多,自尊心很强,但也比较脆弱,一旦碰到挫折又极易产生自卑心理,对别人的态度反应很敏感。

他们对轮滑运动的学习有明显的矛盾心理。一方面很想和大家一起学会动作,自由滑行;又怕如果在学习过程中表现不好引起别人的非议,对自己能否学会动作抱怀疑态度。

他们在学习过程中变数很大,情绪随着学习的状态时有波动。教师在教学过程中要能及时抓准时机,以激励为主,疏导与限制相结合。在其心态良好,学习顺利时,要及时进行鼓励,尽快掌握和改进动作,提升动作难度;在其情绪发生波动时,要耐心引导,让他们做一些较为稳妥有把握的动作,从而增强信心,巩固学习成果。

3. 冷漠消极型

这部分学生一般都性格内向,不爱运动,对新鲜事物态度冷漠,身体运动机能也较差。他们对轮滑运动的学习,从心理上表现消极,甚至抵触。这类学生学习轮滑运动的难度也相对较大。

应当看到，轮滑运动能够开发的速度、平衡和协调等能力，正是这部分学生最为缺乏的，如果能使这些学生掌握轮滑动作，经过长期活动练习，他们的身体机能和心理素质会得到大幅度提高。因此应当在这些学生身上投入更大的精力和耐心。

教师在初学阶段时，要多与他们进行思想沟通，多进行一些引导的练习。在练习中要多对他们进行帮扶和教育，协助他们完成动作。在练习的要求上，要给他们更多的自由度和随意性，这样他们的兴趣会逐步增强，并随着技术的进步提高练习的积极性，使以后的学习也随之趋于顺利。

三、技能的传授与强化

由于智障儿童在身体活动能力和对动作的理解能力方面相对较弱，所以在轮滑教学中要充分考虑这些特点，不能照搬正常儿童的教法模式。在对技术规格的要求上要降低标准，在教法手段的运用上也要灵活恰当。同时在教学指导思想上，既要看到他们运动能力的局限，也不能忽视他们所具有的可塑性和潜能。以基本的直线滑行教学为重点，在打好基础以后，适当尝试加入变向和花式滑行动作，使能力不同的智障学生尽其所能掌握好轮滑技术。

1. 滑行的平衡与加速

轮滑运动的滑行动作，应该是一只脚向侧后方蹬地获得动力，同时将身体重心移向支撑脚，形成单脚向前滑行的状态。一般情况下，要求蹬地脚要有一定的角度和力量，而身体重心要尽量移至支撑脚上，保持一定的平衡，这样才能获得良好的滑行效果。

由于智障儿童身体条件的限制，他们的突出弱点表现在平衡能力、协调性和对身体重心的控制能力较差；对身体运动的空间感觉不准确；不能恰当地掌握对力量的运用。这就要求教师在教学中对动作的各个环节要有特殊的要求，并采取相应的特殊措施加以解决。

（1）基本姿势要采用中等重心高度，重心太高不易站稳，太低又容易造成分腿跌坐现象。两脚间距离略小，上体前屈程度稍大一些，膝关节弯曲程度可稍小一些。

（2）蹬地要由小幅度、小力量的挪动开始，两脚交替的频率略快，以减轻单脚支撑的负荷。

（3）由于摔跌现象难以避免，可以专门讲授各种正确的摔跌方法，以提高自我保护意识和能力，消除畏惧心理。

（4）手臂的动作以向两侧张开协助维持身体平衡为主，不要过分追求为提高滑行速度而加大前后摆臂动作。

（5）多进行一些惯性直线双脚滑行练习，或者在教师的推、扶等外力帮助下向前加速滑行,以建立快速滑行的感觉。

在解决单独滑行后,可逐步改进动作,加快滑行速度,并提出新的要求。

2. 变向的控制与发挥

在初步掌握了直线滑行后,变向和简单的花式滑行就成为智障学生们所追求的技术动作。虽然他们在掌握变向变速和花式动作时困难较大,但也不能低估他们的潜在能力。经过一段有效的针对性训练,许多学生可以不同程度地进行变向和花式滑行。

首先,要进行一些专门性的训练,如双脚支撑身体重心连续左右晃动;碎步左右倒脚支撑;单脚支撑滑行中身体上下屈伸;制动和启动练习等。使学生初步获得在变化中支配和控制身体重心的感觉,然后可逐步进行一些经过他们的努力可以学会的动作。比如可以采取如下的教法顺序进行练习:先做逆时弧线滑行,然后进行双向弧线滑行;在此基础上,可以做"S"形线路的变向滑行;部分能力较强的学生还可以做启动、急停、转身启动再急停和由大到小的绕"8"字滑行,等等。

在掌握了以上动作后,也可以做更加复杂一些的花式滑行动作。但要根据每个学生的情况量力而行,既不要保守,也不可冒进。

四、讨论与建议

1. 智障儿童轮滑教学的特殊性对教师提出更高的要求。教师既要研究轮滑运动的教学规律,又要研究各类智障儿童学习轮滑运动特点,并使二者紧密结合起来,以取得更好的教学效果。

2. 由于智障儿童的个体差异较大,要按照他们的智障类型和程度进行区别对待。有针对性地制订个别化教学方案,做到因材施教。

3. 合理处理好动作的规范性和实效性之间的关系。一般情况下应以实效性为主,适当兼顾动作的规范性。

4. 要积极参与各种形式的轮滑竞赛和表演活动,展示轮滑运动的魅力,以便更好地激发学生的兴趣,促进技术的提高。

5. 加强安全保障措施。练习时要对护具、轮滑鞋和场地设施进行严格检查,在学生练习时要由专人陪伴。

6. 在家长和社会的支持方面多做工作,使他们改变观念,加大投入,使学生能在良好的环境和氛围中学习。使他们通过轮滑运动的练习活动,体能得到增强,心智得到提升,性情得到陶冶,从而提高生活质量,更好地融入社会生活。

第8章 特奥其他运动项目

特奥运动对于智障人士的身心发展有着重要的作用。为了满足不同地区、不同条件、不同层次智障人士的运动要求,特奥运动共设置了21个夏季项目和7个冬季项目。

第1节 特奥篮球

一、项目概述

篮球是特奥运动项目中重要的比赛项目之一,所有年龄段、所有能力的智障人士都能参加。对于年龄较小的队员可以学习怎样拍球和控制球,对于一些年龄比较大、有丰富经验的运动员可以学习更为复杂的技能或者参加篮球比赛。篮球于1968年正式列入世界夏季特奥运动会比赛项目,在随后的各届夏季奥运会中,都进行了特奥篮球比赛。2002年全国特奥会上篮球首次成为我国特奥比赛项目。由于对场地设备的要求低、规则简单,易于学习,特奥篮球在我国特殊学校普遍得到推广。

二、项目特色

特奥篮球是专门为智障人士而设置的,符合智障人士生理、心理特点,所以特奥篮球与普通篮球在竞赛分组、比赛项目、场地设备以及规则方面存在许多不同。

(一)竞赛分组

特奥篮球比赛按照特奥运动员的性别、年龄进行分组,每组按照篮球技术评估测试(篮板球、运球和中距投篮)的得分或通过组内预赛成绩的排名进行决赛,每组不超过8队。

(二)正式比赛项目

特奥篮球比赛设有团体赛、半场篮球赛(三对三比赛)、融合运动团体赛、融合运动半场比赛,以及为低能力运动员设置的个人技术赛、快速运球、团体篮球技术赛等项目。

(三) 场地和设备的特殊要求

(1) 女子组和少年组比赛可使用较小的篮球[周长72.4厘米(28 1/2 英寸),重510～567克(18～20盎司)]。

(2) 篮筐包括篮圈和网。比赛时,篮圈通常要高于地面3.05米(10英尺)。少年组比赛中,篮筐高度可稍低一些,距离地面2.44米(8英尺)。

(四) 规则的特殊要求

(1) 团体比赛,每一场比赛分为4节,每一节6分钟。半场三对三比赛,每场比赛要打够20分钟或者某一对得到20分为止。

(2) 团体赛中特奥运动员在没有获利的情况下允许多走一步。

(3) 个人技术比赛包括目标传球、10米运球、定点投篮三个项目。

(4) 融合运动团体赛,场上特奥运动员的组成不能超过三名特奥运动员和两名融合伙伴,在三对三比赛中为两名特奥运动员和一名融合伙伴。

三、项目实施

(一) 目标

通过特奥篮球的教学,使学生了解特奥篮球运动的基本知识,掌握基本技能,发展智障学生身体协调性、灵活性,增强学生活动能力,补偿身心缺陷,提高身体基本活动能力,培养学生勇敢顽强、机智果断、胜不骄、败不馁的优良品质和团结协作的集体主义精神。通过在比赛中和健全人、同伴通力合作,相互激励,建立自信。在实施目标的过程中可以将总目标分成具体目标,一方面有利于教学实施,另一方面也能够及时进行教学评估,根据评估结果及时调整教学内容,表8-1是深圳元平特殊教育学校为特奥篮球所制定的学年具体目标计划。

表 8-1 特奥篮球具体目标

水平 目标	目标	
	第一学年	第二学年
水平一	学习对墙定点传球、定点投篮的方法,掌握传球、投篮的基本技能	学习10米运球和快速运球的方法,能够掌握运球规则和比赛的方法
水平二	初步了解半场3对3比赛的基本方法及规则	了解队制竞赛的基本方法及规则
水平三	基本了解5人队制比赛的基本方法及规则	了解队制竞赛的基本方法及规则

(二) 计划

在确定了特奥篮球具体目标的基础上要根据具体目标制订教学计划,教学计划的制订一方面有利于教学实施,另一方面能够使教学过程循序渐进,满足智障学生的学习要求,表8-2为深圳元平特殊教育学校特奥篮球教学计划。

表 8-2 特奥篮球教学计划

内容 \ 水平	水平 1	水平 2	水平 3
内容一	认识篮球	10 米快速运球	行进间传接球
内容二	学习抛接球	传接反弹球	运动急停投篮
内容三	原地拍球的方法和手型	双手胸前传球	行进间传接球上篮
内容四	拍球走	对墙定点传球	3 对 3
第五节	运球过障碍	双手胸前投篮	对制竞赛
第六节	运球跑	定点投篮	融合比赛

（三）实施

教学实施是实现教学目标的中心阶段，教学实施策略的选择既要符合教学内容、教学目标的要求和教学对象的特点，又要考虑在特定教学环境中的必要性和可能性。表 8-3 为深圳元平特殊教育学校特奥篮球运动教案。

表 8-3 特奥篮球运动教案

班级：6 年级　　学生人数：10　　授课教师：毛小雄　　授课时间：2011.6

教学目标	1. 初步学习原地拍球动作方法熟悉球性。 2. 能积极主动参与学习原地拍球动作方法。 3. 发展学生的身体协调能力。					
内容	原地运球	重点	动作方法的学习			
		难点	动作协调			
顺序	教学内容	组织、要求	教师活动	学生活动	量	时
导入与热身	1. 课堂常规 （1）集合整队 （2）师生问好 （3）宣布课的内容 2. 准备活动 （1）慢跑 （2）徒手操	组织： ♀ ♀ ♀ ♀ ♀ ♀ ♀ ♀ ♀ ★ 要求：集合快、齐、静， 充分活动各关节肌肉及韧带	1. 课前检查 2. 向学生问好 3. 说明上课内容、要求 4. 组织准备活动	1. 按要求列队集合 2. 向老师问好 3. 了解上课内容及要求 4. 按要求进行准备活动		

续表

顺序	教学内容	组织、要求	教师活动	学生活动	量	时
实践与提高	1. 球性练习 2. 学习单手原地拍球 两脚前后开立,膝关节微屈、上体前倾,拍球时伸臂压腕拨指,球反弹后引球至屈臂 3. 游戏: 快速拍球	组织: ♀♀♀♀♀ ♀♀ ★ 要求:动作协调 要求:练习认真,动作规范 组织: ♀ ♀ ♀ ♀ ★ 要求:遵守游戏规则	1. 组织学生做各种球性练习 2. 教师讲解示范动作方法 3. 教师个别纠正指导 4. 引导学生进行创新 5. 教师讲解游戏规则及方法 6. 组织学生进行游戏比赛	1. 学生模仿练习 2. 学生认真观察学习 3. 学生练习 4. 学生创新各种拍球的方法 5. 学生学习游戏的方法和规则 6. 学生练习		
调节与评价	1. 放松活动 2. 小结本课情况 3. 下课	组织: ♀♀♀♀♀ ♀♀ ★ 要求:有序调整身心,评价客观	1. 组织放松活动 2. 组织课堂小结与评价 3. 组织整理并归还器材 4. 宣布下课并向学生道再见	1. 按要求进行放松 2. 评价学习情况 3. 整理归还器材 4. 向老师道再见		
场地器材	篮球10个、标志桶4个	运动曲线预计 练习密度30%~40% 平均心率110次/分				

(四)评估

教学评估包括两方面的内容,首先是对教师教学进行评估,并确定其价值及优缺点及改进过程,其次是对学生学习结果进行评定,需要了解学生所掌握的内容以及水平,为开展下一步教学活动提供依据,表8-4为深圳元平特殊教育学校根据本校教学目标制定的特奥篮球教学评估建议。

表 8-4 特奥篮球教学评估建议

评估建议\水平	评估建议	
	第一学年	第二学年
水平一	能够按要求完成对墙传球、定点投篮技术动作	能按要求完成 10 米运球和快速运球技术动作
水平二	能在教师指导下进行半场 3 对 3 比赛	在教师指导下能进行队制竞赛,可以做简单的技战术配合
水平三	能在教师指导下进行半场 3 对 3 比赛	能在教师指导下进行队制竞赛,可以做简单的技战术配合

第 2 节 特奥乒乓球

一、项目概述

乒乓球是一个快速比赛项目,对手眼的协调要求较高。特奥乒乓球除了一般的比赛项目,还包括个人技能赛,这些比赛使运动员就乒乓球的一些基本技能进行比赛。这些技能比赛对于运动员参加常规比赛有很大的益处。1987 年在美国印第安纳举行的第七届夏季特奥会上乒乓球正式成为特奥比赛项目。同年在深圳举行的我国第一届全国特奥运动会上乒乓球就成为我国特奥运动会的比赛项目,随后在每届特奥运动会上都有乒乓球的"身影"。

二、项目特色

特奥乒乓球比赛与普通乒乓球比赛在竞赛分组、比赛项目设置以及比赛规则方面存在许多不同。

（一）竞赛分组

特奥乒乓球项目比赛按照特奥运动员性别、年龄进行分组,每组按照特奥运动员的预报成绩或预赛成绩分成若干个不同能力的竞赛组别进行决赛,每组不超过 8 人(队)。

（二）比赛项目

特奥乒乓球设有以下项目：单打、双打、混双、轮椅乒乓球、个人技术赛、融合运动双打、融合运动混双以及为低能力水平运动员设置的定点发球、执拍颠球和回击球,其中个人技术赛包含：手抛球、执拍拍球、正手拦球、反手拦球和发球 5 个项目。

（三）规则的特殊要求

（1）定点发球要求特奥运动员在球桌左右两个半区各发5个球，将球击入相应的发球有效区域得1分。

（2）执拍拍球要求特奥运动员执拍向空中拍球，每拍1球得1分，共30秒时间。

（3）回击球要求特奥运动员将抛来的球回击到对方的球台，共5个球，回击到对方台面得1分，回击到发球有效区域得5分。

（4）融合运动双打队伍应包括一名特奥运动员和一名伙伴。

（5）轮椅特奥运动员在比赛中用不执拍手触及比赛台面，不扣分，但不得用不执拍手支撑于桌面；运动员在比赛期间不能明显离开坐垫；轮椅双打比赛中，球可越过接发球员的右半区的边线。

三、项目实施

（一）目标

通过对特奥乒乓球的教学，使学生了解特奥乒乓运动的基本知识，掌握基本及技能，并在学习中培养他们对乒乓球的兴趣，增加家庭荣誉感，提高对社会的认识程度，为社会所接受和认可。而通过参加特奥运动，智障学生可以增强身体机能、动作技能、自尊及自信、培养友谊以及得到家庭成员的支持。特奥乒乓球在教学前要根据本校学生学习能力水平、乒乓球技术动作具体制定学期、学年目标，表8-5为深圳元平特殊教育学校特奥乒乓球各学年具体目标。

表8-5 特奥乒乓球教学目标

目标 水平	目标	
	第一学年	第二学年
水平一	初步掌握执拍方法及手抛球的方法及规则	初步掌握正反手击球的方法
水平二	初步掌握定点发球及回球的动作方法	了解掌握个人技术比赛规则及方法
水平三	学习双打比赛的方法，掌握融合比赛的基本方法及比赛规则	学习融合比赛的方法掌握融合比赛规则及方法。通过融合伙伴一起比赛，能更好地融入社会

（二）计划

在确定目标之后，根据乒乓球技战术特点确定训练计划，训练计划要具体，同时要根据智障学生特点突出重点和难点，表8-6为深圳元平特殊教育学校乒乓球教学计划。

表 8-6 特奥乒乓球教学计划

技能	训练计划
手抛球	学习手抛球的方法,使学生熟悉手抛球的比赛方法及规则
执拍拍球	学习执拍拍球的方法,使学生掌握拍球比赛的基本方法和规则
正手击球	学习正手击球的方法,使学生掌握正手击球比赛的基本方法和规则
反手击球	学习反手击球的方法,使学生掌握反手击球比赛的基本方法和规则
定点发球	学习定点发球的方法,使学生掌握定点发球比赛的基本方法和规则
个人技术赛	学习个人技术赛的比赛方法,使学生掌握个人技术赛的基本方法和规则
回球	学习回球比赛的方法,使学生掌握回球比赛的基本方法和规则
单打	学习单打比赛的方法,使学生掌握单打比赛的基本方法和规则
双打	学习双打比赛的方法,使学生掌握双打比赛的基本方法和规则
混双	学习混合双打比赛的方法,使学生掌握混合双打比赛的基本方法和规则
融合运动双打和混合双打	学习融合比赛的方法,使学生掌握融合比赛的基本方法及比赛规则,通过和融合伙伴一起比赛,使学生更好地融入社会

(三) 实施

在制定好教学目标、教学计划的基础上,要根据智障学生的身心特点实施教学,在教学过程中要针对每节课的教学内容制定详细的教学方案。表 8-7 为深圳元平特殊教育学校李秀英老师制定的特奥乒乓球教案。

表 8-7 深圳元平特殊教育学校特奥乒乓球课教案

学生人数:8 人　　授课教师:李秀英　　授课时间:2007.10

教学内容	1. 复习发平击球技术 2. 学习推挡球技术
教学目标	1. 复习巩固学过的乒乓球发平击球基本技术动作。 2. 初步学习和掌握推挡球技术。 3. 发展学生灵敏性和手、眼协调能力。 4. 培养勇敢顽强、机智果断的优良品质。
教学重点、难点	重点:判断球的准确性,挥拍到位、用力得当。 难点:执拍正确的手形、动作的协调配合。

课序	教学内容	组织	教师指导	学生活动	要求	时间
导入部分	1. 课堂常规和导入新课。 2. 准备活动: 绕球台行进活动操。 原地徒手体操 A. 弓步走扩胸、振臂、体侧、体转 B. 行进前、后踢跑 C. 手腕手指	1. 组织:一列横队 ♀♀♀♀♀♀♀♀ ★ 2. 组织:一列横队 ♀♀♀♀♀♀♀♀ ★ 3. 组织:一列横队 ♀♀♀♀♀♀♀♀ ★	了解学生情况,师生问好。 宣布本节课任务 鼓励他们好好学习,勇敢尝试,争取胜利 带领学生慢跑活动 教师带领学生一起做操 教师给予指导	体委整队,请老师上课。 集队快、静、齐,精神饱满 认真听讲 思想集中 学生认真做好准备活动 在老师的带领下,跟着老师一起做徒手操活动	集队快、静、齐,精神饱满,注意力集中、动作协调、优美,培养学生养成良好行为习惯。激发学生的兴趣,活动身体,提高学生身体的兴奋性,为后面的练习做铺垫 充分活动开各个关节,动作要到位,避免受伤	2分钟 3分钟

续表

课序	教学内容	组织	教师指导	学生活动	要求	时间
激起兴趣部分	1. 持球和垫球的游戏练习 2. 正手发急球技术 动作要领： 准备姿势，站位学生站在乒乓球台左边，教师站右边，学生要离台子30厘米 左脚在前，右脚在后，两腿微屈。上体微屈，上体稍向右转，左手掌心托球置于身体右前方，右手持球于右侧。抛球后，球拍用力向前上方挥动，当球落至网上或与网平高度时球拍触球，摩擦球的中上部。球离球拍后，在自己台面上的落地离底线不易太远，以免发球出界	1.组织：两列纵队 ♀ ♀ ♀ ★ ♀ ♀ ♀ ♀ ♀ 2.组织：一列横队 ♀ ♀ ♀ ♀ ♀ ★ 如图	老师做示范讲解指导学生进行练习 老师引导学生做示范，师生互评，老师再示范、讲解正确动作方法，教师示范动作要领并给予指导，个别纠错	步子整齐，动作协调 认真听教师讲解示范动作 分组进行游戏比赛、感受成功的乐趣 根据老师做示范讲解，学生练习进一步提高技能，学生积极参与 学生进行模仿练习 两人一组进行练习	提高学生的手腕的灵活性和控球的能力，增强学生的运动兴趣 抛球后球拍用力向前下方移动，球拍当球落到网上高度时触球，摩擦球的中下部 主要体会手臂旋转方法，身体的基本姿势。	6分钟
						12分钟
演练提高部分	3. 推挡球技术 动作要领： (1) 准备姿势：站位于球台中间，离球台约50厘米，左脚稍前，重心放在两脚之间。膝微屈、收腹含胸，身体稍前倾，右臂自然弯曲将拍引至腹前，拍面稍前倾 (2) 击球：反弹上升期时，前臂和手腕外旋，向前迎击球 (3) 击球拍型：稍前倾 (4) 击球部位：后中部				要求：每人至少推挡200次成功球 方法： (1) 加强徒手练习，注意击球时的球拍前倾度 (2) 手腕放松，徒手练习，改进旋转 (3) 注意击球时机 (4) 注意身体的协调配合	12分钟

续表

课序	教学内容	组织	教师指导	学生活动	要求	时间
调节与评价	1. 归纳评价 2. 整理器材 3. 师生再见	1. 放松活动 2. 指定学生收回器材	1. 跟着老师做放松整理操 2. 学生收回器材			3分钟
器材	乒乓球拍18个，乒乓球50个					2分钟
密度	40%～45%					

（四）评估

在制订教学计划之后，要灵活地根据计划进行训练，每一训练阶段结束后都要对训练成果进行评估。在乒乓球教学评估时要根据学生的能力水平以及乒乓球的技术水平采取分层评估方式，对于一些能力较低的学生对其要求也相对降低，能力高的学生要求掌握较高难度的技术水平，表8-8为深圳元平特殊教育学校的特奥乒乓球教学评估建议。

表8-8 特奥乒乓球教学评估建议

水平 \ 评估建议	评估建议	
	第一学年	第二学年
水平一	能按要求完成执拍动作及手抛球动作	能按要求完成正反手击球动作
水平二	能按要求完成定点发球及回球动作	能按要求完成正反手反球及回球动作
水平三	能按比赛规则完成双打比赛，能很好地和他人合作。在教师指导下能完成比赛，了解计分规则	能够在教师指导下完成融合比赛，能较好地融入与正常人的比赛，懂得和伙伴友好相处

第3节 特奥足球

一、项目概述

足球是世界上最流行的运动项目之一，也是特奥运动会最流行的运动。足球之所以如此流行，是因为足球运动不分性别、年龄、任何能力的人都可以参加。足球运动规则简单，对设备要求低，是完美的特奥融合项目。在特奥融合足球中智障人士和非智障人士一起参加比赛，这对双方都有益。足球于

1979年正式列入夏季特殊奥运会比赛项目。2010年特奥会与世界杯在南非一起举办第一届"特殊奥运会团结杯"。特奥足球比赛规则是以国际足球联合会(FIFA)所颁布的足球比赛规则为基础,并根据特奥运动员的运动生理特征而制定的。在1987年第一届全国特奥运动会上,足球就成为我国特奥比赛项目。

二、项目特色

特奥足球是在普通足球的基础上进行必要的调整,以使特奥足球在竞赛分组、比赛项目以及比赛规则方面更适合智障人群参与,所以它与普通足球相比在以下方面存在许多不同。

(一)竞赛分组

(1)根据赛前提交的球队技术评估报告,以及一轮现场分组比赛,对各球队进行分组。

(2)在分组比赛中,各队至少要打两场评估赛,每场至少8分钟(5人制)或15分钟(11人制)。

(3)分级委员会应确保对守门员评估准确。

(二)正式比赛项目

特奥足球比赛共设以下比赛项目:11人制足球赛、5人制团体赛、室内5人制足球赛、7人制团体赛、融合运动11人制团体赛、融合运动7人制团体赛、融合运动5人制团体赛以及为低能力运动员设置的个人技术比赛。

(三)规则的特殊要求

(1)在分组比赛中,各队至少要打两场评估赛,每场至少8分钟(5人制)或15分钟(11人制)。

(2)11人制赛比赛时间每半场不得超过45分钟,且不得少于20分钟。允许每半场有3分钟的饮水时间。延长期每半场比赛时间为7分30秒。5人制赛每半场比赛为15分钟,中间休息5分钟,加时赛每半场为5分钟,采用突然死亡法。

(3)融合团体赛(11人制、7人制和5人制):球队名单中包括一定比例的特奥运动员和伙伴。在比赛中任何时候,场上阵容中的特奥运动员人数不得超过6人,伙伴人数不得超过5人(5人制比赛为3名运动员和2名伙伴)。

(4)个人技术比赛是专门为低能力(或必须使用辅助行走工具)的运动员设置的比赛项目,参加队制比赛的特奥运动员不能参加此项比赛。

三、项目实施

（一）目标

特奥足球教学内容主要包括足球运动的基本知识、基本技术、基本战术、竞赛规则四大部分，所以特奥足球的目标是简单介绍足球运动的基本理论和基本知识，使学生掌握足球运动的技术战术技巧，加强基本技能训练，培养学生对足球运动能力和兴趣，达到强身健体的目的，建立终身体育的意识。特殊学校要想达到以上目标就必须把目标具体化，根据智障学生身心特点，制定适合他们的目标水平，表8-9为深圳元平特殊教育学校特奥足球教学目标。

表8-9 特奥足球教学目标

目标水平	目标	
	第一学年	第二学年
水平一	初步掌握自由运球，10米传接球，定点射门的动作，了解计分规则	初步掌握绕障碍运球，带球射门的动作，初步了解比赛规则
水平二	初步掌握各种运球方法，带球射门和接球射门的动作，初步了解比赛规则	熟练掌握各种运球方法，队员之间能互相配合传球，了解比赛规则
水平三	熟练掌握各种运球方法和接球射门技术，队员之间能互相传球配合，知道比赛规则	能在教师指导下完成融合比赛，知道遵守比赛规则

（二）计划

在确定特奥足球训练目标后，需要制订足球训练计划，训练计划可以包括以下分计划：多年训练计划、全年训练计划、阶段训练计划、周计划以及课时计划。

（1）多年训练计划：最终目标的确定，训练阶段的划分，措施与要求。

（2）全年训练计划：全年训练周期的划分，训练手段的选择，措施与要求。

（3）阶段训练计划：阶段的训练内容、时数、各项训练比例。主要训练方法与手段的选择，训练量与强度的安排。

（4）周训练计划：每周训练计划，提高某一技战术能力，运动量的安排，训练手段的选择。

（5）课时训练计划：课的目的，课的技战术与身体训练的比例，每节课重难点。

（三）实施

在确定训练计划后，具体的实施要落实到每节课上。在实施过程中要根据学生学习能力循序渐进地进行，每节课教学内容安排既不要太多，也不要太少,同时要避免枯燥乏味,提高学生的学习、训练兴趣,同时要制订详细的教学方案,便于实施教学,表 8-10 为深圳元平特殊教育学校特奥足球教案。

表 8-10　深圳元平特殊教育学校特奥足球教案

班级:五年级　　学生人数:14人　　授课教师:廖露宝　　授课时间:2013.9

教学目标	1. 学生认识特奥足球项目。 2. 学生学习特奥足球定点传接球技术。 3. 学生发展身体协调性。					
内容	特奥足球	重点	定点传球			
		难点	踢球部位和支撑脚站位			
顺序	教学内容	组织、要求	教师活动	学生活动	达成目标	时
导入与热身	1. 课堂常规 2. 准备活动 (1) 带球慢跑 (2) 徒手操	要求:集队快、齐、静、安全、有序。 要求:动作到位,达到热身效果	向学生问好,说明上课内容、要求。 1. 组织准备活动 1. 示范动作及口令	1. 队长整队,认真听讲,了解本课任务 1. 队长带领,自由带球慢跑热身 2. 队长带领,两人一组做行进间徒手操	1. 培养学生养成良好行为习惯 2. 活动身体,提高学生身体的兴奋性,为后面的练习做铺垫	
实践与提高	1. 介绍特奥足球 2. 熟悉球性: (1) 左右脚敲球练习 (2) 双脚踩球、拉球练习 3. 传球练习	学生站成一排认真听讲 学生自由散开 要求:在规定的范围内控制好球 两人一组 要求:踢准球的部位,传准接球人的方向	教师介绍特奥足球 1. 教师讲解示范动作 2. 教师指导学生,纠正错误动作 1. 教师讲解示范动作 2. 教师指导学生,纠正动作	学生认真听讲 1. 学生认真听教师讲解 2. 认真看教师示范动作 3. 在教师带领下一起做熟悉球性练习 1. 学生认真听教师讲解 2. 认真看教师示范动作 3. 学生依次练习	认识了解特奥足球运动 熟悉球性,体验脚接触球控制球的感觉 80%学生能完成10米内地滚球传接球	
调节与评价	1. 放松活动 2. 本课小结 3. 宣布下课	1. 组织:两列横队 2. 组织:一列横队 要求:快、静、齐 3. 组织:一列横队	1. 教师组织学生放松 2. 教师点评本次课学生的表现 3. 宣布下课师生再见	1. 学生跟随教师练习 2. 学生认真听教师总结 3. 师生再见,收回器材	1. 放松身心,缓解疲劳 2. 培养学生养成良好的运动习惯	

续表

预计密度	40%~50%	平均心率	90次/分钟
场地器材	足球场、足球14个标志桶、标志盘若干	课后反思	…………

（四）评估

在训练结束后要对训练效果进行评估，评估目的是及时了解学生的学习情况，为下一步训练做准备，同时评估也能及时发现训练计划存在的缺陷和不足以便及时调整。此外，在评估过程中不仅要关注学生掌握的技能，更要评估学生所发生的身心变化，表8-11为深圳元平特殊教育学校特奥足球教学评估建议。

表8-11 特奥足球教学评估建议

评估建议\水平	评估建议	
	第一学年	第二学年
水平一	在教师指导下完成比赛，了解计分规则	在教师指导下完成比赛，初步了解比赛规则
水平二	在教师指导下完成比赛，知道计分规则	在教师指导下完成比赛，知道比赛规则，队员间相互配合
水平三	在教师指导下完成比赛，队员之间相互配合	在教师指导下完成融合足球比赛，知道如何参与，知道遵守比赛规则

四、项目成果

从2014年开始到2016年，国际特奥会东亚区和中国特奥会连续3年在深圳元平特殊教育学校开展特奥融合足球赛，其中2014年还进行了个人技术比赛，我校都派队参加了全部比赛，共获得融合队制比赛2次冠军，1次第三名，个人技术比赛1金2银2铜的好成绩。

第4节 特奥高尔夫球

一、项目概述

"高尔夫"是荷兰语Golf的音译，意思是"在绿地和新鲜氧气中的美好生活"。高尔夫球是一种以棒击球入穴的球类运动，是一种贵族运动，不过近年来高尔夫也越来越趋于平民化。它是一种集享受大自然乐趣、体育锻炼和游戏于一身的运动项目。特奥高尔夫球项目于 1995 年正式列入世界夏季特奥运动会比赛项目。高尔夫运动为特奥运动员提供了与同一社区居民、对手一起锻炼和比赛交流的机会。

二、项目特色

特奥高尔夫与普通高尔夫相比在竞赛分组、项目设置以及规则方面存在自身特色。

（一）竞赛分组

特奥高尔夫球项目比赛按照特奥运动员性别、年龄进行分组，每组按照特奥运动员的预报成绩或预赛成绩分成若干个不同能力的竞赛组别进行决赛，每组不超过 8 人（队）。

（二）项目设置及规则的特殊要求

（1）特奥高尔夫球比赛竞赛项目包括：个人技术赛、交替击球配对赛、融合运动团队赛、个人比杆赛（9 洞）、个人比杆赛（18 洞）。我国目前主要开展个人技术赛中短推击与长推击两个项目的比赛。

（2）特奥高尔夫球分为 5 个级别进行比赛。

级别 1——个人技术赛（短推击、长推击、短切球、劈起击球、沙坑击球、铁杆击球、木杆击球）。个人技术比赛的目的在于让特奥运动员有机会得到锻炼，在高尔夫基础技术上进行比赛。在进入级别 2 比赛之前，必须培养这些关键技术。级别 1 比赛中的最高分为 120 分。

级别 2——交替击球配对赛。

级别 3——融合运动团队赛。

级别 4——个人比杆赛（9 洞）。

级别 5——个人比杆赛（18 洞）。

特奥运动员必须先完成个人技术测试，方可参加级别 2 至级别 5 的比赛，其总分不得低于 60 分。此外，在个人技术中，其得分在 10 分以上的技术至少要有四项，并且这四项 10 分以上的得分中要有一次是木杆或铁杆击球。

（3）融合运动团体赛：一个团队应包括一名特奥运动员和一名伙伴。该级别比赛的目的，是使特奥运动员有机会与伙伴组成团队参加传统融合运动模式的比赛。融合运动比赛中，队友之间的能力水平要相近；该级别的比赛为有能力参加级别 4 比赛的选手提供了另一种比赛类型；选手应有能力独立打球，并能走完 18 洞一轮的比赛全程。

三、项目实施

（一）目标

特奥高尔夫的教学目标主要体现在学习目标和具体目标两方面。学习目标主要是通过高尔夫的教学，使学生掌握高尔夫运动的基本知识、规则及技能。发展学生灵敏性、协调性等身体素质，提高身体基本活动能力，达到锻炼身体、陶冶情操、提高技巧。而具体目标是在确定总目标的基础上，根据学生的学习能力水平、学校课时计划以及高尔夫球的技能来确定的，表 8-12 为深圳元平特殊教育学校特奥高尔夫球各学年具体目标。

表 8-12　特奥高尔夫球教学目标

目标 水平	目标	
	第一学年	第二学年
水平一	了解比赛规则，掌握个人短推击的比赛方法	能在教师指导下进行并完成长推击、短切球比赛
水平二	初步了解高尔夫个人技术——短推击的技术方法	能够掌握个人技术——长推击、短切球的技术
水平三	掌握劈起击球、沙坑击球技术和交替击球配对赛的基本方法及规则	掌握个人击球赛（9 洞）、个人击球（18 洞）比赛的方法及其规则

（二）计划

在制定目标的基础上制订训练计划，训练计划要突出训练中的重点和难点，依据重难点设置课时数和课时计划，表 8-13 为深圳元平特殊教育学校特奥高尔夫教学计划。

表 8-13　特奥高尔夫球教学计划

教学内容	实施
个人技术——短推击	让学生了解高尔夫的活动规则，在参加高尔夫的活动中，让学生体会短距离推击球
个人技术——长推击	让学生学会个人技术——长推击的基本技术动作，锻炼学生长距离推击球的能力
个人技术——短切球	让学生学会个人技术——短切球的基本技术动作，锻炼学生在 14 米距离处推击球的能力
劈起击球	让学生初步掌握以劈起击球方式使球腾起并沿正确的方向飞向指定圆形目标区的能力
沙坑击球	让学生能从沙坑中将球击到空中并沿正确方向飞向指定圆形目标区的能力

续表

教学内容	实施
铁杆击球	锻炼学生在一个设定的击球区内铁杆击球的能力
木杆击球	训练学生在设定的击球区内木杆击球的能力
交替击球团体赛	让特奥高尔夫球员能有机会从单项技术过渡到完整的个人比赛,并在伙伴的指导下取得进步
融合运动团体赛	使特奥运动动员有机会与一个伙伴组成团队参加传统融合运动模式的比赛
个人比杆赛	该级别比赛的目的在于满足特奥高尔夫选手单独参赛的愿望,该比赛规定一轮为9洞
个人赛	该级别比赛的目的在于满足特奥高尔夫选手单独参加比赛的愿望,该比赛规定一轮为18洞

(三) 实施

依据高尔夫球教学特点,根据特奥高尔夫球教学阶段和原则,深圳元平特殊教育学校教师依据教学进度表制订教案。教案既是课堂计划,也是计划的实施依据,表8-14是刘伟老师根据学生特点制订的教案(表8-14)。

表8-14 深圳元平特殊教育学校特奥高尔夫课教案

特奥高尔夫球运动队　　　学生人数:8人　　授课教师:刘伟　　授课时间:2010.6

教学目标	认知目标:纠正巩固上杆时手腕动作,学习挥杆时右前臂的正确旋转动作 技能目标:巩固挥杆时动作的标准性 情感目标:感受运动快乐,激发学生练习高尔夫球的兴趣					
教学内容	高尔夫球		重点难点	重点:挥杆的标准性 难点:手腕动作对挥杆的影响	场地器材	高尔夫球杆一套,球8个
流程	拉伸练习→复习上杆动作→徒手击球准备练习→上杆手指动作→分组练习				
结构	教学内容	组织要求	教师活动	学生活动	达成目标	时间
导入与热身	1. 课堂常规和训练导入 2. 准备活动:拉伸练习(6节)2×8 3. 复习上杆动作 练习方法:学生两人一组,一人喊口令,一人练习,相互交换练习。(20次/人)	1. 组织:一列横队 ♀♀♀♀♀♀♀ ★ 要求:集队快、静、齐,精神饱满。 2. 组织:一列横队 ♀♀♀♀♀♀♀ ★ 要求:动作到位、活动充分。 3. 组织: ♀♀♀♀ ♀♀♀♀ ★ 要求:按口令分步练习、认真体会动作。	1. 了解学生情况,师生问好,宣布本节课任务 2. 组织并带领学生进行拉伸练习的准备活动 3. 讲解动作要领并示范,并组织和指导学生进行分组练习	1. 整队,请老师上课 2. 了解特奥高尔夫运动 3. 跟随教师进行热身练习 4. 按要求进行上杆技术动作练习	1. 培养学生养成良好行为习惯。让学生对特奥高尔夫运动有所了解,激发学生的兴趣 2. 调动学生积极性,提高学生身体的兴奋性 3. 改进巩固上杆技术动作	2分钟 7分钟

续表

结构	教学内容	组织要求	教师活动	学生活动	达成目标	时间
实践与提高	手指训练法 1. 集体徒手做好击球准备 2. 上杆手指动作 左手拇指放进右手中，上杆时右手带动拇指，保持指向上，左手拇指带动右手下杆，保持收杆时手臂位置较高 3. 分组练习 两人一组进行练习	1. 组织：一列横队 ♀♀♀♀♀♀ ★ 要求：认真听取老师讲解 2. 组织： ♀♀♀♀♀♀ ★ 要求：认真听取讲解、注意观察、思考动作 3. 组织： ♀♀♀♀ ★ ♀♀♀♀ 要求：按照动作要领进行练习，纠正改进技术动作	1. 演示讲解徒手动作，并组织学生徒手练习 2. 组织学生观摩动作，并根据实际情况进行讲解指导练习 3. 教师组织学生进行练习，指导并纠正学生动作技术	1. 认真听取和观察教师讲解示范动作 2. 认真参与，并结合教师指导实际体会动作，进行练习 3. 按照动作要领进行练习，相互纠正动作	1. 初步了解击球准备动作 2. 建立动作概念，改进技术动作 3. 学生能够巩固改进动作，体验运动乐趣	6分钟 8分钟 9分钟
调节与评价	1. 放松 拉伸柔韧练习 2. 课堂小结 3. 整理器材、宣布下课	1. 组织：一列横队 ♀♀♀♀♀♀ ★	1. 教师组织学生放松 2. 教师点评本次课学生的表现 3. 组织学生收还器材，和学生道再见	1. 学生跟随教师做放松练习 2. 学生认真听取教师讲评并自我评价 3. 按要求整理并归还器材，和老师道再见	1. 学生身心获得放松 2. 学生通过讲评了解练习情况 3. 让学生养成良好行为习惯	3分钟
	预计密度	55%～60%	生理负荷曲线预测	心律(次) 95 90 85 80 75 70 　　5 10 15 20 25 30 时间(分) 平均心率：90次/分钟		
	课后反思	…………				

（四）评估

在确定训练计划之后，依据训练计划进行训练，在每一训练阶段结束之后都要对训练效果进行评估，评估要依据学生的不同能力水平进行，表8-15为深圳元平特殊教育学校特奥高尔夫教学评估建议。

表 8-15　特奥高尔夫教学评估建议

评估建议水平	评估建议	
	第一学年	第二学年
水平一	了解比赛规则，掌握个人短推击的比赛方法	能在教师指导下进行并完成长推击、短切球比赛
水平二	能在教师指导下完成劈起击球、沙坑击球比赛及交替击球配对比赛	能在教师指导下进行并完成9、18洞的比赛。知道遵守比赛规则
水平三	能在教师指导下完成劈起击球、沙坑击球比赛及交替击球配对比赛	能在教师指导下进行并完成9、18洞的比赛，懂得遵守比赛规则

第5节　特奥羽毛球

一、项目概述

羽毛球在世界范围内有数以百万计的、不同年龄阶段的爱好者。羽毛球是集速度、力量、耐心以及技巧于一体的综合性运动项目，对运动员的速度、反应时间、肌肉力量以及耐力要求较高。1995年在美国纽黑文举行的第九届世界夏季特奥运动会上，羽毛球首次被列为特奥比赛项目。在2006年哈尔滨举行的第四届全国特奥运动会上，羽毛球正式成为我国特奥比赛项目。由于羽毛球运动没有年龄性别限制，运动量可根据个人年龄、体质、运动水平和场地环境的特点而定，同时羽毛球运动对场地、设备要求低，羽毛球很快在全国特殊教育学校发展起来。羽毛球运动一方面有利于促进学生身体素质的发展，另一方面有利于学生走出去，拓展视野、增长见识，积极参加本地或全国特奥羽毛球比赛。

二、项目特色

由于特奥羽毛球是专门为智障人士设置的，所以在竞赛分组、比赛项目、比赛规则设置方面会根据智障学生身体及运动特点进行调整。

（一）竞赛分组

特奥羽毛球项目比赛首先按照特奥运动员性别、年龄进行分组，然后采用对特奥运动员预赛观察的方式将其分成若干个不同能力的竞赛组，最后进行决赛。每组不超过8人（队）。

（二）正式比赛项目

特奥羽毛球比赛项目包括：单打、双打、融合运动双打、混合双打、融合双打、融合混合双打个人技术赛以及为低能力水平运动员设置的发球、回球过网和接发球项目。

（三）规则特殊要求

（1）特奥羽毛球比赛项目的设置与健全人羽毛球比赛项目的设置基本相同，但不设团体赛，而增设了适合低能力特奥运动员参加的比赛项目及融合运动比赛项目。

（2）特奥羽毛球低能力比赛项目包括：目标发球、回球过网和接发球。① 目标发球要求特奥运动员将球发到单打场地的对方界内。特奥运动员应站在发球线后发球，共有10次发球机会，每成功发球一次，得2分。② 回球过网要求传球者从对方中区将球发向特奥运动员区内，特奥运动员将球回击至单打球场对方界内。共有10次回击球机会，成功将球击回至单打球场对方界内，得1分。③ 接发球要求传球者从对方发球区，将球发向特奥运动员区内，特奥运动员接发球。传球者在两边球场各发5次球，特奥运动员共有10次接发球机会，每成功接发球一次，得1分。

（3）融合运动比赛项目包括：融合双打和融合混合双打。每支融合混合双打小组由相等数量的特奥运动员及融合伙伴组成。

（四）场地及特殊要求

（1）特奥运动羽毛球项目所使用的比赛场地与健全人羽毛球项目所使用的比赛场地相同。

（2）坐轮椅参赛的特奥运动员，可选择从左发球区或右发球区发过顶球，发球区的长度为国际羽毛球联合会（IBF）规则规定的发球区长度的一半。

三、项目实施

（一）目标

特奥羽毛球教学目标的制定要遵循羽毛球运动的特点，同时，也要根据学校自身条件以及智障学生层次水平来制定，表8-16为深圳元平特殊教育学校特奥羽毛球教学目标：

表 8-16　特奥羽毛球教学目标

目标\水平	目标	
	第一学年	第二学年
水平一	认识羽毛球运动，熟悉球性，初步掌握羽毛球握拍、正手发高远球、正手击高远球、正手挑高球、并步移动基本技术，了解目标发球、接发球及回球过网比赛方法及规则	基本掌握羽毛球握拍、正手发高远球、正手击高远球、并步移动、正手挑高球基本技术，掌握目标发球、接发球及回球过网比赛方法及规则
水平二	初步掌握正手头顶吊球、头顶杀球、反手挑高球、蹬跨步基本技术，了解单打、双打比赛方法及规则	掌握正手头顶吊球、头顶杀球、反手挑高球、蹬跨步基本技术，掌握单打、双打比赛方法及规则
水平三	羽毛球运动基本技战术组合运用，了解融合比赛方法及规则	熟练地运用羽毛球运动基本技战术，了解羽毛球运动常见的运动损伤及预防

(二) 计划

确定教学目标之后根据教学目标设置教学计划，羽毛球的教学主要包括理论部分和技术战术部分，其中技术战术部分既是重点也是难点，所以在教学中要将理论教学与实际训练结合起来。

(1) 羽毛球理论知识：羽毛球运动的特点、羽毛球场地、羽毛球比赛类别和比赛规则等。

(2) 羽毛球技术战术：基本站位及握拍方法、基本步法、挑球、击高远球、吊球、杀球、发高远球等。

(三) 实施

深圳元平特殊教育特奥羽毛球教学是建立在学生身心发展特点以及根据学校实际条件开展的。在制定羽毛球教学方案时要对教学内容、教学目标、教学重难点等进行分析，从而恰当地制定教学方案，学校教师根据特奥运动课程标准和特奥羽毛球教学指导手册设计教学和拟定的教案，进行特奥羽毛球教学。表 8-17 为深圳元平特殊教育学校特奥羽毛球教案。

表 8-17 特奥羽毛球教案

班级：R9 年级　　学生人数：14 人　　授课教师：金连芹　　授课时间：2012.10

教学目标	认知目标：了解羽毛球运动，知道正确的握拍方法，加深学生对羽毛球运动的理解 技能目标：通过学习，掌握羽毛球握拍方法和熟悉球性的练习，发展学生下肢力量 情感目标：培养学生顽强拼搏、吃苦耐劳的精神，提高学生对羽毛球运动项目的兴趣			
教学内容	1. 羽毛球的起源与发展 2. 羽毛球握拍的方法 3. 素质练习	重点难点	正反手握拍的转换	场地器材	羽毛球馆、羽毛球拍 21 支、羽毛球训练球一箱
流程	热身→专项步法练习→学习羽毛球基础知识、握拍法→熟悉球性练习→身体素质练习→放松→小结			

结构	教学内容	组织要求	教师活动	学生活动	达成目标	时间
导入与热身	1. 课堂常规 2. 贴膏药游戏（两个同学一组围成一个圈，由两名学生先开始，一人在圈外为追人者，一人在圈内为被追者，当追人者手摸到被追者即为追上，此时追与被追者互换角色，游戏重新开始） 3. 徒手体操 (4*8) (1) 头部运动 (2) 振臂运动 (3) 体转运动 (4) 俯背运动 (5) 弓步压腿 (6) 仆步压腿 (7) 全身运动 (8) 手腕脚踝 4. 专项步法练习 交叉步跑、垫步	1. 组织：两列横队 要求：集队快静齐，精神饱满 2. 组织： 羽毛球场地上围成一个圈 要求：保持队形，注意力集中 3. 组织： ♀ ♀ ♀ ♀ ♀ ♀ ♀ ♀ ♀ ♀ ★ 要求：按口令做徒手操，动作有力	1. 了解学生情况，师生问好 宣布本节课任务并说明安全常识 2. 教师讲解游戏规则，组织学生进行游戏 3. 带领学生一起做徒手体操	1. 值日生整队，请老师上课 2. 按教师的要求进行游戏 3. 按教师要求活动身体各部位	1. 培养学生养成良好行为习惯 2. 调动学生积极性，提高学生身体兴奋度 3. 充分活动开身体各部位，提高学生兴奋度，预防受伤	8～10 分钟

续表

结构	教学内容	组织要求	教师活动	学生活动	达成目标	时间
实践与提高	1. 羽毛球运动基本知识： （1）羽毛球运动起源、发展 （2）羽毛球技术种类 2. 握拍法 （1）正手握拍法 （2）反手握拍法 正手练习20次 反手练习20次 正反转换20次 3. 熟悉球性练习 （1）学生每人一个球，用正确的握拍方法上下颠球 （2）两学生间隔大约3～5米对颠 4. 身体素质练习 前后折返跑：3组各10次折返。	1. 组织： ♀♀♀♀♀♀ ♀♀♀♀♀♀ ★ 要求：学生认真听讲、注意力集中 2. 组织： ♀♀♀♀♀♀ ★ ♀♀♀♀♀♀ 要求：握拍放松、手腕灵活、协调 3. 组织：学生分组6～8人一个场地 要求：注意安全、练习积极、精神饱满 4. 组织：	1. 教师介绍羽毛球运动基本知识 2. 教师讲解示范；口令指挥学生转换练习；进行集体指导和个别纠正 3. 教师讲解示范；组织学生进行球性练习；巡回指导 4. 教师组织学生进行前后折返跑练习	1. 学生认真听老师讲解 2. 学生认真听老师讲解示范；按要求进行练习 3. 学生按照老师的要求进行练习 4. 按照老师的要求进行练习	1. 加深学生对羽毛球运动的理解 2. 掌握正确的羽毛球握拍法 3. 提高学生羽毛球球性，体会球拍触球的感觉 4. 提高学生下肢力量，培养学生吃苦耐劳、顽强拼搏的精神	8～10分钟 8～10分钟 3～5分钟
调节与评价	1. 本课小结 2. 放松活动 3. 宣布下课	1. 组织：体操队形 ♀♀♀♀♀♀ ♀♀♀♀♀♀ ★ 要求：有序调整身心，评价客观	1. 带领学生进行放松活动 2. 组织课堂小结与评价 3. 宣布下课并向学生道再见	1. 随教师做放松练习 2. 学生认真听取教师讲评 3. 收还器材，同老师道再见	1. 学生身心获得放松 2. 学生通过讲评了解自己练习情况 3. 培养学生良好的行为习惯和自理能力	3～5分钟
预计密度	55%～60%		预计平均心率		130～140次/分钟	
心率曲线图	心率/次 180/170/160/150/140/130/120/110/100/90/80/70 4 8 12 16 20 24 28 32 36 40 时间/分					
课后反思	……………					

204

(四)评估

在教学评估的过程中要对学生以下内容进行评估：学习态度、情意表现、合作精神以及动作技能的掌握程度，前三项的评估需要教师在训练的过程中多加观察，对于动作技能的掌握应该根据训练目标制定评估建议，表 8-18 为深圳元平特殊教育学校特奥羽毛球教学评估建议。

表 8-18 特奥羽毛球教学评估建议

水平 \ 评估建议	评估建议	
	第一学年	第二学年
水平一	能够按照老师的指示进行握拍、发球、接发球等技术的展示	能够按照比赛规则进行目标发球、接发球等练习
水平二	能够按照老师的指示进行正手头顶吊球、头顶杀球、反手挑高球、蹬跨步等基本技术的展示	能够按照比赛的规则，在比赛中运用正手头顶吊球、头顶杀球、反手挑高球、蹬跨步等基本技术
水平三	能够按照老师的指示进行技战术的组合练习	能够在比赛中，运用各种技战术的组合

第6节 其他特奥运动项目

一、特奥田径

田径(Track and Field)或称田径运动，是径赛、田赛和全能比赛的统称。特奥田径比赛是智障人士参加体育运动的基础项目，也是我国参加国际赛事中获取优异成绩的实力项目。特奥田径比赛规则是以国际田径协会(IAAP)订立的田径比赛规则为基础，并根据特奥运动员的运动生理特征制定的。1987 年深圳举办的第一届全国特奥会上，田径就成为特奥比赛项目。

(一)特奥田径比赛项目

田径运动与其他运动相比对场地、设施设备、运动员能力水平要求相对较低，所以在各项体育赛事中其设置的比赛项目最多，特奥运动会也不例外。特奥田径运动根据运动员的不同特点主要设置了一般项目、竞走项目、轮椅项目以及专门为低能力运动员设置的项目。其中一般项目主要包括：100 米跑、200 米跑、400 米跑、800 米跑、1500 米跑、3000 米跑、5000 米跑、10000 米跑、半程马拉松(赛跑)、马拉松(赛跑)、跨栏项目(男子 110 米跨栏、女子 100 米跨栏)、4×100 米接力、4×400 米接力、跳高、跳远、铅球(男子 4.0 千克/8.8 磅、女子 3.0 千克/6.6 磅、8~11 岁男子 3.0 千克/6.6 磅、8~11 岁女子 1.81 千克/4

磅)、五项全能(100米跑、跳远、铅球、跳高、400米跑)、4×100米融合运动赛跑、4×400米融合运动赛跑;竞走项目主要包括:400米竞走、800米竞走、1500米竞走、3000米竞走、5000米竞走、10000米竞走,轮椅项目主要包括:100米轮椅赛、200米轮椅赛、400米轮椅赛、轮椅铅球(男子1.81千克/4磅、女子1.81千克/4磅);专门为低能力运动员设置的项目包括:25米跑、50米跑、25米竞走、50米竞走、100米竞走、投掷垒球、立定跳远、10米协助竞走、25米协助竞走、50米协助竞走、10米轮椅赛、25米轮椅赛、30米轮椅障碍赛、4×25米轮椅往返接力赛、30米机动轮椅障碍赛、50米机动轮椅障碍赛、25米机动轮椅障碍赛、投球掷远(网球)。

(二) 竞赛分组

特奥田径比赛按照特奥运动员性别、年龄进行分组,每组按照特奥运动员的预报成绩或预赛成绩分成若干个不同能力的竞赛组别进行决赛。每组不超过8人(队)。

(三) 项目设置及规则的特殊要求

(1) 特奥田径比赛项目设置与普通人田径比赛项目设置基本相同,并增设了适合低能力特奥运动员参加的比赛项目以及融合运动比赛项目。

(2) 特奥田径比赛项目也设全能比赛,包括100米跑、跳远、铅球、跳高和400米跑等5个项目。

(3) 为了特奥运动员的比赛安全,特奥田径比赛没有设置标枪、铁饼、链球、撑竿跳高等危险性较高的比赛项目。

(四) 场地、设备的特殊要求

(1) 特奥田径项目比赛场地与普通人田径比赛场地相同。

(2) 考虑到特奥运动员的运动生理特征,特奥田径比赛规则规定:跳高起跳高度为1米;女子跨栏栏高0.762米;男子跨栏栏高0.840米;男子(8～11岁)铅球重3.0千克,女子(8～11岁)铅球重1.81千克;男子(11岁以上)铅球重4.0千克,女子(11岁以上)铅球重3.0千克。

二、特奥自行车

自行车是许多人喜欢的运动,它需要良好的身体状况、平衡能力、耐力以及战术。特奥自行车比赛包括不同距离的计时赛和公路赛。每一个运动员骑着自行车力求在最短的时间到达终点线。特奥自行车比赛规则是以国际自行车联盟(UCI)及国家主管团体(NGB)的自行车比赛规则为基础编写的。

(一) 正式比赛项目

为了满足不同能力运动员对特奥自行车比赛的要求,特奥自行车比赛设置了众多项目,主要包括500米计时赛、1千米计时赛、5千米计时赛、10千米计时赛、5千米公路赛、10千米公路赛、15千米公路赛、25千米公路赛、40千米公路赛、500米融合运动双人计时赛。

(二)竞赛分组

特奥自行车项目比赛按照特奥运动员性别、年龄进行分组,每组按照特奥运动员的预报成绩或预赛成绩分成若干个不同能力的竞赛组别进行决赛,每组不超过8人(队)。

(三)项目设置及规则的特殊要求

特奥自行车比赛分为场地赛与公路赛。包括：500米、1千米、5千米、10千米计时赛,5千米、10千米、15千米、25千米、40千米公路赛,并增设了适合低能力特奥运动员参加的500米融合运动双人计时赛。

融合运动双人计时赛是由一名特奥运动员和一名伙伴组成,运动员及伙伴可自行决定位置(领骑位和助理搭档)。

(四)场地、设备的特殊要求

(1)自行车比赛赛道长度应在2~5公里范围内,赛道应略带坡度,但坡道不宜过高,赛道应为环形路线。

(2)特奥运动员在比赛中应佩戴头盔。

三、特奥马术

马术比赛是特奥比赛中最迷人的运动。骑手的平衡力、稳定性以及与马之间正确的沟通能力是比赛成功的关键因素。特奥马术比赛项目在1983年美国路易斯安那州的夏季特奥运动会上正式成为特奥比赛项目。特奥运动马术规则是以国际马术联合会(FEI)、美国马术表演协会(AHSA)及美国夸特马协会(AQHA)的马术比赛规则为基础,并根据特奥运动员的运动生理特征而制定的。

(一)竞赛分组

特奥马术项目比赛首先按照特奥运动员性别、年龄进行分组,然后采用预赛观察的方式再分成若干个不同能力的竞赛组别,最后进行决赛,每组不超过8人。

(二)项目设置及规则的特殊要求

特奥马术的正式比赛项目包括：盛装舞步、马场马术、英式马术、育种马马术、西部式骑术、路线设计、表演马笼头/水勒技巧、竞技比赛过杆赛、绕桶赛、8字形、团体接力赛、双人或四人步操团体比赛、融合运动团体接力赛、融合运动步操团体比赛等项目,比赛中使用正规马术场地。

马术是一项危险性较高的运动，鉴于特奥运动的特殊性，在比赛过程中根据具体情况，有些项目将简化进行。

（三）装备的特殊要求

（1）运动员着装应整洁并符合规定，所有骑手应穿戴适合其所使用的马具类型的带后跟马靴，并始终佩戴 SEI-ASTM 或 BHS 审核的及颔头盔。使用英式马具的骑手须使用 Peacock 安全马镫、S 形马镫或 Devonshire 马靴。使用西部马具的骑手须使用恰卜斯（短护腿）或其他经批准使用的安全马镫。

（2）比赛过程中及在"等候区域"等候时，运动员都应将编号佩戴在背后显眼的位置。

四、特奥柔道

柔道部分起源于一种古代日本武士空手搏斗的技术——柔术，通过把对手摔倒在地而赢得比赛，在奥运会中柔道是允许使用窒息或扭脱关节等手段来制服对手的运动项目，但是在特奥比赛中禁止使用这两项手段。2007 年的上海世界特奥运动会，我国特奥选手第一次参加柔道项目比赛。作为国际性的比赛项目，柔道比赛规则是以国际柔道联盟（International Judo Federation）的规则为基础，并根据特奥运动员的运动生理特征而制定的。2010 年福州第五届全国特奥运动会上，柔道首次成为我国特奥比赛项目。

（一）竞赛分组

特奥柔道项目比赛按照特奥运动员性别、年龄进行分组，每组再按照运动员的体重级别进行预赛，最后按预赛成绩分成若干个不同能力的竞赛组别进行决赛，每组不超过 8 人。

（二）项目设置及规则的特殊要求

（1）特奥柔道比赛只设个人柔道项目。柔道比赛是一个相对危险的项目，鉴于特奥运动的特殊性，有些比赛赛程可简化进行。

（2）运动员开始比赛的姿势分两种："立技"（站立起势）和"寝技"（跪姿或坐姿起势）。其中"寝技"起势有两种姿势，即① 从跪姿起势；② 两人相邻而坐，双手均成基本"抓握法"且双脚向前伸直。如果一名运动员由于其缺陷不得不以"寝技"比赛，另一名运动员必须调整其正常的站立姿势，而以"寝技"开始比赛。已经以"寝技"开始的比赛，必须以"寝技"继续进行。

（3）一般情况下，12 岁以下年龄组的比赛时间为两分钟。12 岁及以上年龄组的比赛时间为最少两分钟，最多三分钟，由组织方决定。

（4）被诊断有寰枢椎不稳的唐氏综合征运动员不能参加柔道项目比赛。

(三) 场地、设备的特殊要求

特奥柔道比赛场地与普通人柔道比赛场地基本相同,比赛区必须设在有弹性的地板或台上,至少为 10 米×10 米,危险区应是比赛区周围的红色区域(至少 1 米),安全区应环绕比赛区和危险区(至少 1 米)。

五、特奥举重

举重是一项古老的运动。举重比赛中运动员的目的是使用特定的动作举起比对手更多的重量。在特奥举重中,重要的不是运动员能够举起多重的重量,而是他们的努力、坚持、决心、日积月累的训练以及对比赛的态度。杠铃虽然测试的是运动员的体力,但是运动员内心的希望以及不妥协的精神更为重要。1983 年,举重项目比赛进入特奥运动会。特奥举重比赛规则以国际举重联合会(IPF)和国家主管团体(NGB)的举重比赛规则为基础,并根据特奥运动员的运动生理特征而制定的。2006 年哈尔滨第四届全国特奥运动会,举重首次露面。

(一) 特奥举重正式项目

特奥举重正式比赛项目包括五类,即深蹲、卧推、硬拉、组合式(卧推和硬拉)和组合式(卧推、硬拉和深蹲)。

(二) 竞赛分组

特奥举重项目比赛按照特奥运动员性别、年龄进行分组,每组按照特奥运动员的预报成绩或预赛成绩分成若干个不同能力的竞赛组别进行决赛,每组不超过 8 人(队)。

(三) 项目设置及规则特殊的要求

(1) 特奥举重比赛项目与普通人举重比赛项目有所不同。根据特奥运动员自身条件,设置了深蹲、卧推、提铃、卧推+提铃组合式、卧推+提铃+深蹲组合式 5 个正式比赛项目。其中,深蹲要求特奥运动员把杠铃置于颈后与双肩齐平的位置屈膝下蹲,然后站起。卧推要求特奥运动员平躺在卧推架上,将杠铃移下杠铃架,保持手臂完全伸展且不动,然后将杠铃触及胸部后举起。提铃要求特奥运动员下蹲,双手抓握杠铃,提起杠铃直至完全站立。此外,男子和女子的特奥比赛项目有一定的差异,男子特奥运动员设 52,56,60,67.5,75,82.5,90,100,110,125 公斤级和 125 以上公斤级共 11 个级别,女子设 44,48,52,56,60,67.5,75,82.5,90 公斤级和 90 公斤级以上共 10 个级别。

(2) 参加特奥举重比赛的特奥运动员年龄必须达到 16 岁。

(3) 特奥举重比赛在某一级别比赛前两小时内必须完成特奥运动员称重。

（4）参赛特奥运动员被分入各个轮次，每个轮次中的运动员人数不超过14人，每场比赛共有3次试举机会，试举重量最轻的特奥运动员第一个上场，杠铃的重量逐渐增加，加重时必须满足2.5公斤的倍数。

（5）组合式比赛得分为该特奥运动员在卧推＋提铃和深蹲＋卧推＋提铃中成功试举的最大重量之和。

（6）特奥举重项目设置保护员，保证特奥运动员在比赛时的安全。

（7）被诊断为寰枢椎不稳的唐氏综合征的特奥运动员不得参加深蹲项目。

（四）场地、设备的特殊要求

（1）特奥举重比赛场地与普通人举重比赛场地基本相同。

（2）卧推项目需要使用长度不少于122厘米，宽29至32厘米，高42至45厘米的卧推架。

六、特奥网球

网球（Tennis）是一项优美而激烈的运动，网球运动的由来和发展可以用四句话来概括：孕育在法国，诞生在英国，开始普及和形成高潮在美国，现在盛行全世界，被称为世界第二大球类运动。1885年前后，网球运动传入中国，经过一百多年的发展，网球在中国的影响正在逐步扩大。1987年网球项目比赛正式进入特奥运动会。作为国际性的比赛项目，特奥网球规则是以国际网球联合会（International Tennis Federation）的规则为基础，并根据特奥运动员的运动生理特征而制订的。

（一）正式比赛项目

特奥网球正式比赛项目主要包括：单打、双打、融合运动双打、个人技术赛以及专门为低能力运动员设置的项目：目标击球、拍球、用球拍拍球、还击。

（二）竞赛分组

特奥网球项目比赛按照特奥运动员性别、年龄进行分组，每组按特奥运动员的预报成绩或预赛成绩分成若干个不同能力的竞赛组别进行决赛，每组不超过8人（队）。

（三）项目设置及记分规则

（1）特奥网球项目设有单打、双打、融合运动双打和个人技术赛。并增设目标击球、拍球、用球拍拍球和还击四个低能力比赛项目。①目标击球：特奥运动员有10次机会将球击入对方单打区域的任何位置，每成功击球一次得1分。②拍球：特奥运动员有两次机会，用手拍球的表面，取连续拍击次数较多的一次记为成绩。③用球拍拍球：特奥运动员有两次机会，持球拍拍球，取连续拍击次数较多的一次记为成绩。④ 还击：特奥运动员站在底线和发球线间，教练员位于同一方向的球网边进行传球。传球者下手抛球，球在抵达运动员正手方向之前先在地上反弹一次。要求运动员将球击过网，并落入对手的单打区域内。若运动员未能将球击过网，或球未落入界内，则比赛宣告结束。运动员进行两轮比赛。每成功击球一次，得 1 分。取两轮比赛中连续击球次数较多的一次记为成绩。

（2）特奥网球一场比赛为一盘"无占先"记分比赛，共包括 6 局比赛，积分方式采用传统的记分方式即"15、30、45、AD"，或以"0 分、1 分、2 分、3 分，局点"数字简单积分。

七、特奥排球

排球运动起源于美国。1895 年 2 月 9 日，由美国麻省霍利奥克基督教青年会干事威廉摩根发明。1905 年排球运动传入我国，当时广州的一些学校最早开展排球运动，然后逐步发展到上海、天津、北京、福建、江西等省市。特奥排球比赛规则是以国际排球联合会（FIVB）的排球比赛规则为基础，并根据特奥运动员的运动生理特征而制定的。

（一）正式项目

特奥排球比赛主要有以下项目：团体赛、调整后的团体赛、融合运动团体赛以及专门为低能力运动员设置的个人技术赛、融合运动个人技术赛、排球垫球、排球传球、排球扣球与击球、团体技术排球。

（二）竞赛分组

特奥排球项目比赛按照特奥运动员性别、年龄进行分组，每组按照发球、小臂垫球、扣球和垫传球四项技术评估测试的得分或通过组内预赛成绩进行决赛，每组不超过 8 队。

（三）项目设置及规则特殊的要求

（1）特奥排球项目包括：团体赛、调整后的团体赛（此项竞赛为低能力运动员设置）、融合运动团体赛及适合运动能力较低的运动员的个人技术赛（上手传球、发球和垫球）、融合运动个人技术赛、排球垫球、传球、扣球、击球和团体技术排球。

（2）特奥排球比赛每场限时为 30 分钟。

（3）每局比赛每队最多可以更换 12 人，相同位置上替换不限球员数目。每局开始时上场的球员可在该局中下场和再上场，但仅限回到原比赛位置。同样，下场后的替补队员可再次上场，但仅限回到其前次上场时的位置。

(四)场地、设备的特殊要求

(1)特奥排球比赛场地与普通人排球比赛场地基本相同。

(2)排球可以使用质量较轻的改良皮质制作,其周长不得大于81厘米,重量不得超过226克。

(3)网高:男子比赛、混合比赛及融合运动比赛的网高均为2.43米。女子比赛的网高则为2.24米。

八、特奥手球

手球是一种起源于德国的球类运动。手球就好似篮球加足球的混合物。手球与篮球相似,除了其中一个原因是大家都需要用手去打之外,另外亦因为在手球的发展过程中,有一些规则是由篮球的规则转变而成的。手球是一种用手持球,运用移动、传球、接球、运球、射门、封抢断球等技术,以及各种攻防战术进行对抗的集体运动项目。1991年,手球项目比赛正式进入特奥夏季运动会。特奥手球比赛规则是以国际手球联合会(IHF)的手球比赛规则为基础,并根据特奥运动员的运动生理特征而制定的。

(一)特奥手球正式比赛项目

在特奥运动会中特奥手球比赛主要设置有以下项目:团体赛、五人制团体赛、融合运动团体赛、个人技术赛(低能力水平运动员)。

(二)竞赛分组

特奥手球项目比赛按照特奥运动员性别、年龄进行分组,团体赛中每队由12名队员组成,其中7人(6名场上队员和1名守门员)上场比赛;在五人制团体赛中球队最多能有9名球员,比赛由两队五人制的球队参加。每个队中必须有一名守门员。每队开始比赛时应有三名场上队员和一名守门员;允许缺席;在融合运动团体赛中,阵容名单中包含的运动员和伙伴人数应保持适当比例,在比赛进行过程中,场上队员中的运动员不得超过四人,伙伴人数不得超过三人。个人技术赛是专为低能力水平的运动员而作的设计,而非针对已经能参加团体比赛的运动员。

(三)项目设置及规则的特殊要求

(1)特奥手球比赛项目设置:团体赛、五人制团体赛、融合运动团体赛,并增设个人技术赛(目标传球、10米运球、射门)。

融合运动团体赛阵容中包含的特奥运动员和伙伴人数应保持适当比例。在比赛进行过程中,场上特奥运动员不得超过四人,伙伴人数不得超过三人。违反此规定比例将丧失比赛资格,每支球队应有一名不上场参赛的成年教练,在比赛中负责确定上场队员的阵容,指导及管理球队。

（2）比赛中特奥运动员只能持球三步，不能原地持球五秒以上。

（四）场地、设备要求

（1）特奥运动会手球比赛场地与普通人手球比赛场地基本相同。

（2）特奥比赛中应使用周长为54至56厘米、重量为325至400克的手球。

九、特奥垒球

垒球技术难度、运动剧烈程度低于棒球，垒球运动的诞生完全是出于一种需要，由于恶劣的天气和拥挤的城市影响，棒球运动转移到室内，就形成了垒球运动。垒球诞生于19世纪80年代的美国芝加哥，很快发展起来，并逐渐转移到室外。作为国际性比赛项目，特奥垒球比赛规则是以国际垒球联合会（ISF）的垒球比赛规则为基础，并根据特奥运动员的运动生理特征而制定的。

（一）比赛项目

特奥垒球比赛主要设置以下项目：慢速垒球团体赛、T-球比赛（Tee Ball Competition）、融合比赛（慢速垒球团体赛）以及专门为低能力运动员设置的个人技术比赛、跑垒、击球距离、垒球团体技术。

（二）竞赛分组

特奥垒球项目比赛先按照特奥运动员性别、年龄进行分组，在每组内按照跑垒、传球、接球和击球四项技术评估测试的得分或者通过组内预赛成绩再进行决赛分组，分组时每组不超过8队。

（三）项目设置及规则的特殊要求

（1）跑垒、传球、防守和击球，将四项分数相加为运动员最终的分。

（2）特奥慢速垒球比赛共有7局。如果5局比赛后，任意一支球队领先对方10分以上，即可宣告比赛结束。每场比赛时间不超过90分钟。

（3）采用分组循环赛，每支球队都将进行一场或多场比赛，且每场不超过30分钟。每支球队必须派12名队员参赛，双方都必须进行防守和进攻。

（4）融合运动比赛出场人数不得超过5名特奥运动员和5名伙伴（若有特殊球员则各为6人），否则视为弃权。打击顺序表上应交替排列选手和伙伴。比赛过程要求内野和外野各2名运动员及2名伙伴，投手和捕手位置各1名运动员及1名伙伴。

（5）低能力项目规则

跑垒：垒按正方形放置，每个垒间相距5米，并给每个垒用数字1—4编垒号，每个垒之间用画一条直线的方式连接。运动员站在4号垒上听到哨音后起跑，从起跑哨响开始计时到运动员触到4垒停止。运动员必须按1—4顺序触到每一个垒,若错失 1 垒或触及顺序错误都将判罚 5 秒。

击球距离:划出长宽均为 2 米的正方形击球区。将击球架置于该区正中。每次击球前有裁判将塑料空心球置于击球架上。球位于球架上的高度与运动员腰部齐平。运动员可以 3 次不连贯地挥棒击球。每次击球距离等于该球第一落点到击球架之间的长度。运动员最终得分为其累计击球距离。以米为单位测量。1 米＝1 分,取较低整数值。

(四)场地、设备的特殊要求

特奥垒球比赛场地与普通人垒球比赛场地基本相同。慢速垒球本垒到投手板的距离最短为 12.19 米;T-球比赛垒间距为 18.29 米,本垒到投手板的最短距离为 14 米,中区从本垒起 14 米的弧形区域,击出的球未穿过该线都判为界外球。

十、特奥帆船

帆船是水上运动项目之一。帆船比赛是运动员驾驶帆船在规定的场地内比赛速度的一项运动。1896 年,第 1 届奥运会就把帆船列为正式竞赛项目,但由于天气情况恶劣,第 1 届奥运会的帆船比赛未能举行。1900 年第 2 届奥运会在法国巴黎举行,帆船运动共进行 7 个级别的比赛。帆船是一个新兴的特奥比赛项目,于 1995 年首次在世界夏季特奥运动会出现。特奥帆船比赛是以国际帆船联合会(ISAF)的规则为基础,并根据特奥运动员的运动生理特征而制定的。

(一)帆船正式比赛项目

(1)帆船比赛应由至少三场比赛组成。

(2)竞赛委员会应向参赛选手发放竞赛通则与航行细则。

(3)所有地区、国家及国际级别的帆船赛中应有一艘双体船和一艘单体船。

(4)帆船比赛中应具备所有级别的竞赛。① 级别一:融合组,船员中由特奥帆船运动员负责调节前帆。② 级别二:融合组,船员中一名特奥运动员应至少在比赛的一半时间里负责掌舵。③ 级别三:所有特奥运动队由一名教练陪同。运动员独立操纵帆船,教练可提供口头协助。无论出于何种原因,只要教练身体也参与了帆船比赛,该队必须退出比赛,被判为"未达到终点(DNF)"。④ 级别四:整队由特奥运动员组成(教练不上船)。⑤ 级别五:特奥运动员单人完成比赛。其中级别二、三、四参赛组可以选择使用大三角帆。

(二)参赛队构成(级别一与级别二)

(1)船员应由智障选手与非智障选手组成。① 如果帆船船员为传统的双人组合,则其中一名运动员须为智障人士。② 如果帆船船员为传统的三人组合或多人组合,其中大多数应为智障者。

(2) 所有船员应穿戴个人漂浮装置(PDF),至少能游 10 米。

(3) 所有船员为非癫痫病患者,或经药物治疗痊愈至少一年者。

十一、特奥皮划艇

皮划艇是一项运动项目,1924 年作为表演项目进入奥运会,1936 年,皮划艇成为奥运会正式比赛项目;1972 年,皮划艇又增加了激流回旋项目。由于花费太高,该项目在慕尼黑奥运会之后撤出了奥运会。1992 年巴塞罗那奥运会恢复该项目比赛,特奥皮划艇比赛项目作为 2007 年世界夏季特奥运动会正式比赛项目之一,是一个新兴的特奥比赛项目。

(一) 竞赛分组

特奥皮划艇项目比赛按照特奥运动员性别、年龄进行分组,每组按照特奥运动员的预报成绩或预赛成绩分成若干个不同能力的竞赛组别进行决赛,每组不超过 8 人(队)。

(二) 项目设置

特奥皮划艇比赛项目设置包括男子、女子单人 200 米、500 米,双人 200 米、500 米,融合双人 200 米、500 米。

(三) 场地、设备、服装的特殊要求

(1) 每个参赛特奥运动员必须参加游泳测试,比赛时应穿着救生衣。在预、决赛时服装颜色必须一致,上衣胸前要有单位醒目字体标志。

(2) 比赛用船和桨由竞赛组织者提供,预、决赛中均可用人工起航器。

(3) 比赛设 8 条航道,采用预、决赛,预赛航道抽签决定,决赛航道按预赛成绩编排。

十二、特奥雪鞋

特奥运动会雪鞋走项目是指特奥运动员穿着特制的雪地用鞋,在雪地进行长、短距离比赛。在少雪或无雪的地区也可以开展雪鞋走训练。

(一) 竞赛分组

特奥雪鞋走比赛按照特奥运动员性别、年龄进行分组,每组按照特奥运动员的预报成绩或预赛成绩分成若干个不同能力的竞赛组别进行决赛,每组不超过 8 人(队)。

(二) 项目设置

特奥雪鞋走比赛项目有:100 米、200 米、400 米、4×100 米、800 米、1500

米、5 千米、10 千米、融合 4×100 米、融合 1500 米、融合 5 千米、融合 10 千米。

十三、越野滑雪

越野滑雪借助滑雪用具，运用登山、滑降、转弯、滑行等基本技术，滑行于山丘雪原的运动项目。起源于北欧，又称北欧滑雪，是世界运动史上最古老的运动项目之一。1924 年首次列入冬季奥运会比赛项目。1977 年越野滑雪项目第一次进入特奥冬季运动会。在 2005 年日本长野举行的世界特奥运动会上，大约 350 名特奥运动员参加了越野滑雪的比赛。

（一）竞赛分组

特奥越野滑雪项目比赛按照特奥运动员性别、年龄进行分组，每组按照特奥运动员的预报成绩或预赛成绩分成若干个不同能力的竞赛组别进行决赛，每组不超过 8 人（队）。

（二）项目设置及规则特殊的要求

(1) 特奥越野滑雪比赛距离为 500 米到 10 千米，并设置 4×1000 米的接力比赛及融合接力比赛，同时为低能力特奥运动员提供基本技术比赛。

(2) 鉴于特奥运动员的特殊性，要求一定先在距离短、坡度小的平坦场地上进行练习。经反复训练提高后逐渐向距离长、坡度大、速度快的场地上过渡。每到一处滑雪场，必须对该雪场雪质的软硬及是否平坦有所了解，做到心中有数。

（三）器材

滑雪器材主要包括滑雪板、杖、靴、固定器、滑雪靴、滑雪装、盔形帽、有色镜、防风镜等。

十四、花样滑冰

花样滑冰是技巧性与艺术性相结合的一个冰上运动项目。在音乐伴奏下，在冰面上表演各种技巧和舞蹈动作，裁判员根据动作评分，决定名次。国际滑冰联盟规定的比赛项目有单人花样滑冰、双人花样滑冰和冰上舞蹈 3 个项目。特奥花样滑冰项目在 1977 年首次出现在国际冬季特奥会上。

（一）竞赛分组

特奥花样滑冰项目比赛按照特奥运动员性别、年龄进行分组，每组按照特奥运动员的预报成绩或预赛成绩分成若干个不同能力的竞赛组别进行决赛，每组不超过 8 人（队）。

（二）项目设置

特奥花样滑冰项目包括男女单人滑、双人滑和冰舞。特奥花样滑冰的融合运动是特奥运动员和伙伴共同组队,参加双人滑和冰舞的训练和竞赛。

(三)场地、设备的特殊要求

(1)花样滑冰的冰场长56～61米,宽26～30米,冰的厚度不少于3～5厘米;冰面要平滑并保持无线痕。

(2)特奥运动员的冰鞋最好按其脚形制作,一般要求高腰、高跟、硬帮、硬底。比赛时,男子穿紧身连衣裤、黑色冰鞋;女子穿紧身连衣短裙、白色冰鞋。

第9章　特奥运动项目成效

特奥运动目标是通过参加体育运动提高智障人士的生活质量,使智障人士能够成为对社会有用,被社会认可和尊重的公民,让漠视与排斥变为包容和支持,让全社会理解和接纳他们。随着2007年第十二届世界夏季特奥运动会在上海举办,特奥运动在我国逐步推广开来。现阶段我国开展特奥运动的场所主要是特殊学校,特殊学校开展特奥运动为智障学生融入社会提供了更好的机会,同时特奥运动的开展对学校自身,对特奥运动会以及对国家精神文明建设都有较大的意义。

第1节　学生的表现

特殊学校特奥运动的开展对智障学生有积极意义,有利于提高他们的身体机能和心理素质,也有利于他们交往能力的发展,为他们将来走向社会提供条件。

一、促进智障学生机体功能康复

智障学生接受教育的最终目的是将来能适应社会,自食其力。与智障学生近距离接触会发现他们智力和学习能力低下、言语和运动能力差、感知觉速度慢、注意力差。同时,他们伴有多种适应性行为缺陷,表现为行为不足、行为过度、行为不恰当。体育运动对智障学生具有康复的价值,使智障学生的身体机能在运动的过程中能够得到补偿或代偿,使生命力得到复健与旺盛的发展。[①] 运动能力训练是其他所有训练的基础,利用运动手段有助于补偿、矫正智力障碍学生注意力差、运动能力差、行为不足的缺陷;有助于改善智障学生的情绪行为,矫正过度行为;有助于培养智障学生的注意力,矫正不恰当的行为。

二、提高智障学生生活自理能力

参加特奥比赛时,教练或老师不仅要管理好智障学生的吃住行问题,还要

---

① 张年,翔波.奥林匹克精神在特教中的价值与意义[J].现代特殊教育,2008(5):4-6.

注重培养他们的生活自理能力,这对智障学生尤为重要。智障学生能否适应外出比赛时面对的陌生环境,对遇到的新鲜事物要怎样面对,等等,教练要随时予以指导教育。这是最直接最现实的教育,也是智障学生最容易记住和掌握的,所以教练要抓住和把握好这样的教育时机。比如:教他们自觉遵守公德,上车时讲秩序等;就餐时要讲卫生,按时按量按顺序,有礼貌,做到先请后谢;自我管理方面,在外行动都要叮嘱他们注意安全、要按时、要注意管好和带好自己的随身物品等等。做到随时、随地、随机的教育,这样身临其境的教育,学生学得也快,也最能促进他们自立自理能力的形成。

三、提升智障学生心理素质品质

智障学生由于自身生理缺陷,在家庭、学校、社会都会受到冷遇甚至排斥,长此以往,不利于他们的心理健康。特奥运动的开展使学生能够经常体验获胜的喜悦,逐渐提高自信心,锻炼胜不骄、败不馁的意志品质。

(一)特奥运动有利于培养智障学生的自信心[①]

特奥比赛是最能帮助智障学生建立自信心的比赛活动,他们参与比赛这一事件对他们来说就是巨大的胜利。特奥会规则规定只要参与者无违反规则行为,无论成绩和名次如何,均设奖项。这种特殊的设奖方式,可以使他们获得荣誉,建立自信。在比赛中,特别是初次比赛的队员,他们会对比赛情况不了解,缺乏自信,会出现紧张害怕的反应。而比赛结束后,他们能够获得一定的奖励,这对他们来说无疑是巨大的惊喜,也是对他们自身能力的一种肯定,有利于他们自信心的建立,培养他们良好的精神面貌。以下是深圳元平特殊教育学校体育组教师提供的真实案例。

队员蒙某某第一次参加特奥比赛在准备活动时连上了好几次洗手间,准备活动慢跑时还要拽着教练的手,原因是他怕输,所以赛前紧张。当时比赛正在进行,正好有一个小队员跑在前面,于是教练员引导并告诉他不要怕,只要自己同训练一样努力跑就行,教练会在下面给他加油!最终他勇敢地参加了比赛并获得了第一名。在特奥会上,智障儿童是没有失败的,参赛的每一个特奥运动员都会获得不同的成功和胜利。

(二)特奥运动有利于培养智障学生坚强的意志品质[②]

参与训练不仅可以使智障学生的身体机能得以提高,更能考验和提升他们的意志品质。运动能力的形成必须经历一定的训练过程。从确定特奥项

---

① 王兵,浅谈特奥运动会对智障儿童的能力培养[J].科教文汇,2009(7):286.
② 王兵,浅谈特奥运动会对智障儿童的能力培养[J].科教文汇,2009(7):286.

目,到开始训练,不仅要培养运动员的运动体能,更重要的是培养特奥运动员顽强的运动竞技品质。以下是深圳元平特殊教育学校体育组教师的一段真实经历。

特奥运动员黄某某,开始挑选他参加比赛并鼓励他拿金牌,但训练仅跑了两个50米,黄同学就躺在地上了。教练跑过去,一看脸色,摸脉搏,都很正常,原来是他觉得累了不想坚持训练,缺乏运动品质。因此教练训练特奥比赛的智障儿童要特别有耐心,培养他们坚持训练的耐力与品质和战胜困难的勇气,经常进行鼓励,逐渐地培养他们不怕苦不怕累的品质并且坚持训练。根据各个运动员心理的不同采用不同的语言来激励,逐渐地培养他们想参加比赛,想拿金牌的意志。

四、提高智障学生生活质量水平

智障人士是生活在社会中的特殊群体,由于生理的障碍,他们生活质量特别是精神生活质量相对较低。社会的歧视、人们异样的眼光和家庭的状况使他们与社会隔离。特奥运动切实提升了智力障碍人士的生活质量。在特奥竞技运动和健康关注的同时,体育参与的方式显示了智障人数的自我价值和社会价值,促进了智障人群的社会融合[①]。特奥会的举办使不计其数的智障人士获得了参与体育和社会的机会。如上海的特奥融合运动、阳光之家的创建等都使大量的智障人士得到了切实的实惠,很多智障人士在活动中体验到了成功的乐趣和与人交往的喜悦,得到身体上和精神上的满足。

随着社区体育的不断繁荣发展,特奥运动的开展也会以社区为基准点开展得更加红火。社会保障体系的不断完善使智障人士的生活有了保证。国家还制定了许多政策来支持智障人士的教育与就业。有了政策的保障,智障人士的生活质量将通过支持性生活、支持性教育和支持性就业得到全面提高。有了国家、社会和大家的帮助,智障家庭生活也会产生巨大的转变。那些以往因为经济条件而不能更好地给智障人士以良好的治疗、生活和教育的家庭其生活质量也将会有很大的提高。

五、推动智障学生社会适应发展

智障学生学习的最终目的就是能够回归社会,与普通人一起生活、学习。参加特奥运动、特奥比赛使学生能够与其他残疾人以及健全人交往,从而学会必要的交往技能。在参加校内外比赛时他们能够学会必要的社会规范和礼

---

① 赵春燕,吴雪萍.举办世界特奥运动会对我国产生的后特奥效应[J].科技创新导报,2008(25):251-252.

仪,不断培养团队意识,最终使他们能够逐步融入社会。

(一) 特奥运动有利于培养智障儿童的交往能力

1. 通过特奥活动,培养他们勇于表达的能力

在特奥比赛中发现,很多特奥队员在很多场合都不愿说话,这就需要教练多培养和启发他们。教练要抓住各种机会,引导他们如何面对,鼓励他们说话表达。拿了金牌的队员可能向记者表达他"拿了50米跑的金牌"和"参加比赛拿了金牌很开心"。这些话语对正常人来说也许不值一提,但对智障学生而言却是巨大的进步。

2. 鼓励他们展示自己,培养表现自我的勇气和能力

一般特奥会都会在比赛期间安排时间让队员展示自己,这是培养智障学生表现自我的勇气和能力的一种方式,教练和老师要利用特奥会的各种活动机会,鼓励他们展现自我,对提高他们表现的勇气和能力作用是显著的。

3. 在比赛前事先教育他们要主动打招呼,学会简单的交流方式

在特奥运动比赛之前,教师要教学生一些基本的礼貌用语,如主动问好打招呼:你好!你哪里人?参加什么项目?很高兴认识你!等等。还有特奥会一般在比赛后都会安排一些表演和赠送礼物的活动,以给运动队际和运动员之间交流空间和时间,从而增进队际和各特奥队员之间的感情和友谊,让他们在交往方面获得锻炼和发展。所以教练在这方面一定要多加准备和指导,以提高他们的交往能力。在特奥比赛的活动中,蕴藏着很多发展能力的机会。参加比赛对智障学生来说既是一个锻炼的过程,也是一个受教育的过程,更是一个成长的过程。在这个过程中,智障学生的能力是否得到较好发展,只要教练员或老师利用和把握好特奥会中的各种教育契机,结合智障学生的特点,运用合理的方法,有意识地培养和发展他们的各种能力,他们一定会在特奥会中获得更多更大的成功和进步。

(二) 特奥运动有利于培养智障学生的团队意识

团队意识指整体配合意识,包括团队的目标、团队的角色、团队的关系、团队的运作过程四个方面。团队意识是一种主动的意识,将自己融入整个团队,团队成员为了共同的目标而努力。团队意识不是服从命令,不是被动地、消极地听从别人的指挥。在体育运动中,尤其是在团体训练和团体比赛中,团队意识十分重要。但是智障学生自我意识差,他们往往以自我为中心,很少考虑其他人或者团队的需要,往往喜欢任意妄为。有的智障学生脾气执拗,对不喜欢的人容易形成定式:"有他在,我就不练。"即使再重要的比赛,只要他不高兴,就不会参加,集体观念很差。开展特奥运动,通过学生感兴趣的运动项目,逐渐培养学生的集体意识。在训练、比赛中让学生明白只有所有团队成员积极

参加训练,积极配合,才能取得好的训练效果,取得好的比赛结果。通过这样的方式,学生集体意识,集体情感就会得到培养。

(三)特奥运动有利于智障学生学习社会规范和社会礼仪

社会规范是人们在社会生活的长期实践中累积形成的,用以调节其成员与成员、成员与社会的行为标准、准则或规则。它是某一社会用来调节人的社会行为,控制社会秩序,维护社会稳定的工具。一方面是对人们社会行为和社会关系普遍规律的反映,是一定社会人们行为和相互关系基本要求的概括。另一方面,它是通过某种习俗、传统方式固定下来或由国家及社会组织认可,构成一定社会成员普遍遵循的行为准则。[1] 社会礼仪是指人们在进行社会交往中相互交流情感信息时所借助的某种原则和方法的综合。[2]

智障学生从小生活在隔离的环境下,由于自身或者社会原因他们很少与周围社会互动,所以难以形成社会规范和必要的社会礼仪。通过参与特奥运动,他们学会了与其他智障人士、老师以及融合伙伴的互动和交流,学习了必要的与人交往的礼仪和规范。通过参与特奥比赛他们更能接触更广泛的社会,了解参赛规则、社会规则。

(四)特奥运动有利于智障学生融入社会

特奥运动从兴起开始就具有特殊意义。它超越身体缺陷,通过意志和技能、体能的较量,向生命的潜能挑战,展示人的创造力和价值。同时促进康复,陶冶情操,增强生活信心和勇气,推动平等参与。特奥运动不仅是为了比赛,更主要的目的是通过体育运动把智障人士从家庭中解放出来,走向社会,享受与健全人同等的待遇。在特奥运动员参与体育的过程中,他们不断冲出自己生活的小圈子,融入社会。

特奥运动会在智障人群中有重要的影响。虽然直接参加选拔和比赛的人数是非常有限的,但它所带来的辐射效应却非常显著。人们被特奥运动员在特奥会赛事中所表现的不畏艰难、奋发向上、勇于挑战、精诚合作的精神深深打动。他们勇往直前的精神对于突破自己因自身损伤、障碍所带来的心理阴霾有重要的意义。

六、促进智障学生职业技能发展

对智障学生进行教育的最终目的就是使他们将来能够就业,实现自食其力。通过参加特奥运动,学生的身体技能得到发展,身体的灵活性得到提高,

---

[1] 社会规范[EB/OL]. http://baike.so.com/doc/5977253.html.
[2] 社会礼仪[EB/OL]. http://baike.so.com/doc/5975365.html.

为将来实现就业打下了基础。同时通过参加校内外比赛使学生学会与人沟通交流,学会基本的为人处世技能,这为他们将来实现就业提供了条件。同时参加特奥运动可以让更多的企事业单位了解到智障人士不屈不挠、顽强奋斗的精神,他们会相信智障人士有能力从事适合的工作,这使智障学生将来参加工作成为可能。

七、培养智障学生爱国情操

特奥运动所产生的影响已远远超出了体育本身的范畴,在为国争光的平台上发挥着重要作用。特奥运动员以自己强烈的爱国主义、自强不息和无私奉献的精神,在国际赛场上,奋勇拼搏,摘金夺银,为祖国赢得了荣誉,给中国智障人士以及其他残疾人塑造了一个坚忍不拔、超越自我的形象。同时,在国际赛场上,当特奥运动员获得奖牌后可以唤起其强烈的民族自尊心和自豪感,这对于他们爱国情操的培养无疑是有重大作用的。

第2节 学校的表现

深圳元平特殊教育学校开展特奥运动不仅有利于智障学生的发展,对学校自身的发展也有很多积极意义。同时学校在开展特奥运动的过程中能够不断推进学校体育课程的完善,促进学校特殊学生康复体育的发展。

一、特奥运动的开展有利于学校体育事业的发展

2007年5月7日,中共中央、国务院下发了《关于加强青少年体育,增强青少年体质的意见》,以落实学生每天一小时体育锻炼时间为重点,大力推动"阳光体育运动"。作为特殊教育学校,应该弘扬现代特奥精神,全面实施国家有关学生体质健康标准,完善学校体育课程,真正做到制度上有保证、细节上有落实。学校应该根据学生体质及学校特点,在课程编制、体育器材的运用以及运动场地的安排方面做相应的调整。同时学校要根据智障学生的年龄、兴趣爱好、体育基础,进行运动基础训练,随着运动技能的提高,学校可以组织开展各式各样的体育游戏和比赛活动,让学生充分参与。学校在开展体育工作的过程中,全面提高了学生的身体素质,同时也发现和培养了一批残疾人体育后备人才。这些都将有力地推动学校体育工作的开展,同时也促进了学校教育的和谐发展。

(一)加强学校体育理论研究工作

目前,体育理论研究领域重点集中在关注残疾人的康复训练与竞赛、残疾儿童的心智培养,而对残疾学生的体育教育问题却很少有人研究。特殊学校体育研究所涉及的理论与实践课题的对象是普通学校的正常学生,对智障学生甚至对残疾学生的体育研究几乎是空白。没有理论的指引和导向,实践就会无的放矢。如果学校想推进所有残疾学生的体育教学活动,必须深入开展对所有残疾学生特殊体育理论的研究。① 要明白残疾学生体育工作在本校的地位和作用,根据残疾学生的身心特征优势和缺陷设置与普通学校既有共同点又有自身特色的课程。要不断完善残疾学生体育教育课程内容结构体系与教材建设。研究残疾学生体育教育教学组织与教学方法,不断制定和明确残疾学生体育评价标准。

(二)建设特殊学校体育课程体系

课程是教育的核心和关键,教育目的的实现要落实到每一门具体课程。特殊体育教育课程改革,首先要更新课程理念,打破以竞技项目为中心、以传授运动技术为主的传统的体育课程内容和结构体系。要从智障学生以及其他各类残疾学生的主体需要出发,尊重学生的兴趣选择和个体差异,确立学生的主体地位。其次要避免课程设置的常人化、成人化,充分发挥体育在身心补偿和康复过程中的作用。

(三)改善特殊教育学校物质条件

学校体育的发展,学生体质健康水平的提高,有赖于必要的体育物资条件。目前特殊教育学校体育物资条件满足不了学校体育的实际需要。国家有关部门颁布的特殊教育学校建设标准中规定,9个班规模的学校活动场地,智障学校和盲校不应少于3570平方米,聋校不应少于5394平方米;学校应设体育康复训练室,面积不少于56平方米。②

各个学校要因地制宜发挥本地区、本学校的优势和长处,加快推进体育场馆的建设,增置训练所需器材、器具。只有基本的设备、场地到位,才有可能开展特奥课程,开展特奥运动。在场馆建设的过程中要根据本地实际情况进行。例如:东北地区可以开展滑雪、滑冰等课程。内陆地区可以开展足球、篮球等项目。深圳元平特殊教育学校根据本地区冬季时间较短的优势开设特奥游泳课,一年有较长时间进行教学和训练。

(四)发展特殊学校体育教师队伍

特殊学生体育教育教师不仅要有丰富的专业知识,掌握科学的教育方法,

---

① 杨军,何华岗,阎建华.北京残奥会对中国特殊学校体育发展的影响[J].体育文化导刊,2009(1):152-154.

② 吴燕丹,黄汉升.北京残奥会对中国残疾人体育的影响[J].武汉体育学院学报,2007(7):31-34.

而且要具有一定课程开发的能力;不仅能够从事教学而且能指导残疾学生如何进行个别化训练;不仅能够做好日常教学工作,而且有正确的教育思想并具有一定的教育科研能力。新时期教育的发展对教师队伍提出了更高的要求。教师的教育教学实践能力、教育科研能力、教育创新能力、信息技术应用能力都必须提高。要对在职教师进行分期分批培训,目前许多在职教师没有经过系统的特殊教育培训,所以要对他们进行特殊教育的理论知识与技能的培训,如学习特殊儿童心理学,特殊儿童教育学,有关视障、听障、智障等儿童的病理学基础知识,康复医学基础知识,盲文,手语等。

(五)转变特殊学生体育教育观念

"教育权利平等,教育场景共同和个体发展多样化"应成为学校特殊体育教育的发展目标。建立完善的特殊需要学生援助系统,从课程安排、教学资源配置、课余体育活动的援助等全方位支持学生。课程层次上可建立弹性的设置方式,如调适体育班、普通班级中的差异性教学;教学方式上提倡协同教学,实现教师之间、学科之间、课内外、校内外的协同;学生层面上强调同伴之间的合作,以及普通学生的课外体育志愿者行动的实施。另外,还可以延伸到家庭和社区的支持性教育,它有助于实现校内外体育活动的有机整合。

二、促进学校对智障学生以及教练员的人文关怀

对于运动员应该关心他们的学习、训练、生活及将来的出路,在注重体育训练的同时加强文化教育,为他们将来走出学校走向社会做好准备。对于教练员,应该关心他们的训练需要,解决他们的实际困难,应采用多种途径提高教练员执教能力,包括专家讲课、进修、国外调研等方法,不断提高教练员的教学能力,拓宽他们视野,使他们成为尽职尽责,为智障学生和特奥运动奉献的优秀教练员。

三、推进学校健身体育的发展,提高学生生活质量

当前我国特殊学校中开展特奥运动的宗旨是为智障学生长期参与特奥运动训练和比赛创造条件和机会,使他们发挥潜能、勇敢表现,在参与中与其他运动员分享快乐,交流技艺并增进友谊。开展特奥运动的目标是为智障学生提供平等参与运动训练及比赛的机会,从中发展并展示他们的技能,使公众对他们的能力与需求有明确的认识,从而使他们成为自食其力并为社会所接受和尊重的人。开展特奥运动、参加特奥比赛是手段,促进全校智障学生以及其他残疾学生参加体育锻炼,增强体质才是特奥运动的根本目的。学校固然要参加特奥比赛,但更为重要的是学校要以特奥为基础,不断完善学校体育设施,开设体育课程,增加学校健身体育项目,让各类特殊学生充分参与其中,这

样一方面锻炼了学生的身体素质,提高了其学习兴趣和学习能力,另一方面丰富了学生的课余生活,提高了学生生活质量。

四、与普校、社会机构合作,促进学生融入社会

特殊学校体育与普通学生体育的融合是残疾人体育可持续发展的基础,也是培养青少年学生关心他人和关怀社会的重要举措。特奥运动尤其是特奥融合运动的开展需要普通学生的参与。学校应抓住特奥运动机会,与普通学校建立伙伴关系,促进智障学生与普通学生的交流,为智障学生将来回归主流社会做好准备。同时智障学生与普通学生的交流也会对普通学生的发展有利。此外,智障学生与普通学生的交往会不断推动社会对智障人士的理解和支持。学校也应该与残联以及其他社会机构合作,充分利用他们的优势开展特奥活动,这样一方面能提高学校的影响力,另一方面可以使智障学生突破学校的范围,积极走向社会。

第3节 项目效果

学校开展特奥运动对于我国特奥会以及世界特奥会的发展都有积极意义。学校开展特奥运动能够发扬特奥会精神,不断丰富特奥功项目,完善特奥会制度体系,从而促进我国特奥会以及世界特奥会的发展。

一、丰富和发展特奥运动会

特殊学校特奥运动的开展是特奥运动会举办的"源泉",没有学校特奥运动的发展,就不会有特奥运动会的举办。近年来随着我国特殊学校特奥运动员的增加,开设特奥课程的特殊学校越来越多,开展的项目也越来越丰富。[①]但是我国特殊学校特奥运动仍然存在不足,表现在地域发展不平衡,东部沿海地区特奥运动开展得比较好,而西部地区特奥运动开展得较差,有的学校甚至没有特奥课程。因此我们必须加大特殊学校特奥课程的开发,只有这样特奥运动会比赛项目才能越来越丰富,越来越精彩。

---

① 林克明,石庆福.北京残奥会与我国残疾学生体育发展研究[J].体育文化导刊,2009(10):119-121.

二、特奥运动更好地诠释特奥精神

特奥运动项目非常丰富,从最基本的技能活动到最高级的竞赛,适合所有年龄和能力等级的特奥运动员。特殊奥林匹克运动会坚信:特奥运动员有学习的能力,在正确的指导和鼓励下,智障人士通过参加体育训练及比赛,能够获得相应的技能,进而享受成功的快乐。[①] 特奥运动员有不断进步的能力,有提高自己生活质量的能力。特奥运动会的使命是:通过丰富多样的运动项目,为智障儿童和成人参加日常训练及竞赛创造条件和机会,使他们发挥潜能,勇敢表现,在参与中与家人、其他运动员及整个社区分享快乐、交流技艺、增进友谊。学校开展特奥运动一方面是为了学生能够参加特奥比赛,为自己、为学校增光添彩,但更重要的是为了提高智障学生的学习能力,使他们获得相应的技能,不断提高生活质量,使他们能够参与社区生活,参与社会活动,为将来融入社会做好准备。

三、特奥运动促进特奥会制度体系的完善

国际特奥运动会组织成立于 1968 年,距今只有不到 50 年的历史。特奥运动会在我国的历史更短。特奥运动在我国特殊学校的开展只是最近十多年的事。由于这些原因,我国特奥制度体系还不够完善。学校开展特奥运动能够发现特奥运动的缺陷和不足,能够发现在举办比赛中需要注意的问题,从而促进我国以及世界特奥体系的完善和发展。

第4节 社会的评价

智障人士作为社会的一员,特奥运动作为整个体育事业的一部分,开展特奥运动对于我国社会的发展有重大意义。我国应该以特奥运动为基点,不断推进残疾人体育事业的发展,不断完善残疾人社会保障和社会福利体系。同时特奥运动的开展对于广大普通人也有巨大的精神作用。

一、特奥运动有利于促进社会接纳智障人士

特奥运动会的精神是技能、勇气、分享以及超越国家、政治、性别、年龄、种族、宗教的界限带来的快乐。它极大地促进了国际社会对智障人士的接纳和共享。特奥会跨越了人类生理缺陷造成的障碍,跨越了文化心理的障碍,使得

---

① 王雁,王冉冉.残疾人与奥运文化的发展[J].中国特殊教育,2008(7):35-39.

世界各国人民,不分民族差异、种族差异、男女区别与身体状况的差异等,都能融入特奥运动的大家庭中,并学会包容、借鉴和欣赏不同的文化,进而促进文化的交流和交融。在特奥运动会精神的指引下,人类对智障人士更加理解、接纳与尊重,对智障人士的价值与潜能有了更加深刻的认识,为智障人士平等融入主流社会、消除由于生理缺陷带来的障碍创造了更加和谐的环境。

二、特奥运动有利于我国体育事业的发展

我国体育事业尤其是残疾人体育事业发展较晚,存在许多缺陷和不足。开展特奥运动可以及时发现问题,对我国体育政策的完善和康复体育的发展有积极作用。

(一)完善我国体育政策

《中华人民共和国残疾人保障法》已由中华人民共和国第十一届全国人民代表大会常务委员会第二次会议于2008年4月24日修订通过,自2008年7月1日起施行。虽然这部法律的出台体现了国家对残疾人的关注进一步提高,但是一些针对残疾人的法律或体育法规不能得到有效的实施,使残疾人的权益无法得到正常的维护,使残疾学生根本无法进行正常的体育锻炼。[①] 为了使残疾运动员能更好地参加体育运动,各地政府和学校要不断促进法律的完善,真正做到为残疾学生服务。[②] 北京市政府规定了《北京市2007年无障碍设施建设和改造工作计划》,体现了国家对残疾人的关注。在广东,全省21个地级以上市普遍建立了残疾人体育协会,制定了残疾人体育发展规划,将残疾人体育纳入全民体育范围,同步发展。同时广泛开展群众性的残疾人体育运动,社会公众体育场馆普遍对残疾人开放,并根据残疾人的特殊需要,配置残疾人专用器材,提供特殊服务和优惠。可是关于残疾人体育的法律规定仍需完善,特别是学校特殊学生参与体育活动的保障机制有待进一步完善。

(二)推动对残疾人康复体育事业的发展

1. 国家要重视残疾人康复体育的发展

2002年中共中央8号文件《中共中央国务院关于进一步加强和改进新时期体育工作的意见》明确提出:抓住机遇,迎接挑战,努力把2008年奥运会和残疾人奥运会办成历史上最出色的一届奥运会。这些法律法规的颁布体现了政府对人权平等的保障,同时也体现了社会对弱势群体的人文关怀,但是在某

---

① 林克明,石庆福.北京残奥会与我国残疾学生体育发展研究[J].体育文化导刊,2009(10):119-121.

② 赵金峰.由北京残奥会看我国残疾人体育的发展[J].吉林体育学院学报,2010(1):18-19.

种程度上却忽视了残疾人体育发展的终极目的,忽视了群众性体育的开发与发展。有调查表明:自1995年国家颁布实施的"全民健身计划纲要"以来,残疾人参与健身活动的比例仅为14.6%,远远低于全国体育人口比例(33.9%)。① 残疾人参与群众体育的机会少,除与自身因素有关以外,还与我国政府机构和有关部门重视不够和宣传不足有关。国家的投资和管理主要偏重于竞技体育,重视提高残疾人运动会的成绩,忽视了残疾人通过体育达到健身、强体和康复的目的。国家对于体育在残疾人康复过程中的作用缺乏应有的研究和支持,制约了我国残疾人康复体育的发展。据调查,上海市残障人士为了康复而进行体育锻炼的人数仅占调查人数的5.7%。

2. 推动学科横向合作,培养复合型人才

近年来,我国残疾人康复事业迅速发展。"八五"以来,省级残联康复中心在各省残联的基础设施和固定资产中占有相当大的比重,已成为各省残疾人的康复资源的重要来源,为残疾人得到有效的康复服务、改善功能状况、增强参与社会生活的能力发挥着越来越重要的作用。但是到目前为止,大部分省康复中心的人员结构不合理,突出表现为"两低一少",即在职工总数中业务技术人员所占比例低;在业务技术人员中,康复专业人员所占比例低(甚至没有正规的康复专业技术人员);业务技术人员中,受过高等教育的人员比例少。这种人员结构状况既无法形成省级中心的康复优势,又影响省级中心康复功能的发挥和业务发展。

残疾人的康复训练是以康复医学为基础的。② 康复体育对残疾人的康复起着至关重要的作用,但是就目前的情况来看,懂医学的人才很少精通体育方面的知识,对康复体育不太了解或不太重视,而懂体育的人才又对医学知之甚少。目前我国有几所体育院校设有康复体育保健专业,但由于课程设置与国外康复体育专业相差较大,不能完全胜任残疾人康复体育训练。另一方面,我国康复中心、康复医院设有康复体育科室或开展康复体育的为数很少,阻碍了这个专业的人才培养和安置。因此,在教学内容上要结合运动医学、康复医学的专业知识,向学生传授"体医结合"的体育保健、体育医疗、体育康复三位一体的系统知识,以适应目前残疾人体育康复的需要。同时体育康复中心要优化人才队伍的构成,引进高质量的复合型人才,加强康复中心现有人员的培

---

① 孔凡,袁锋,王美春.残疾人康复体育的发展现状及对策研究[J].山东师范大学学报(自然科学版),2007(6):145-146.

② 孔凡,袁锋,王美春.残疾人康复体育的发展现状及对策研究[J].山东师范大学学报(自然科学版),2007(6):145-146.

训,把出国培训、自办培训班和社会举办的培训班有机结合起来。

3. 加大对康复体育的宣传和介绍力度

我国对康复体育的认识起步较晚,对康复体育的研究也很少。目前有关康复体育的论文数量很有限,有关康复医学与康复体育医疗进行有机结合的案例也并不是很多,多数人对体育在残疾人康复过程中的作用还停留在锻炼身体或者是竞技运动上面,还不了解康复体育的目的。以残疾人对《全民健身计划纲要》的认识为例,在被调查的残疾人中,对1995年颁布的《全民健身计划纲要》表示仅听说过此《纲要》的比例最高,约占总人数的50.7%,其次是完全不知,占37.2%,仅有12.8%的残疾人表示理解。对残疾人参与体育活动的目的调查则表明:62.1%的人是为了强身健体,31.5%的人表示为了祛病康复。

4. 推动专门康复体育训练研究机构的发展

我国虽然已经开展康复体育训练,但普及程度还不够。虽然我国康复中心和康复医院并不是很少,但是专门研究康复体育训练的机构却不多,从事这方面的研究人员也就非常少。而设立特殊教育专业,培养学士、硕士学位的专业教师的大中专院校较少。缺乏专门科研机构,就很难造就这方面的人才,特殊体育与其他学科的横向联合和学术成果交流就缺少平台。特奥运动以及残疾人体育的开展必然会推动我国康复体育训练研究机构的发展,随着特殊教育事业的发展,现在越来越多的体育院校逐渐开设特殊教育专业,研究残疾人体育教育和体育康复,例如,天津体育学院、西安体育学院、广州体育学院等都开设有特殊教育专业,他们能够将本校的体育优势与特殊儿童教育结合起来,促进我国特殊体育事业的发展。

三、特奥运动有利于完善我国志愿服务体系

志愿者是一个没有国界的名称,专门指那些具有自愿精神,能够主动承担社会责任,基于道义、信念、良知和责任而从事公益事业的人。他们自愿、不计报酬参与推动人类发展、促进社会进步和完善社区工作。志愿服务是公众参与社会生活的一种非常重要的方式,是个人对生命价值、社会、人生和人生观的一种积极态度。志愿精神是社会建设的基石。[①] 北京奥运会和残奥会让"志愿者"这个称谓比以往任何时候都更贴近我们的生活。在体育锻炼方面特殊学生对志愿者有更为强烈的需求。对于这些学生,即使有运动设备,没有人指导仍然不能进行运动。这就给我们一个重要的启示,志愿者是特殊体育教育

---

① 吴燕丹,贾永朝,许文鑫.我国学校特殊体育志愿服务的制度化建设[J].上海体育学院学报,2009(5):16-18.

支持系统中非常重要的一个环节。① 尤其是在举办特奥会和残奥会时,需要更多的志愿者,志愿者的作用也更加明显。但是目前我国志愿服务体系存在许多不足,例如:无明确的志愿者组织管理机制,人们对志愿服务的理念和服务对象认识不足,缺乏相应的激励机制,这些问题严重地阻碍我国志愿服务体系的建设。我国要以组织特奥会以及其活动为契机,促进我国志愿服务体系的不断完善和发展。

四、促进我国残疾人事业的发展

特奥运动的开展使社会更加重视智障人士及其他残疾人这个特殊群体,国家需要不断完善残疾人权利保障体系,提高残疾人生活质量。社会要不断转变对残疾人的态度和看法,促进新的残疾观的形成。

(一) 推动残疾人权利保障和社会发展

社会上许多人对智障人士不了解甚至歧视他们,造成了智障人士与正常社会生活在某种程度上的隔离,这种隔离无论对智障人士的身体还是精神都有着严重的不良后果。② 参加体育活动可以促使智障人士增加与社会接触的机会,不仅可以加强智障人士之间的相互交流,而且还能增进他们与健全人的交流。与普通人相比,智障人士在体育运动中处于不利地位,体育运动可以通过相应的形式最大限度地缩小智障人士与健全人之间的差距,为智障人士平等参与社会生活提供有效途径。通过体育运动,一方面残疾人可以向社会展示自己顽强的生命力,显示自己克服身体和心理困难的勇气和决心,从而赢得社会的理解、尊敬和支持,增强其对社会的归属感,使他们以平等的地位和均等的机会参与社会生活,共享社会物质文化成果;另一方面,残疾人在体育活动中表现出来的旺盛的生命力和顽强拼搏、奋斗不息的精神,极大地感染和激励人们以更大的热情和积极的态度面对人生,从而促进社会与个人的精神文明发展。

(二) 特奥运动能够促进新的残疾人观的形成③

长期以来,我国社会生产力水平和文化发展状况比较落后,以及一些传统思想的影响,在社会中逐渐形成了旧的残疾人观,残疾即残废、无用的观点。旧的残疾人观使残疾人丧失自信,甘于落后,不敢追求平等。随着世界残疾人

---

① 吴潜涛,赵小九.北京奥运会、残奥会的珍贵精神遗产[J].中国人民大学学报,2009(2):81-86.

② 李建平.浅析残疾人体育活动的意义[J].科学之友,2005(2):109-110.

③ 刘晖.人文视角下的北京残奥会的价值及实现策略[J].体育文化导刊,2007(10):39-41.

运动的发展,特别是20世纪80年代以来,我国残疾人事业蓬勃发展,形成了一系列新的残疾人观。新残疾人观认为残疾不是残废而是一种障碍,他们一样拥有人的尊严、拥有参与社会生活的权利,是和普通人一样的国家公民。特奥运动尤其是特奥会的举办可以大大推进新残疾人观的形成。媒体对特奥会理念的宣传以及对特奥运动员的拼搏、奋进、自强不息精神的报道,使得公众增进对智障人士的了解,拉近他们与智障人士的距离,唤起了他们对智障人士的爱心。这样通过对个体心理、心态的影响,逐渐实现由点到面、由面扩展到整个社会的影响,为新残疾人观的形成以及和谐社会的构建产生重要的推动力。

五、特奥运动促进相关产业的发展壮大

残疾人由于肢体的缺陷,在平时的健身活动和比赛训练中,所需的场地、器材比普通人的要求更高,尤其在竞技运动中,残疾运动员成绩的取得,在很大比例上依赖于器材、装备的先进性。[①] 残疾人体育的一大特点就是高科技的较量,但是,我国残疾人体育由于受经济条件制约,很多昂贵的器材如轮椅项目都属于弱势项目。目前我国的运动假肢和运动轮椅的生产还处于起始阶段,本土化的残疾人专用体育器材的研究处于空白状态。[②] 特奥体育的发展对于发展、壮大我国相关产业是一个机遇也是挑战。我国企业要抓住这个机遇,不断研制、开发适合残疾人使用的设备、器材。

六、特奥运动影响健全人精神生活

人的思想总是会被一些外在影响所干扰或是改变。特奥运动正是通过某种影响来改变我们对智障人士的看法。国家通过开展各类特奥运动,定期举办全国特奥会,健全智障人士的社会保障体系,增加对特奥运动的宣传等做法正无形中影响着我们。通过媒体的宣传我们知道了智障人士是和我们一样的社会人,他们也有生存和发展的权利,只是他们有某些天生的生理缺陷。通过特奥运动的开展我们了解到,虽然他们有缺陷,但通过努力,他们一样可以创造美好生活。现在许多人对他们的歧视已经转变为关怀和帮助,从置之不理到热心支持。且有许多人自愿做志愿者来帮助智障人士,他们的身影出现在特奥会上、出现在阳光之家、出现在社区;许多人通过捐献钱物来支持特奥;还

---

① 周芳.我国残疾人体育发展现状及影响因素[J].浙江体育科学,2005(2):18-21.
② 吴燕丹,黄汉升.北京残奥会对中国残疾人体育的影响[J].武汉体育学院学报,2007(7):32-34.

有许多人正在致力于为智障人士创造出更好的教育、医疗等社会条件。由此可见,特奥运动的开展正在影响着许多人,他们也正在用自身的行动来帮助那些智障人士。

七、特奥运动促进和谐社会的建设

实现全面建设小康社会的目标,不仅要大力发展物质文明,而且还要实现全民族的思想道德素质、科学文化素质和健康素质的明显提高。这既指明了智障人士体育在全面建设小康社会中的目标,又指明了小康离不开健康娱乐、健康娱乐服务于小康的内在联系,即建立与小康社会相适应的"小康体育"。智障人士的体育事业全面融入经济、社会,是社会进步发展的必然趋势。利用智障人士体育独特的魅力,为全面建设小康社会做出积极贡献。

1. 发展特奥运动可以体现和谐社会的本质和核心——以人为本

构建社会主义和谐社会的核心在于坚持以人为本,其本质是发展人,社会发展的终极目标是促进人的全面发展。人的全面发展是指人的平等而完整的发展,包括人的需要、人的能力、人的社会关系、人的活动、人的个性等充分发展。发展特奥运动的实质也是为了实现智障人士的发展,智障人士作为弱势群体中的弱势,由于智力障碍,他们难以像正常人一样学习、生活和工作,但是他们同样拥有实现自身的价值及与社会的全面、和谐发展的权利,而特奥运动的目的就是使智障人士通过参与特奥运动增强身体素质,改善生活状态,建立自尊自信,提高融入社会的能力,从而实现自身的价值追求。

2. 发展特奥运动可以体现"公平正义"

我国现在有1300万智障人士,他们大多数处于一种自我封闭的状态,难以融入社会生活中来。究其原因主要包括:公众、政府、服务提供者,甚至是家庭成员的态度。即使具备了能够为智障人士必要的健康服务的政策和法律的地区,因为某种偏见和漠视,很少有人加以执行和监督。这说明智障人士难以融入主流社会的主要根源并不是智障本身,而是社会的隐形歧视。和谐社会的主要特征之一是"公平正义",而对弱势群体,包括对智障人士的歧视违背了"公平正义"的原则,会激化人民内部矛盾,影响到社会的稳定。特奥运动为智障人士和正常人之间的交流架起一座桥梁。

3. 发展特奥运动可以体现"诚信友爱"

诚信友爱就是全社会互相帮助,诚实守信,全体人民平等友爱融洽相处。开展特奥运动可以让更多的人通过这个平台来关心帮助智障人士,为他们融入社会创造一个温馨和谐的社会环境。由于特奥运动并不具市场营利效力,而且特奥运动员接受体育培训以及参加各种竞赛,各级特奥组织均不能向他们收取任何费用。因此,运动所需的资金主要靠政府支持、社会赞助,人员主要依靠志愿服务。志愿者作为特奥组织的重要人力资源,是特奥运动发展的支柱。志愿服务一方面弥补了政府和市场的某些缺位,促进了特奥运动更快的发展,弘扬了社会的志愿精神;另一方面拓展了志愿者的生活空间,使其更深入地体验社会和人生,有利于自我价值的实现。

4. 发展特奥运动有利于推动社会的整体和谐发展

现代管理学有一个很著名的"木桶理论":一只沿口不齐的木桶,其盛多少水不取决于最长的那块板,而取决于最短的那块木板的长度。如果社会中的弱势群体得不到社会的关爱,他们就像"木桶理论"中那块最短的木板,影响整个和谐社会的建设。智障人士作为弱势群体中的特殊对象由于智力上的缺陷,部分权利被剥夺,人生价值得不到社会的承认和尊重,但作为一个公民,他们的权利应该得到维护,价值得到承认和尊重。特奥运动呼吁全社会共同关心和帮助智障人士,让他们通过体育训练和比赛树立勇气,发挥潜能,提高生活质量和认知能力,融入社会并成为一个对社会有用的人。特奥运动的成功实践证明,人的潜能是可以挖掘的,只要社会多一分理解、关爱和帮助,智障人一样能通过自己的努力实现自己的人生追求。因此,发展特奥运动有利于推动整体和谐发展。[①]

自从有了人类社会,就有了智障人士。智障人士同样有人的尊严和权利,有参与社会生活的愿望和能力。对智障人士这个脆弱群体给予帮助,是社会文明进步的标志。推进我国特奥事业的发展,是落实科学发展观,构建和谐社会的客观要求。

八、宣扬人道主义,提升国家形象

人道主义精神就是无条件地维护一切人的生命,人类一切活动依赖于生命,并由此使人懂得珍重生命,这就是基本的"人道需要";人类必须在一切活动中保持符合自己本性的尺度,否则便不能实现自己作为"人"的生存和发展,这就是基本的"人性需要"。这些需要是人类的生存本性和社会存在方式的必然,"人道主义"原则主要不是对被关怀救护者的要求,而是对他人和社会的要求,它反映的是人和人类对待个体生命的态度、需要及其特征和水平,人道主义体现了人,特别是人类的价值主体性,即以人和人类为主体,以他的人性和

---

① 章颂军. 残疾人体育事业的价值思考[J]. 黑龙江科技信息,2010(7):131.

人道需要为尺度,去衡量、评价人的言行,同时揭示出人道主义的实质是"人如何对待人",在普遍的意义上也就是人如何对待自己的生命。开展特奥运动、组织特奥比赛、举办特奥会是我们对"人道主义"精神的诠释,体现了我们对智障人士以及其他残疾人士的关怀和接纳,有利于树立我国尊重人权、保护人权的国际形象,提高我国的国际地位。[1]

---

[1] 李萍.论残奥会的社会文化意义[J].职业时空,2008(2):117.

参 考 文 献

［1］曹冰.速度轮滑（一字轮）基本技术教学方法［J］.中国学校体育，2002(2).
［2］陈峰.浅谈轮滑运动的健身价值［J］.安徽文学.2010(04).
［3］成刚.创新轮滑技术教学方法,开发智障学生运动潜能［J］.中国科学教育，2009(1).
［4］程锡森,金海波.运动项目概论［M］.天津：天津大学出版社，2010.
［5］［意］但丁.论世界帝国［M］.北京：商务印书馆,1985.
［6］［美］道格·维德曼.教你打保龄球［M］.李军华,闫丽霞,译.哈尔滨：黑龙江科学技术出版社,2009.
［7］付进学,王敏,刘英剑.初学速度轮滑直道滑行的教法［J］.冰雪运动,1997(1).
［8］葛菁,刘军峰.轮滑教学中运动损伤的产生及预防［J］.冰雪运动,2003(1).
［9］葛新斌.人的基本特征与特殊教育的开展——哲学人类学对特殊教育的启示［J］.辽宁师范大学学报：社会科学版,1997(6).
［10］何红娟.特奥运动在培智学校可持续发展的模式研究［C］.全国特殊教育学校特奥运动高级研讨会论文集,深圳：海天出版社,2012.
［11］黄建行.全国特殊教育学校特奥运动高级研讨会论文集［C］.深圳：海天出版社,2012.
［12］黄建行,雷江华.智障学生职业教育模式［M］.北京：北京大学出版社,2011.
［13］黄明强.我国保龄球运动发展现状与对策的研究［J］.广州体育学院学报.2001(6).
［14］贾勇.特殊奥林匹克项目［M］.中国特奥委员会,2010.
［15］孔凡,袁锋,王美春.残疾人康复体育的发展现状及对策研究［J］.山东师范大学学报（自然科学版）,2007(6).
［16］雷江华.学前特殊儿童教育［M］.武汉：华中师范大学出版社,2008.
［17］雷江华,方俊明.特殊教育学［M］.北京：北京大学出版社,2011.
［18］李国红.特奥运动中融合运动的发展空间［J］.体育文化导刊,2008(1).
［19］李建平.浅析残疾人体育活动的意义［J］.科学之友,2005(2).
［20］李凉文.保龄球在中国［J］.对外大传播.1998(2).
［21］李萍.论残奥会的社会文化意义［J］.职业时空,2008(2).
［22］李文辉,程传银等.国际特奥运动的溯源及新世纪的展望［J］.南京体育学院学报,2002(1).
［23］李祖平.和谐社会的构建路径：从社会排斥到社会融合——兼论构建和谐社会的伦理关怀制度［J］.学术交流,2006(4).
［24］梁志斌.专业化背景下我区特奥教练员培训现状及对策［C］.全国特殊教育学校特奥运动高级研讨会论文集,深圳：海天出版社,2012.

[25] 林克明,石庆福.北京残奥会与我国残疾学生体育发展研究[J].体育文化导刊,2009(10).

[26] 刘晖.人文视角下的北京残奥会的价值及实现策略[J].体育文化导刊,2007(10).

[27] 刘仁辉,戴登文.速度轮滑[M].北京:人民体育出版社.2003.

[28] 陆颖.特殊奥林匹克运动发展历程的回顾与思考[D].重庆:西南大学硕士论文,2008.

[29] 罗时铭,谭华.奥林匹克学[M].北京:高等教育出版社,2007.

[30] 马洪亮.论特奥运动对智障人士社会融合的促进作用[J].中国特殊教育,2012(1).

[31] 马洪路.残障社会工作[M].北京:高等教育出版社,2007.

[32] 毛振喜,李文武,王金玲.我国近10年速度轮滑研究综述[J].冰雪运动.2005(3).

[33] [德]米夏埃尔·兰德曼.哲学人类学[M].张乐天,译.上海:上海译文出版社,1988.

[36] 苗力田等.西方哲学史新编[M].北京:人民出版社,2005.

[37] 宁红玲.现代西方价值观及其对建设和谐社会的借鉴[J].理论观察,2006.

[38] 潘黎,秦福奎.轮滑初学者教法初探[J].冰雪运动,2001(1).

[39] 潘昱.浅谈游泳运动的特点与游泳教学的原则[J].新课程·下,2011(1).

[40] 朴永馨.特殊教育学[M].福州:福建教育出版社,1995.

[41] 朴永馨.与时俱进做创新型特殊教育教师[J].现代特殊教育,2006(3).

[42] 齐延平.人权与法治[M].济南:山东人民出版社,2003.

[43] 秦吉宏.我国轮滑运动现状与发展战略研究[D].北京:北京体育大学硕士论文,2006.

[44] 盛永进.特殊教育学基础[M].北京:教育科学出版社,2011.

[45] 隋东.大学开展特殊奥林匹克运动的理论研究[J].体育文化导刊,2012(2).

[46] 谈秀菁.中国教师专业化研究对特殊教育师资培养的启示[J].中国特殊教育,2006(6).

[47] 唐春梅,成慧平.特殊教育师资专业化培养的问题与对策[J].中国特殊教育,2006(8).

[48] 陶玉晶,张艳梅.对提高高校速度轮滑专业课教学效果的研究[J].冰雪运动,2004(1).

[49] 王兵.浅谈特奥运动会对智障儿童的能力培养[J].科教文汇,2009(7).

[50] 王成,田雨普.我国特奥运动发展回顾与展望[C].北京:北京体育大学出版社,2007.

[51] 王合霞.轮滑技巧[M].北京:中国社会出版社,2010.

[52] 王秀红,吴雪萍.论特奥运动可持续发展的教育支持[J].山西师大体育学院学报,2010(12).

[53] 王雁,王冉冉.残疾人与奥运文化的发展[J].中国特殊教育,2008(7).

[54] 王燕鹏.浅谈高校学生轮滑课中的心理障碍[J].邢台职业技术学院学报,2003(1).

[55] 韦见凡,丁旭.轮滑技巧图解[M].北京:北京体育大学出版社,2006.

[56] 温仲华,杨玉强,李文静.游泳[M].北京:北京体育大学出版社,1998.

[57] 吴雪峰.保龄球面面观[M].北京:人民体育出版社,1999.

[58] 吴燕丹,黄汉升.北京残奥会对中国残疾人体育的影响[J].武汉体育学院学报,2007(7).

[59] 吴潜涛,赵小九.北京奥运会、残奥会的珍贵精神遗产[J].中国人民大学学报,2009(2).

[60] 吴燕丹,贾永朝,许文鑫.我国学校特殊体育志愿服务的制度化建设[J].上海体育学院学报,2009(5).

[61] 肖丽琴,谢丽娜,张永娟.残疾人体育[M].北京:人民体育出版社,2008.

[62] 谢伦立,刘振卿.游泳课堂[M].北京:人民教育出版社,2012.

[63] 杨军,何华岗,阎建华.北京残奥会对中国特殊学校体育发展的影响[J].体育文化导刊,2009(1).

[64] 于军,程卫波.回归生活——残疾人体育价值引论[M].北京:高等教育出版社,2010.

[65] 于志刚.北京市高校轮滑运动开展现状与对策研究[D].北京:北京体育学院硕士论文,2007.

[66] 张成林.轮滑运动在高校体育教学中的实践[J].南京体育学院学报,2001,15(2).

[67] 张繁.对特奥运动发展壮大原因的初探[J].体育文化导刊,2006(1).

[68] 张铭.影响保龄球运动员心理状态的因素及心理训练的方法[J].辽宁体育科技.2005(2).

[69] 张年,翔波.奥林匹克精神在特教中的价值与意义[J].现代特殊教育,2008(5).

[70] 张瑞林.游泳[M].北京:高等教育出版社,2010.

[71] 章颂军.残疾人体育事业的价值思考[J].黑龙江科技信息,2010(7).

[72] 赵春燕,吴雪萍.举办世界特奥运动会对我国产生的后特奥效应[J].科技创新导报,2008(25).

[73] 赵金峰.由北京残奥会看我国残疾人体育的发展[J].吉林体育学院学报,2010(1).

[74] 郑兆云.中国特奥运动发展研究[J].体育文化导刊,2010(4).

[75] 中国残疾人体育协会编.中国残疾人体育发展概览(1949—2005)[M].北京:华夏出版社,2006.

[76] 中国特奥会编.特殊奥林匹克运动知识读本[M].北京:华夏出版社,2006.

[77] 周芳.我国残疾人体育发展现状及影响因素[J].浙江体育科学,2005(2).

[78] 朱永新.新教育之思[M].济南:山东友谊出版社,2007.

[79] 卓彩琴,谢泽宪.残疾人社会工作[M].广州:华南理工大学出版社,2008.

[80] 左飞飞.浅谈游泳教学的特点与教学过程[J].中国科教创新导刊,2010(8).

[81] 轮滑[EB/OL].http://baike.baidu.com/view/19246.htm.

[82] 体育教学方法[EB/OL].http://wenku.baidu.com/view/de4a47c45fbfc77da269b1ad.html.

[83] 社会礼仪[EB/OL].http://baike.so.com/doc/5975365.html.

[84] 保龄球[EB/OL].http://baike.baidu.com/view/48260.htm.

[85] 保龄球[EB/OL].http://www.sochina.org.cn/web/itemview.aspx?ID=198.

[86] 保龄球规则[EB/OL].http://www.sochina.org.cn/web/itemview.aspx?ID=198.

[87] 第三十届奥林匹克运动会[EB/OL].http://sports.people.com.cn/london2012/n/

2012/0712/c346362-18504459. html.

[88] 第五届特奥会轮滑项目简介[EB/OL]. http://www. fjsen. com/zhuanti/2010-08/19/content_3619721. htm.

[89] 国际特奥会[EB/OL]. http://www. specialolympics. org/Sections/Who_We_Are/Eunice_Kennedy_Shriver. aspx.

[90] 科学的游泳训练方法[EB/OL]. http://bbs. chinaswim. com/forum. php? mod＝viewthread&tid＝296670.

[91] 模拟训练法[EB/OL]. http://baike. baidu. com/view/222831. htm? fromTaglist.

[92] 体育教学方法[EB/OL]. http://wenku. baidu. com/view/de4a47c45fbfc77da269b1ad. html.

[93] 特奥游泳项目[EB/OL]. http://www. ce. cn/newSports/tyzt/2007/ta/zl/200709/28/t20070928_13080968. shtml.

[94] 特奥简介[EB/OL]. http://news. fznews. com. cn/zt/2010/tah/.

[95] 特奥保龄球[EB/OL]. http://zt1. shmh. gov. cn/ztbd/qyzt/teaohui/webpage/Detail. aspx@id＝117&type＝t.

[96] 特殊奥林匹克比赛项目介绍[EB/OL]. http://www. ce. cn/newSports/tyzt/2007/ta/zl/200709/28/t20070928_13080968. shtml.

[97] 上海特奥游泳比赛首日[EB/OL]. http://news. qq. com/a/20071004/000703. htm.

[98] 2007年世界夏季特殊奥林匹克运动会[EB/OL]. http://zh. wikipedia. org/wiki/2007年世界夏季特殊奥林匹克运动会.

[99] 闻坤. 佟星：不一样的精彩[EB/OL]. http://sztqb. sznews. com/html/2011-06/16/content_1620065. htm. 2011-6-06.

[100] 学校管理者概述[EB/OL]. http://media. open. com. cn/media_file/rm/dongshi2006/xuexiaoguanlixue/nr/6. htm.

[101] 训练基本理论[EB/OL]. http://wenku. baidu. com/view/944baa5bbe23482fb4da4c91. html.

[102] 游泳[EB/OL]. http://www. hudong. com/wiki/％E6％B8％B8％E6％B3％B3.

[103] 游泳教学的特点[EB/OL]. http://elearn. gipe. edu. cn/tabid/163/ArticleID/464/Default. aspx.

[104] 游泳训练之水上持续训练法[EB/OL]. http://swimming. abang. com/od/swimmingtrain/a/chixuxunlian. htm.

[105] 游泳训练之水上重复训练法[EB/OL]. http://swimming. abang. com/od/swimmingtrain/a/chongfuxunlian. htm.

[106] 游泳训练之水上短冲训练法[EB/OL]. http://swimming. abang. com/od/swimmingtrain/a/youyongxunlian. —Dg. htm.

[107] 游泳训练之水上间歇训练法[EB/OL]. http://swimming. abang. com/od/swimmingtrain/a/jianxiexunlian. htm.

[108] 游泳运动的特点[EB/OL]. http://blog.sina.com.cn/s/blog_85b715c001011796.html.

[109] 中国残疾人体育[EB/OL]. http://www.cpc2008.org.cn/content/2007-02/05/content_30007737.htm.

[110] 中国特奥会官方网站. 中国残联主席邓朴方在"快来参加特奥"活动上的讲话摘要[EB/OL]. http://www.sochina.org.cn/web/NewsContent.aspx? ID=325.

[111] 中国特奥委员会. 家庭支持联络网[EB/OL]. http://www.sochina.org.cn/web/itemview.aspx? ID=303.

[112] 中国特奥委员会. 轮滑[EB/OL]. http://www.sochina.org.cn/web/itemview.aspx? ID=196.

[113] 中国特奥委员会. 轮滑规则[EB/OL]. http://www.sochina.org.cn/web/downloadlist.aspx? ID=439.

[114] 中国特奥会简介[EB/OL]. http://sports.sohu.com/2004/04/22/52/news219925236.shtml.

[115] 中华人民共和国第五届特殊奥林匹克运动会保龄球竞赛规程[EB/OL]. http://www.sochina.org.cn/web/NewsContent.aspx? ID=713.

[116] 2007年上海世界特奥会[EB/OL]. http://news.xinhuanet.com/video/2007-10/12/content_6867831.htm.

[117] 2007年上海世界特殊奥运会[EB/OL]. http://2008.sohu.com/20071011/n252596795.shtml.

[118] 2007年上海特奥会游泳赛况[EB/OL]. http://www.ce.cn/newSports/tyzt/2007/ta/dt/200710/08/t20071008_13152490.shtml.

[119] 2009年全国特奥游泳举重锦标[EB/OL]. http://sports.sina.com.cn/o/2009-08-27/18064557739.shtml.

北京大学出版社
教育出版中心 精品图书

21世纪特殊教育创新教材·理论与基础系列
特殊教育的哲学基础　　　　　　　方俊明 主编 36元
特殊教育的医学基础　　　　　　　张　婷 主编 36元
特殊教育导论（第二版）　　　　　雷江华 主编 45元
特殊教育学（第二版）　　　　雷江华 方俊明 主编 43元
特殊儿童心理学（第二版）　　方俊明 雷江华 主编 39元
特殊教育史　　　　　　　　　　朱宗顺 主编 39元
特殊教育研究方法（第二版）杜晓新 宋永宁 等 主编 39元
特殊教育发展模式　　　　　　　　任颂羔 主编 33元
特殊儿童心理与教育（第二版）
　　　　　　　杨广学 张巧明 王　芳 主编 36元

21世纪特殊教育创新教材·发展与教育系列
视觉障碍儿童的发展与教育　　　　邓　猛 编著 33元
听觉障碍儿童的发展与教育　　　　贺荟中 编著 38元
智力障碍儿童的发展与教育　　刘春玲 马红英 编著 32元
学习困难儿童的发展与教育　　　　赵　微 编著 39元
自闭症谱系障碍儿童的发展与教育　周念丽 编著 32元
情绪与行为障碍儿童的发展与教育　李闻戈 编著 36元
超常儿童的发展与教育（第二版）
　　　　　　　　　　　　苏雪云 张　旭 编著 39元

21世纪特殊教育创新教材·康复与训练系列
特殊儿童应用行为分析　　　　李　芳 李　丹 编著 36元
特殊儿童的游戏治疗　　　　　　　周念丽 编著 30元
特殊儿童的美术治疗　　　　　　　孙　霞 编著 38元
特殊儿童的音乐治疗　　　　　　　胡世红 编著 32元
特殊儿童的心理治疗（第二版）　　杨广学 编著 45元
特殊教育的辅具与康复　　　　　　蒋建荣 编著 29元
特殊儿童的感觉统合训练　　　　　王和平 编著 45元
孤独症儿童课程与教学设计　　　　王　梅 著 37元

自闭谱系障碍儿童早期干预丛书
如何发展自闭谱系障碍儿童的沟通能力
　　　　　　　　　　　　朱晓晨 苏雪云 29元
如何理解自闭谱系障碍和早期干预　苏雪云 32元
如何发展自闭谱系障碍儿童的社会交往能力
　　　　　　　　　　　　　吕　梦 杨广学 33元
如何发展自闭谱系障碍儿童的自我照料能力
　　　　　　　　　　　　　倪萍 周　波 32元

如何在游戏中干预自闭谱系障碍儿童　朱　瑞 周念丽 32元
如何发展自闭谱系障碍儿童的感知和运动能力
　　　　　　　　　　韩文娟，徐芳，王和平 32元
如何发展自闭谱系障碍儿童的认知能力
　　　　　　　　　　　　　潘前前 杨福义 39元
自闭症谱系障碍儿童的发展与教育　　周念丽 32元
如何通过音乐干预自闭谱系障碍儿童　张正琴 36元
如何通过画画干预自闭谱系障碍儿童　张正琴 36元
如何运用ACC促进自闭谱系障碍儿童的发展 苏雪云 36元
孤独症儿童的关键性技能训练法　　　李　丹 45元
自闭症儿童家长辅导手册　　　　　雷江华 35元
孤独症儿童课程与教学设计　　　　　王　梅 37元
融合教育理论反思与本土化探索　　　邓　猛 58元
自闭症谱系障碍儿童家庭支持系统　　孙玉梅 36元

特殊学校教育·康复·职业训练丛书（黄建行 雷江华 主编）
信息技术在特殊教育中的应用　　　　　　55元
智障学生职业教育模式　　　　　　　　　36元
特殊教育学校学生康复与训练　　　　　　59元
特殊教育学校校本课程开发　　　　　　　45元
特殊教育学校特奥运动项目建设　　　　　49元

21世纪学前教育规划教材
学前教育概论　　　　　　　　　李生兰 主编 49元
学前教育管理学　　　　　　　　　　王　雯 45元
幼儿园歌曲钢琴伴奏教程　　　　　　果旭伟 39元
幼儿园舞蹈教学活动设计与指导　　　董　丽 36元
实用乐理与视唱　　　　　　　　　　代　苗 40元
学前儿童美术教育　　　　　　　　　冯婉贞 45元
学前儿童科学教育　　　　　　　　　洪秀敏 39元
学前儿童游戏　　　　　　　　　　　范明丽 39元
学前教育研究方法　　　　　　　　　郑福明 39元
外国学前教育史　　　　　　　　　　郭法奇 39元
学前教育政策与法规　　　　　　　　魏　真 36元
学前心理学　　　　　　　　　　涂艳国 蔡　艳 36元
学前教育理论与实践教程　　王　维 王维娅 孙　岩 39元
学前儿童数学教育　　　　　　　　　赵振国 39元

大学之道丛书
市场化的底限　　　　　　　　[美]大卫·科伯 著 59元

书名	作者	价格
大学的理念	[英] 亨利·纽曼 著	49元
哈佛：谁说了算	[美] 理查德·布瑞德利 著	48元
麻省理工学院如何追求卓越	[美] 查尔斯·维斯特 著	35元
大学与市场的悖论	[美] 罗杰·盖格 著	48元
高等教育公司：营利性大学的崛起	[美] 理查德·鲁克 著	38元
公司文化中的大学：大学如何应对市场化压力	[美] 埃里克·古尔德 著	40元
美国高等教育质量认证与评估	[美] 美国中部州高等教育委员会 编	36元
现代大学及其图新	[美] 谢尔顿·罗斯布莱特 著	60元
美国文理学院的兴衰——凯尼恩学院纪实	[美] P.F.克鲁格 著	42元
教育的终结：大学何以放弃了对人生意义的追求	[美] 安东尼·T.克龙曼 著	35元
大学的逻辑（第三版）	张维迎 著	38元
我的科大十年（续集）	孔宪铎 著	35元
高等教育理念	[英] 罗纳德·巴尼特 著	45元
美国现代大学的崛起	[美] 劳伦斯·维赛 著	66元
美国大学时代的学术自由	[美] 沃特·梅兹格 著	39元
美国高等教育通史	[美] 亚瑟·科恩 著	59元
美国高等教育史	[美] 约翰·塞林 著	69元
哈佛通识教育红皮书	哈佛委员会撰	38元
高等教育何以为"高"——牛津导师制教学反思	[英] 大卫·帕尔菲曼 著	39元
印度理工学院的精英们	[印度] 桑迪潘·德布 著	39元
知识社会中的大学	[英] 杰勒德·德兰迪 著	32元
高等教育的未来：浮言、现实与市场风险	[美] 弗兰克·纽曼等 著	39元
后现代大学来临？	[英] 安东尼·史密斯等 主编	32元
美国大学之魂	[美] 乔治·M.马斯登 著	58元
大学理念重审：与纽曼对话	[美] 雅罗斯拉夫·帕利坎 著	40元
学术部落及其领地——当代学界生态揭秘（第二版）	[英] 托尼·比彻 保罗·特罗勒尔 著	33元
德国古典大学观及其对中国大学的影响（第二版）	陈洪捷 著	42元
转变中的大学：传统、议题与前景	郭为藩 著	23元
学术资本主义：政治、政策和创业型大学	[美] 希拉·斯劳特 拉里·莱斯利 著	36元
21世纪的大学	[美] 詹姆斯·杜德斯达 著	38元
美国公立大学的未来	[美] 詹姆斯·杜德斯达 弗瑞斯·沃马克 著	30元
东西象牙塔	孔宪铎 著	32元
理性捍卫大学	眭依凡 著	49元

学术规范与研究方法系列

社会科学研究方法100问	[美] 萨子金德 著	38元
如何利用互联网做研究	[爱尔兰] 杜恰泰 著	38元
如何为学术刊物撰稿：写作技能与规范（英文影印版）	[英] 罗薇娜·莫 编著	26元
如何撰写和发表科技论文（英文影印版）	[美] 罗伯特·戴 等著	39元
如何撰写与发表社会科学论文：国际刊物指南	蔡今忠 著	35元
如何查找文献	[英] 萨莉拉·姆齐 著	35元
给研究生的学术建议	[英] 戈登·鲁格 等著	26元
科技论文写作快速入门	[瑞典] 比约·古斯塔维 著	19元
社会科学研究的基本规则（第四版）	[英] 朱迪斯·贝尔 著	32元
做好社会研究的10个关键	[英] 马丁·丹斯考姆 著	20元
如何写好科研项目申请书	[美] 安德鲁·弗里德兰德 等著	28元
教育研究方法（第六版）	[美] 乔伊斯·高尔 等著	88元
高等教育研究：进展与方法	[英] 马尔科姆·泰特 著	25元
如何成为学术论文写作高手	华莱士 著	49元
参加国际学术会议必须要做的那些事	华莱士 著	32元
如何成为优秀的研究生	布卢姆 著	38元

21世纪高校职业发展读本

如何成为卓越的大学教师	肯·贝恩 著	32元
给大学新教员的建议	罗伯特·博伊斯 著	35元
如何提高学生学习质量	[英] 迈克尔·普洛瑟 等著	35元
学术界的生存智慧	[美] 约翰·达利 等主编	35元
给研究生导师的建议（第2版）	[英] 萨拉·德拉蒙特 等著	30元

21世纪教师教育系列教材·物理教育系列

书名	作者	价格
中学物理微格教学教程（第二版）	张军朋 詹伟琴 王恬 编著	32元

书名	作者	价格
中学物理科学探究学习评价与案例	张军朋 许桂清 编著	32元
物理教学论	邢红军 著	49元
中学物理教学评价与案例分析	王建中 孟红娟 著	38元

21世纪教育科学系列教材·学科学习心理学系列

书名	作者	价格
数学学习心理学（第二版）	孔凡哲 曾峥 编著	38元
语文学习心理学	董蓓菲 编著	39元

21世纪教师教育系列教材

书名	作者	价格
教育学基础	庞守兴 主编	40元
教育学	余文森 王晞 主编	26元
教育研究方法	刘淑杰 主编	45元
教育心理学	王晓明 主编	55元
心理学导论	杨凤云 主编	46元
教育心理学概论	连榕 罗丽芳 主编	42元
课程与教学论	李允 主编	42元
教师专业发展导论	于胜刚 主编	42元
学校教育概论	李清雁 主编	42元
现代教育评价教程（第二版）	吴钢 主编	45元
教师礼仪实务	刘霄 主编	36元
家庭教育新论	闫旭蕾 杨萍 主编	39元
中学班级管理	张宝书 主编	39元
教育职业道德	刘亭亭	39元
教师心理健康	张怀春	39元
现代教育技术	冯玲玉	39元
青少年发展与教育心理学	张清	42元
课程与教学论	李允	42元

21世纪教师教育系列教材·初等教育系列

书名	作者	价格
小学教育学	田友谊 主编	39元
小学教育学基础	张永明 曾碧 主编	42元
小学班级管理	张永明 宋彩琴 主编	39元
初等教育课程与教学论	罗祖兵 主编	39元
小学教育研究方法	王红艳 主编	39元

教师资格认定及师范类毕业生上岗考试辅导教材

书名	作者	价格
教育学	余文森 王晞 主编	26元
教育心理学概论	连榕 罗丽芳 主编	42元

21世纪教师教育系列教材·学科教育心理学系列

书名	作者	价格
语文教育心理学	董蓓菲 编著	39元
生物教育心理学	胡继飞 编著	45元

21世纪教师教育系列教材·学科教学论系列

书名	作者	价格
新理念化学教学论（第二版）	王后雄 主编	45元
新理念科学教学论（第二版）	崔鸿 张海珠 主编	36元
新理念生物教学论（第二版）	崔鸿 郑晓慧 主编	45元
新理念地理教学论（第二版）	李家清 主编	45元
新理念历史教学论（第二版）	杜芳 主编	33元
新理念思想政治（品德）教学论（第二版）	胡田庚 主编	36元
新理念信息技术教学论（第二版）	吴军其 主编	32元
新理念数学教学论	冯虹 主编	36元

21世纪教师教育系列教材·语文课程与教学论系列

书名	作者	价格
语文文本解读实用教程	荣维东 主编	49元
语文课程教师专业技能训练	张学凯 刘丽丽 主编	45元
语文课程与教学发展简史	武玉鹏 王从华 黄修志 主编	38元
语文课程学与教的心理学基础	韩雪屏 王朝霞 主编	
语文课程名师名课案例分析	武玉鹏 郭治锋 主编	
语用性质的语文课程与教学论	王元华 著	42元

21世纪教师教育系列教材·学科教学技能训练系列

书名	作者	价格
新理念生物教学技能训练（第二版）	崔鸿	33元
新理念思想政治（品德）教学技能训练（第二版）	胡田庚 赵海山	29元
新理念地理教学技能训练	李家清	32元
新理念化学教学技能训练（第二版）	王后雄	36元
新理念数学教学技能训练	王光明	36元
新理念小学音乐教学法	吴跃跃 主编	38元

王后雄教师教育系列教材

书名	作者	价格
教育考试的理论与方法	王后雄 主编	35元
化学教育测量与评价	王后雄 主编	45元
中学化学实验教学研究	王后雄 主编	32元
新理念化学教学诊断学	王后雄 主编	48元

西方心理学名著译丛

书名	作者	价格
荣格心理学七讲	[美]卡尔文·霍尔	45元
拓扑心理学原理	[德]库尔德·勒温	32元
系统心理学：绪论	[美]爱德华·铁钦纳	30元

社会心理学导论	[美] 威廉·麦独孤	36元
思维与语言	[俄] 列夫·维果茨基	30元
人类的学习	[美] 爱德华·桑代克	30元
基础与应用心理学	[德] 雨果·闵斯特伯格	36元
记忆	[德] 赫尔曼·艾宾浩斯 著	32元
儿童的人格形成及其培养	[奥地利] 阿德勒 著	35元
幼儿的感觉与意志	[德] 威廉·蒲莱尔 著	45元
实验心理学（上下册）	[美] 伍德沃斯 施洛斯贝格 著	150元
格式塔心理学原理	[美] 库尔特·考夫卡	75元
动物和人的目的性行为	[美] 爱德华·托尔曼	44元
西方心理学史大纲	唐钺	42元

心理学视野中的文学丛书

围城内外——西方经典爱情小说的进化心理学透视	熊哲宏	32元
我爱故我在——西方文学大师的爱情与爱情心理学	熊哲宏	32元

21世纪教学活动设计案例精选丛书（禹明 主编）

初中语文教学活动设计案例精选	23元
初中数学教学活动设计案例精选	30元
初中科学教学活动设计案例精选	27元
初中历史与社会教学活动设计案例精选	30元
初中英语教学活动设计案例精选	26元
初中思想品德教学活动设计案例精选	20元
中小学音乐教学活动设计案例精选	27元
中小学体育（体育与健康）教学活动设计案例精选	25元
中小学美术教学活动设计案例精选	34元
中小学综合实践活动教学活动设计案例精选	27元
小学语文教学活动设计案例精选	29元
小学数学教学活动设计案例精选	33元
小学科学教学活动设计案例精选	32元
小学英语教学活动设计案例精选	25元
小学品德与生活（社会）教学活动设计案例精选	24元
幼儿教育教学活动设计案例精选	39元

全国高校网络与新媒体专业规划教材

文化产业概论	尹章池	38元
网络文化教程	李文明	39元
网络与新媒体评论	杨娟	38元
新媒体概论	尹章池	39元

新媒体视听节目制作	周建青	45元
融合新闻学	石长顺	39元
新媒体网页设计与制作	惠悲荷	39元
网络新媒体实务	张合斌	39元
突发新闻教程	李军	45元
视听新媒体节目制作	周建青	45元
视听评论	何志武	32元
出镜记者案例分析	刘静 邓秀军	39元
视听新媒体导论	郭小平	39元

全国高校广播电视专业规划教材

电视节目策划教程	项仲平 著	36元
电视导播教程	程晋 编著	39元
电视文艺创作教程	王建辉 编著	39元
广播剧创作教程	王国臣 编著	36元

21世纪教育技术学精品教材（张景中 主编）

教育技术学导论（第二版）	李芒 金林 编著	33元
远程教育原理与技术	王继新 张屹 编著	41元
教学系统设计理论与实践	杨九民 梁林梅 编著	29元
信息技术教学论	雷体南 叶良明 主编	29元
网络教育资源设计与开发	刘清堂 主编	30元
学与教的理论与方式	刘雍潜	32元
信息技术与课程整合（第二版）	赵呈领 杨琳 刘清堂	39元
教育技术研究方法	张屹 黄磊	38元
教育技术项目实践	潘克明	32元

21世纪信息传播实验系列教材（徐福荫 黄慕雄 主编）

多媒体软件设计与开发	32元
电视照明·电视音乐音响	26元
播音与主持艺术（第二版）	38元
广告策划与创意	26元
摄影基础（第二版）	32元

21世纪教师教育系列教材·专业养成系列（赵国栋主编）

微课与慕课设计初级教程	40元
微课与慕课设计高级教程	48元
微课、翻转课堂和慕课设计实操教程	188元
网络调查研究方法概论（第二版）	49元
PPT云课堂教学法	88元